田野·新知丛书

田野逐梦　太行山传统村落调查研究（学生篇）

主　编　闫爱萍

山西出版传媒集团　山西人民出版社

图书在版编目（CIP）数据

田野逐梦：太行山传统村落调查研究.学生篇／闫爱萍主编．—太原：山西人民出版社，2021.9
（田野·新知／郝平主编）
ISBN 978-7-203-11878-7

Ⅰ．①田…　Ⅱ．①闫…　Ⅲ．①太行山－村落－调查研究　Ⅳ．①K928.5

中国版本图书馆 CIP 数据核字（2021）第 150743 号

田野逐梦：太行山传统村落调查研究.学生篇

主　　编：闫爱萍
责任编辑：王新斐
复　　审：吕绘元
终　　审：武　静
装帧设计：谢　成

出 版 者：山西出版传媒集团·山西人民出版社
地　　址：太原市建设南路 21 号
邮　　编：030012
发行营销：0351-4922220　4955996　4956039　4922127（传真）
天猫官网：https://sxrmcbs.tmall.com　电话：0351-4922159
E - mail：sxskcb@163.com　发行部
　　　　　sxskcb@126.com　总编室
网　　址：www.sxskcb.com

经 销 者：山西出版传媒集团·山西人民出版社
承 印 厂：山西出版传媒集团·山西人民印刷有限责任公司

开　　本：720mm×1020mm　　1/16
印　　张：27.25
字　　数：400 千字
印　　数：1—1000 册
版　　次：2021 年 9 月　第 1 版
印　　次：2021 年 9 月　第 1 次印刷
书　　号：ISBN 978-7-203-11878-7
定　　价：128.00 元

总　序

　　作为学术意义上的田野工作（field work）主要起源于西方的人类学和考古学研究，20世纪初，随着西学东渐的逐渐深入，一批西方学者以及在西方留学的中国人把这一方法引入中国，由此推动了中国人类学、社会学、民俗学等众多学科的发展。这一过程中，历史学也在经历着从传统到现代的过渡，"新史学"在20世纪的两端遥相呼应，共同呼唤新的研究气象。社会史、文化史、医疗史、环境史等"新史学"领域无不要求眼光向下，而田野调查也就成为一种基本的工作方法得到运用。只不过，这里的田野调查是经过史学家"改造"后的研究方法，也即史学本位的田野调查，而不是人类学视野下的田野工作。无论如何，它已经完全超越了一般意义上的实地考察，在注重观察"事实"的前提下，更加重视其背后的故事和对当下的构建。

　　山西大学民间文献整理与研究中心也是在百年来的学术潮流中诞生的学术组织，她将研究视野聚焦于"民间社会"，以民间文献为线索，在"整体"的关怀之下，从纵向和横向上打破时段限定，打通学科壁垒，在深耕民间实现学术突破的同时，又把理论与实践相结合，更好地服务民间社会。而"田野作业"几乎贯穿了这一学术理念践行的整个过程。从文献的收集、阅读到文献背后的故事挖掘，从民间历史文化脉络的梳理到文化资源的评估和利用，可以说，无论是问题的发现，还是问题的分析和解决，都离不开田野作业。正是在这一意义上，我们把田野作业视为中心的"立命之本"和学术传统。在学术之外，田野作业还是学生的视野之窗和为人之"道"。对于长期生活在象牙塔中的学生而言，田野作业无疑给他们打开了一扇认识中国社会的窗户，这种认识不是基于新闻报道或道听途说，而是自己切身的观察和体悟，相比于前者，这种认识更加具体和深刻，更能触动内心，激发好奇。田野作业的过程，即是与自然和社会打交道的过程，生存本领、生活技能、待人接物等各方面能力，都能在田野中得到锻炼。正因为如此，田野作业是一种综合素质的养成之道，并成为中心的学术传统，一年又一年地持续下来。

春发其华，秋收其实。眼前呈现在读者面前的文集，就是近几年来我们田野作业的部分成果，包括民间文献整理、田野调查报告、学术研究论文等多种类型，体现了我们的学术旨趣和研究理念。我们期望这一形式和相关内容可以嘉惠学林，服务桑梓。当然，更多地，是希望得到广大读者的批评指正，不断帮助我们进步提高。

是为序。

郝 平

2020 年 10 月

前　言

　　"嶕峣而为峰，窈窕而为壑，崎岖而为岣，峻嶒而为崿，巉嵘而为巘，弗郁而为峦，岭嶒而为岫，寥廓而为岩。"这是清代名臣陈廷敬对太行山群峰的赞叹。

　　太行山位于华北平原西部，东经110°14′—116°35′，北纬34°34′—40°47′，跨越了北京、山西、河北、河南四省市，号称"八百里太行"，加上余脉，全长近1000公里。山脉总体呈东北—西南走向，平均海拔在1200—1500米。狭义的太行山由北京西山延伸到中条山；广义的太行山北至燕山，南到秦岭，除主脉延伸区域，还包括五台山、系舟山和云台山等地。

　　太行山不仅是山西的地理标志，更在中国千年发展中具有极其重要的地位。从《尚书·禹贡》开始，太行山就作为一个具有标识意义的山脉，呈现于中国传统的地理版图之上。它与我国早期文明进程关系密切，又因分割了我国的二、三级阶梯而成为华北屏障，成为影响国家兴亡的战略要地与交通要道。太行山文化的丰富与多样深藏于悠久的历史进程中，并随着时代的变迁更加丰富多样。太行山还分布着数以万计的村落，光是行政村就有3万余个，可以说是"村落的世界"，现今先后有679个村落入选中国传统村落名录。其中，有117个村落同时还被评为"中国历史文化名村"，成为太行山人文盛景的瑰丽标签。概括来说，这些传统村落主要有以下几种类型：农业原生态传统村落，如盂县大米村、平顺县岳家寨村等；商业集贸传统村落，如阳泉市大阳泉村、榆次区车辋村；军事防御堡寨传统村落，如天镇县新平堡村、蔚县北官堡村；与古代名人相关传统村落，如阳城县皇城村、沁水县西文兴村；红色文化遗产传统村落，如武乡县砖壁村、昔阳县大寨村。

近代以来，国内外学者逐渐将目光投向太行山，踏上太行山展开实地调查，其中，地质学、建筑学、社会学等学科的研究者最先涉足这一区域的调查。如德国著名地理学家费迪南德·冯·李希霍芬（Ferdinand von Richthofen）于1870—1872年间两次旅行山西境内时，对太行山地貌景观、商业交通等进行了系列考察。1913年11月，地质学者丁文江在《调查正太铁路附近地质矿物报告书》（1913）中对太行山进行了新的地理学定义，纠正了"太行铁矿丰富"之说等长期沿袭的错误观点。20世纪30年代，梁思成、林徽因等人前后六次前往山西进行古建筑科学调查，而太行山的系列古建考察最为突出，他们分别于1933年调查大同上下华严寺、善化寺、云冈石窟、应县木塔、浑源悬空寺，1934年在晋中、晋南展开古建筑调查，1937年又在榆次、五台等地调查。随着抗日战争的爆发，"抗日"与"革命"成为此阶段太行山调查的重点，如《太行区1947年灾荒调查材料》《太行区纺织运动调查材料》等。改革开放以来，太行山依旧是学者以及相关科研机构关注的热点区域，如山西师范大学戏剧与影视学院展开的古戏台调查、山西省文物局组织的两次文物普查，以及三晋文化研究会展开的碑刻搜集整理工作都广泛涉及太行山。现今，越来越多的社会群体关注太行山，太行山正成为学术研究的热点区域。

山西大学民间文献整理与研究中心（以下简称中心）自2013年成立起，就立足于太行山，展开大规模的田野调查。以村落为单元，以碑刻为抓手，七年来奔走在环太行山三省一市（山西省、河南省、河北省、北京市）十二地市一百余县的1万多个村落中，展开环太行山历史文化遗存的普查工作，搜集到了大量的民间文献。需要指出的是，中心的田野调查方法以庙宇为基本单元，以碑刻、文书为史料重点，将碑刻等民间文献归户到对应的村落之中，将庙宇放到村落环境之中，再将村落放到所调查区域的社会背景之中。可以说，调查以"史料之获取、整体之认识和同情之理解"为基本目标，这与以往其他学科的田野调查方法并不完全一样。另外，在对传统村落的调查过程中，尤其注重传统村落与该区域一般村落之间的关系。因此，传统村落的田野调查不仅仅针对"传统村落"，对于那些不是"传统村落"，但与其空间相关的一般村落也一并展开调查，以便形成对"传统村落"的整体认识。总之，中心的田野调查是以太行山地区为重点区域，以县域为范围，开展村落历史文化的"地毯式"普查。

2017 年，教育部哲学社会科学研究重大课题攻关项目"中国传统村落价值体系与易地扶贫搬迁中的传统村落保护研究"（17JZD052）获批后，课题组利用暑假、法定节假日等时间围绕太行山数次开展田野调查。2018 年 5 月 4—13 日，孟伟、魏春羊、张玮、李善靖等师生对南太行山传统村落展开调查；2018 年 6 月 8—13 日，孟伟、魏春羊、张玮、刘鹏等师生对北太行山传统村落展开调查；2018 年 7 月到 8 月，周亚、魏晓锴、刘伟国、杨建庭、晏雪莲、张霞等老师以及历史文化学院研究生和本科生共 30 余人对晋东南黎城、潞城、高平、陵川等县市的传统村落展开系统调查；2018 年 10 月，孟伟、杨波、魏春羊等师生前往河北涉县、邢台市的传统村落展开调查；2019 年 7 月至 8 月，周亚、魏晓锴、刘伟国、杨建庭等老师以及历史文化学院研究生和本科生近 40 余人对太行山东西两麓的部分县市展开调查。

总体来说，2018—2019 年，课题组共调查山西省灵丘县、忻府区、定襄县、五台县、代县、繁峙县、平定县、太谷区、榆社县、武乡县、襄垣县、高平市、阳城县、泽州县、陵川县、长子县、上党区、壶关县、潞城市、黎城县等 20 县市，河北省涞源县、易县、涉县、武安市、邯郸市等 5 县市，河南省安阳市，调查村落 400 余个；

拍摄照片664G，具体来说，文献搜集方面，共搜集碑刻、账本、文书、档案等各类电子文献200G左右，其中民间文献131G，档案文献69G。在商业文化方面，可以看出商业文化不仅体现在碑阴字号上，还体现在账本、存根、收支账、地亩账、商业文书等资料上，展现了民间文献类型的丰富性。在红色文化方面，特别是抗战文化是太行山乡村文化的重要组成部分。民间文献中包含了大量的抗战民间文书，展示了八路军与村民之间的经济互动。遗存在乡间的大量的抗战遗址，无时无刻不在诉说着这段曲折而伟大的历史，无意间也成为文献的一部分。此外，村庄历史文化的区域性特征也不容忽视。村庄历史文化具有区域性特征，不仅县域之间的村庄历史文化具有很大的差别性，即使在县域范围内，不同的小地理单元之间，也体现着差异性。

田野调查是一个十分艰辛的工作。调查前，广大师生要详细了解调查区域的各方面情况，还要充分做好安全与设施准备工作。调查过程中，不仅要克服酷暑与突发状况的侵扰，还要经受长途跋涉带来的身心疲劳。晚上，师生还要就一天的调查展开讨论与总结，撰写调查简报与调查日志，规划第二天的调查行程。调查结束后，带队老师还要指导学生进行田野调查报告以及专题学术论文的撰写。本书收录的内容主要包括三个方面：一是围绕田野调查形成的专题学术论文，收录4篇，涉及太行山水文化与乡村社会、非物质文化遗产的活态传承、易地扶贫搬迁中的传统村落保护、传统堡寨村落的保护等方面。二是围绕田野调查形成的调查报告，收录4篇，涉及红色村落、商业村落、堡寨村落、军事堡寨、娲皇信仰等方面。三是田野调查过程中的纪实，收录7篇，主要展现山西大同、忻州、阳泉、晋中、长治、晋城等部分县市村落的田野调查过程。需要强调的是，由于篇幅与专题所限，本书呈现在读者面前的只是田野调查成果中很小的一部分。

在田野调查与后续的写作过程中，广大师生得到了太行山东西两麓部分县市、乡镇、村委领导以及村民的热情接待、真诚帮助，这为田野调查工作的顺利开展提供了诸多便利，同时也节省了大量的时间、金钱。在这里，谨以参加田野调查的广大师生的共同名义，向他们表示衷心的感谢！

编　者
2020 年 10 月于山西大学

目　录

田野札记篇

学术论文篇

明清以来太行山地区的水文化与乡村社会

——以黎城龙王社庙为中心的考察

张玮

明清兴盛于民间的龙王庙，是太行山地区水文化中极为重要的一种实物载体。通过对龙王庙，尤其是作为社庙的龙王庙谱系化的整理与考察，不仅可以看到太行山村落的历史演进与区域特色，更反映出太行山乡村社会以水为中心的生活方式。

水文化，是指人类以水为基础所产生的生活方式、生产方式和相应的思想观念。[①] 太行山地区作为中华文明之源，从远古传说的女娲补天、精卫填海、大禹治水等神话故事，到战国以来西门豹治邺、番系穿渠引汾等河泉灌溉记载，再到新中国成立后红旗渠、勇进渠等大型水利建设，太行山乡村社会始终与水文化紧密相关。

自美国学者 Wittfogel 提出东方国家的"治水社会"理论以来，水与社会发展的关系愈发受到学界的关注和重视。近十年，以水为中心的山西社会研究渐成风潮，并形成了多种路径，主要有：以"水与人文关系"为中心的人类学研究[②]；以"水利组织"为中心展开的区域类

---

① 葛剑雄：《水文化与河流文明》，《社会科学战线》，2008（1）。
② 王铭铭：《心与物游》，广西师范大学出版社，2006。

型、经济产业、权力运作、日常生活等方面的水利社会史研究[①]；以"水神信仰"为中心展开的传说故事、风俗活动、仪式信仰等方面的民俗学研究[②]。本文将谱系化的黎城龙王社庙作为研究对象，在文献与田野结合的基础上，通过实证分析，从"庙宇空间"的视域来剖析太行山乡村的生成历史和生活方式，以此来把握明清以来以水文化为中心的山西区域社会发展。

一、黎城龙王庙的空间分布与谱系特征

太行山地区向来以农业为基础，出于对水资源的重视、渴求与敬仰，明清时期形成了庞大而丰富的水神信仰体系[③]。其中，龙王信仰因其传承历史之悠久、分布地域之广泛、神祇类型之多样，成为太行山水文化中最具代表性的一种。

黎城为上党山城，地处太行山腹部。"万峰环绕，而岚山西峙，绣屏东围，衡漳经其南，玉泉出其北[④]"。境内川流绝少，"虽间有河道，恒视水旱为盈涸，当夏秋雨集，水湍石激，不适灌溉，其长流者惟清、

① 区域类型研究主要有：行龙：《水利社会史探源——兼论以水为中心的山西社会》，《山西大学学报（哲学社会科学版）》，2008（1）；董晓萍，（法）蓝克利：《不灌而治——山西四社五村水利文献与民俗》，《陕山地区水资源与民间社会调查资料集》第4集，中华书局，2003；王铭铭：《水利社会的类型》，《读书》，2004（11）；张俊峰：《泉域社会：对明清山西环境史的一种解读》，《商务印书馆》，2018。以经济产业为中心的考察主要有：张俊峰：《明清以来山西水力加工业的兴衰》，《中国农史》，2005（4）。以水权为中心的社会关系研究主要有：赵世瑜：《分水之争：公共资源与乡土社会的权力和象征——以明清山西汾水流域的若干案例为中心》，《中国社会科学》，2005（2）；张小军：《复合产权：一个实质论和资本体系的视角——山西介休洪山泉的历史水权个案研究》，《社会学研究》，2007（2）；张俊峰：《油锅捞钱与三七分水：明清时期汾河流域的水冲突与水文化》，《中国社会经济史研究》，2009（4）。日常生活研究主要有：胡英泽：《凿井而饮：明清以来黄土高原的生活用水与节水》，商务印书馆，2018。
② 李峻杰：《逝去的水神世界——清代山西水神祭祀的类型与地域分布》，《民俗研究》，2013（2）；行龙：《晋水流域36村水利祭祀系统个案研究》，《史林》，2005（4）；朱文广：《庙宇·仪式·群体：上党民间信仰研究》，中国社会科学出版社，2015；宋燕鹏：《南部太行山区祠神信仰研究》，中国社会科学出版社，2015。
③ 参见李峻杰：《逝去的水神世界——清代山西水神祭祀的类型与地域分布》。
④ 康熙《黎城县志》卷一《地理志》。

浊二漳与源泉数水而已①。"因此，在水资源极为缺乏的环境下，黎邑民众修建了大量的龙王庙，以此来祈求雨霖苍生，捍患除乱，庇佑一方。经过笔者及所在团队对黎城展开深入的田野调查，并结合传统文献书籍、官方统计数据等资料，兹将明清以来黎邑龙王庙的谱系情况整理如下。

表1 明清黎城龙王庙分布谱系表

区域	庙宇名称	祭祀主神	庙宇数量	庙宇地位	
				社庙	非社庙
县城	灵泽王庙	黑龙王	1座	0座	1座
	昭泽龙王庙	昭泽龙王	1座	0座	1座
	五龙庙	五龙王	1座	0座	1座
平贤乡	龙王庙	昭泽龙王、白龙王、黑龙王、苍龙王、九龙王	4座	2座	2座
	灵源圣井庙	五龙王	1座	1座	0座
	五龙庙	昭泽龙王	1座	1座	0座
陇阜乡	龙王庙	昭泽龙王、白龙王、苍龙王	11座	9座	2座
	岚山龙王庙	岚山龙王	3座	3座	0座
	溢海龙王庙	昭泽龙王	2座	2座	0座
	庵泽龙王庙	昭泽龙王	1座	1座	0座
	昭泽龙王庙	昭泽龙王	4座	2座	2座
漳源乡	龙王庙	昭泽龙王、白龙王、护国灵贶王	15座	12座	3座
	二龙庙	昭泽龙王、苍龙王	1座	1座	0座
	护国黄龙王庙	黄龙王	1座	1座	0座
	昭泽龙王庙	昭泽龙王	2座	1座	1座
	五龙庙	五龙王	4座	4座	0座
	九龙庙	九龙王	1座	0座	1座
	圣源龙王庙	昭泽龙王	2座	2座	0座

---

① 民国《黎城县志》卷二《山川考·营建考·沟渠考》。

续表

区域	庙宇名称	祭祀主神	庙宇数量	庙宇地位 社庙	庙宇地位 非社庙
玉泉乡	龙王庙	昭泽龙王、白龙王、黑龙王、苍龙王、灵侯龙王	19座	5座	14座
	五龙庙	岚山龙王、昭泽龙王、白龙王、苍龙王、龙王爷	5座	3座	2座
	义济龙王庙	白龙王	1座	1座	0座
	泰华龙王庙	泰华龙王	1座	1座	0座
	岚山庙	岚山龙王	1座	1座	0座
	全神庙	五龙王	1座	1座	0座
	九龙寺	九龙王	2座	1座	1座
合计			86座	55座	31座

说明：（1）本表统计均为祭祀主神为龙王的庙宇，在耳殿或配殿等旁祀的庙宇未统计在内。

（2）本表统计均为实地尚存可探或有文字记载可查的龙王庙，现已不存且无字记载的庙宇未统计在内。

（3）本表统计区域均为明清黎邑旧称，与当今行政区划有所出入。县城之东为"平贤乡"，即今黎侯镇东部、东阳关镇、涉县偏城镇一带；县城之西为"陇阜乡"，即今黎侯镇西部、上遥镇一带；县城之南为"漳源乡"，即今黎侯镇南部、停河铺乡南部、西仵乡、程家山乡，平顺县北耽车乡一带；县城之北为"玉泉乡"（光绪年间改为"委泉乡"），即今黎侯镇北部、停河铺乡北部、洪井乡、西井镇、黄崖洞镇一带。

（4）平贤乡偏城镇等十五村与漳源乡五美里二十七村因光绪朝分别划属涉县与平顺县境，故该区域内龙王庙均未统计在内。

（5）资料来源：主要源自本人田野调查，以及参考国家文物局主编：《中国文物地图集·山西分册》，中国地图出版社；弘治《黎城县志》卷一《祠庙志》；康熙《黎城县志》卷二《政事志》；光绪《黎城县续志》卷一《地理志·政事志》；民国《黎城县简志》第八章《寺庙》；王苏陵主编：《三晋石刻大全·长治市黎城县卷》，三晋出版社，2012年。

根据上表可知，黎邑龙王庙有以下三个显著特点。

（一）分布地域广泛，区域分布不均

根据文献和实地调查，黎邑现存龙王庙共106座，其中可考存于明清时期的龙王庙共计86座，就其覆盖范围来看，分布广泛，遍布全境。其中县城3座、平贤乡6座、陇阜乡21座、漳源乡26座、玉泉乡30座。就其分布密度来看，平贤乡共有24村，每村仅有龙王庙0.25座；陇阜乡共有42村，每村有龙王庙0.5座；漳源乡共有46村，每村约有龙王庙0.56座；玉泉乡共有53村[①]，每村约有龙王庙0.56座[②]。可见，黎邑龙王庙区域分布并不均衡，东部地区数量明显少于西部、南部和北部地区。这一现象与各区域社会经济发展程度紧密相关。

黎邑四面群峰环抱，"万山丛处，满目顽石，幅员之大广袤约及百里，可耕之田实无十分之二三"。[③]中、西部地区多山泉曲涧，为黎邑主要的农业种植区；南、北部二漳交流，土肥田美，是典型的河谷灌溉区。这些地区"人民务农而外别无他业可图"[④]，经济发展与水资源息息相关，村民因而广建春祈秋报之所，祈祷一年风调雨顺、五谷丰登。东部多为山区，农业发展受到水资源的严重限制。但由于其地处潞安、邯郸之孔道，有进出燕赵、秦晋之通衢的地利，商贾络绎不绝，驼队川流不息。随着市场体系的扩张，商业发展日益兴盛，庙宇所倚仗的神祇灵力也开始多样化和复合化[⑤]。之前流行于当地，显现传统农业社会型灵迹的龙王，逐渐被拥有商业型神力的关帝所取代，渐居次流。

从其分布特征可知，黎城龙王庙遍布及差异的背后反映的实质是：明清时期黎城整体处于传统农业社会的状态以及个别区域向商业化转型的动态过程。

---

① 光绪《黎城县续志》卷一《地理志·政事志》，其中平贤乡共有36村，因偏城镇12村后划入涉县，故本文以24村进行计算；漳源乡共有73村，因五美里27村后归属平顺县，故本文以46村进行计算。

② 若再考虑到乡村其他庙宇中配殿、偏殿、耳殿中存在的大量龙王殿，可以说龙王庙也是"村村都有"了。

③ 民国《黎城县志》卷三《赋税略》。

④ 同上。

⑤ [美]韩森著，包伟民译：《变迁之神：南宋时期的民间信仰》，中西书局，2010：72—75。

（二）祠祀类型多样，多元秩序共存

历史上，龙王形象经历了由"龙—龙王—人格化的龙王"转化的历史阶段。[①]唐宋之际，在官方与民间的互动之下，物化龙王最终实现了人格化，得以人形示人；地方异士也得以神格化，凡人亦能成圣。此后，地域各类龙王层出不穷，在民间形成了一个庞大的"龙王体系"。黎邑龙王庙的龙王类型主要有以下几种。

1. 五帝龙王：道教尊神

据《太上洞渊神咒经》记载，五帝龙王分别为：东方青帝青龙王，南方赤帝赤龙王、西方白帝白龙王、北方黑帝黑龙王、中央黄帝黄龙王[②]。其形象对应了中国传统的五行思想。[③]五龙信仰基本形成于魏晋时期，唐代纳入国家祀典。宋代继承五龙之制。宋徽宗大观二年（1108）诏天下五龙皆封王爵，封青龙神为广仁王，赤龙神为嘉泽王，黄龙神为孚应王，白龙神为义济王，黑龙神为灵泽王。[④]此后，五帝龙王列为官方钦定典祀，于民间迅速兴起。黎邑青龙王、白龙王、黑龙王的祭祀最为普遍，黄龙王祭祀较少，赤龙王则未有祭祀。不同龙王的"待遇"差异与其象征内涵息息相关：青龙王主万物发生，被视为生灵之宰；白龙王意指布雨兴云，可引风沐雨；黑龙王则象征丰沛雨水，[⑤]因此，这三种龙王在民间祭祀最广、香火最旺。黄龙王因居中央之位，

---

① 在古代神话中，龙为象征祥瑞的"四灵"之一，《说文》中言其形象"鳞虫之长，春分而登天，秋分而潜渊"，貌似长蛇，具有降水神性，如《山海经》中的应龙和烛龙、汉代祈雨常用土龙之法。但东汉之前，古人祭水神多为河伯。自佛教传入以来，佛经中的"龙王"形象与本土龙文化相结合，中国始有"龙王"之概念，成为真正的司水之神。故宋人赵彦卫《云麓漫钞》曰：自释氏书入，中土有龙王之说，而河伯无闻矣。晋代以后，道教吸收并改造佛经龙王之说，大造龙王，使其有了明确的地域和职位之分，主要职能为镇守护卫。唐宋之际，朝廷不断对龙王封王赐爵，民间神祇体系也开始包罗正式宗教传统的神祇。
②《太上洞渊神咒经》卷十三，张继禹：《中华道藏》第六册，华夏出版社，2004:47。
③ 东方木，色主青；南方火，色主红；西方金，色主白；北方水，色主黑；中央土，色主黄。南朝陶弘景曾言："五龙，五行之龙也，龙则变化无穷，神则阴阳不测，故盛神之道法五龙也。"参见许富宏：《鬼谷子集校集注》，中华书局，200:827。
④《文献通考》卷九十《郊社考·二十三》。
⑤ 董晓萍，（美）欧达伟：《华北民间文化研究》，河北教育出版社，1995。

以主四方，常以县域当阳正位而立，民间故而立者极少。赤龙王则因其颜色赤如骄阳烈火，民间视为干旱的象征，因此禁祀赤龙。[1]

2. 昭泽龙王：地方神灵

昭泽王姓焦，名方，唐懿宗咸通九年（868）七月初五日生于韩州长乐乡司徒村（即今襄垣北底一带），其祖父皆以阴阳术数服田为业。"七岁尚未言，及十三，顿于天文、地理、象数皆通，又得秘术，能致云雨，祛邪魅。"[2]坐道于黎城县西北陇阜山龙洞内。其殁之后代有显应，获历代统治者封爵赐号。"（后唐）清泰二年，草贼啸聚，官军不能禁，忽洞起红云，空中若有铁骑声，乱石飞下如雨，贼党孑遗，加封灵侯爵……（后晋）开运二年，旱魃为灾，凡谒洞求雨者应如响，后来求雨自此始。天福四年，加封为'显圣公'。（宋）宣和元年，加封为'昭泽王'。元世祖南征渡海时，见王阴，为之助师旋，遂加封曰'海渎王'。"[3]明封"龙洞神"。[4]清同治二年（1863），"以神灵显应，加山西襄垣县昭泽王封号曰'康惠'"[5]。同治九年，"敕加康惠昭泽王'灵感'封号"。[6]光绪五年，"以神灵显应，颁山西黎城县昭泽龙王洞匾额曰'云恩雨泽'。"[7]同年，河南彰德府安阳县知县祈雨立应，敬悬匾额并捐银一百一十两为修葺庙宇之费。襄垣知县因旱祷雨大沛甘霖，创建行宫，并碑记。[8]在民间与官方的互动之下，昭泽龙王成为黎邑分布最广、立祠最多、影响最大的龙王尊神。

3. 岚山龙王：黎邑本土神灵

相传岚山龙王"生居东海之龙宫，道隐西山（岚山）为尊神，成

---

① 苑利：《华北地区龙王庙主神龙王考》，《西北民族学院学报（哲学社会科学版）》，2002(4)。
② 康熙《黎城县志》卷三《人物志》。
③ 同上。
④ 《钦定大清会典事例》卷四百四十六《礼部·群祀》。
⑤ 《大清穆宗毅皇帝实录》卷六十二。
⑥ 《钦定大清会典事例》卷四百四十六《礼部·群祀》。
⑦ 《大清德宗景皇帝实录》卷八十七。
⑧ 光绪《黎城县续志》卷一《地理志·政事志》。

仙于玉洞之中"①。金大定间于岚山建庙,元至治二年(1322)居民杨贵等重修。由于乡民遇旱祈祷即应,神名显著,明廷于洪武十二年(1379)赐称"岚山之神",有司岁以春秋仲月上旬择日致祭②,纳入官方祀典系统。岚山龙王不仅能兴云布雨,还能祛除沉疴,惩恶扬善。"岁旱祷雨,能兴云雾于顷刻;沉疴求助,善使灾灭而福降。福善者得霑濡利益之恩,祸淫者有飞雹疾风之报。"③故而岚山龙王成为黎邑乡民中仅次于昭泽龙王的雨神。

4.五龙王和九龙王

官方所定"五龙王"即前文所述的五帝龙王,均有守土之责。"九龙王"即五帝龙王再加上四海龙王,合称九龙。但在黎邑的实际祭祀中,却并未完全按照官方规定执行。乡民往往将"五龙"或者"九龙"合塑为一尊神像,只立一块牌位,上书"龙王爷""五龙爷"或"九龙爷"之神位。此外,更为常见的情况是,民间龙王与官方龙王混祠于一处。如玉泉乡五龙庙,其祠祀主神为岚山龙王、昭泽龙王、白龙王、苍龙王和龙王爷。黎邑本土祠祀之"五龙"一般为苍龙王、昭泽龙王、岚山龙王、石囤龙王和蜡冈龙王。明洪武初年,时任黎邑主簿严杞曾做过考证:

> 及考黎城之境,西去县五十里,鳌山有苍龙;又五十余里,陇阜山有昭泽龙;西北二十里有岚山龙;北去百二十里有石囤龙,相望五里间有蜡冈龙,皆能出云雨,而山洞之奇伟,渊深最灵异者,昭泽爷。此黎城境内之五龙,昔人合祠于此,故名。④

①《重修岚王庙记》,王苏陵主编:《三晋石刻大全·长治市黎城县卷》,三晋出版社,2012:54。
②弘治《黎城县志》第十九篇《祠庙志》。
③《重修岚王庙记》,王苏陵主编:《三晋石刻大全·长治市黎城县卷》,2012:54。
④《重修五龙庙碑记》,载自弘治《黎城县志》第三十三篇《词翰志》。

纵观黎邑各类龙王，五帝龙王作为国家正祀神祇，是中央皇权御宇天下的象征；昭泽龙王、岚山龙王作为民间精英倍加崇奉的地方神灵，经过朝廷一系列的调查，得以赐爵封号，列入祀典。朝廷以承认当地神祇的权威性来作为地方精英协助县令安定一方的回报，并在一定程度上驾驭民间神祇，来掌握地方社会的脉搏。① 而像苍龙王、石囤龙王、蜡冈龙王等，虽然未能通过极为苛刻的圣化程序，但仍在民间广受香火，各保一方。此外，昭泽龙王作为"外域之神"，得以在黎邑传播并成为影响最大之信仰，与自明代以来涌入大量的襄垣移民息息相关。外域文化在本邑的融合与流行成为黎城传统社会的一大重要特征。

由此，从其祠祀的类型特征可见，黎城各类龙王的并存与合祀背后反映的实质是：明清黎城社会处于一种由国家行政、民间传统和移民文化等力量构建的多元秩序互补共融的稳定状态，保障了地方的安定与发展。

（三）庙宇规模较大，庙宇地位较高

黎邑龙王庙的规制可以分成三类：一类是规模较大的龙王庙，一般为一进院落或二进院落。其院落布局：最前面为龙池，深有丈许；其后为山门，前挂庙名匾额，后设倒座戏台，每年春祈秋报时敬神献戏之用；再后为献殿，摆设香案以供神灵；献殿之后则为全庙中心的龙王殿；正殿左右设有耳房、偏殿，以供风伯、雨神、马王、牛王等司农诸神；院落两侧建有东西廊房数楹，一供其余神灵显圣之配殿，一为戏班香客歇脚之社房。此类庙宇共有 50 座，为黎邑龙王庙数量之最，且多为社庙，地位较高，为乡村祭祀和活动组织的中心。另一类龙王庙则规模较小，多为单殿，一般面阔三楹，进深四椽。此类庙宇共有 25 座，在乡村地位高低各异，多为乡众平日求雨捍灾之所，鲜有社事展开。第三类是作为神龛的龙王庙，共有 11 座，基本分布

---

① [美] 韩森：《变迁之神：南宋时期的民间信仰》，2010:100—101。

在黎邑北部的玉泉乡，多立于泉井旁。

从其规制特征可观，黎城龙王庙规模大、地位高，其背后反映的实质是：明清时期黎城乡村以具有社庙意义的"龙王庙"为核心，作为展开一系列社事活动和日常生活的运行中心。

二、历时性与共时性：作为社庙的龙王庙与乡村历史

"社庙"，村民俗称为"大庙"，为"各乡村里社定为春祈秋报的神庙"①。不同于一般承载着民间信仰的场所，它还承担着诸多集体活动、公共事务。上党地区的社庙早先为土地祭祀之所，因为气候环境变迁，自宋代开始陆续向佛教结社和雨神崇拜转变。这一时期对各种各样的雨神的塑造和崇拜成为上党地区民间信仰的核心，②区域性的社庙中心开始形成。③黎城形成了以陇阜山为中心的昭泽王庙。明清以来，上党地区社庙出现了明显变化：社庙从中心向各村分散，开始出现"村村有社庙"的现象。村庄社庙不仅规模最大，祀神最全，而且是全体村民春祈秋报的唯一场所，更是村中自治组织"社"之载体。④正是由于社庙的特殊性，日本学者平野义太郎由衷感慨其为"村落得以成立的根本的向心力"⑤，因而，社庙历史得以成为研究太行山乡村社会变迁与路径的最佳切片。

1. 社庙创修与乡村演进

"历史在很大程度上是数目的问题。"⑥明清黎邑可考龙王社庙共

---

① 杨孟衡校注：《上党古赛写卷十四种笺注》，财团法人施合郑民俗文化基金会，2000:6。
② 杜正贞：《村社传统与明清士绅：山西泽州乡土社会的制度变迁》，上海辞书出版社，2007:14—15。
③ 如以屯留县三嵕山为中心的三嵕庙、以阳城县北嶷山为中心的白龙庙和析城山为中心的汤王庙、以凤台县府城村为中心的玉皇庙、以壶关县树掌镇为中心的二仙庙、以长子县为中心的崔府君庙，等等。
④ 姚春敏：《清代华北乡村庙宇与社会组织》，人民出版社，2013:106—116。
⑤ 转引自麻庆国：《家、分家——宗族与村落社会》，北京大学博士论文，1997:63。
⑥ [英]E.H.卡尔著，陈恒译：《历史是什么？》，商务印书馆，2017:139。

有 55 座，其中有确切创修时间记载的有 48 座。仅从单个社庙入手，很难看到区域性、整体性、结构性的变化和发展。但将其谱系化整理后，可发现社庙兴废与乡村欣荣的高度融通。

从空间上看，社庙空间递进与乡村演进方向相重合。

漳源乡南部地区（即今西仵乡和程家山乡）西部为浊漳河谷，地势平坦，包括西水洋、东水洋、隔道、赵店、隆旺、路堡、北流、南堡、王曲①等九村。中部为低山丘陵区，地形开阔，包括程家山、张家山两村。东部为黄土高山区，沟壑纵横，包括蝉黄、凤子驼、段家庄、高家脚、寨脑、暴家脚等六村。该区域的地貌特征基本上类似于黎邑全境，因而极具典型特征。这些村庄几乎村村都建有龙王庙，且基本为社庙。从各庙创建时间来看，西部河谷八村在清前期，甚至金元时期就已创立。路堡村圣源王庙建于元延祐二年（1315）、王曲村龙祥观

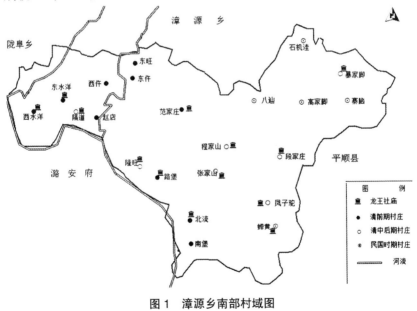

图 1　漳源乡南部村域图

资料来源：作者绘制。

建于元至正十一年（1351）、隆旺村五龙庙创建于清康熙四十九年

---

① 明嘉靖八年设置平顺县，将王曲等五里并入。

（1710）^①等；中部程家山、张家山两村龙王庙分别建于清中期乾隆三十二年（1767）、嘉庆二十一年（1816）^②；东部高山六村建庙时间则主要在稍晚的清中后期。以建庙时间划分，可以看到社庙空间体现出随时间从河谷向丘陵再到高山的递进过程。再来看明清以来黎邑乡村的数量变化。据明弘治《黎城县志》记载，嘉靖八年（1529）前，黎邑分为四乡104村，其中漳源乡27村，西部河谷九村除隔道以外均已存在；中部两村和东部六村均尚未形成村庄规模。^③康熙五年（1666），全县分为四乡115村，其中漳源乡17村，情况如旧。光绪九年（1883），全县分为四乡204村，其中漳源乡73村（原析出平顺五美里27村复归黎城），西部隔道，中部程家山、张家山，东部蝉黄六村均已成形。以乡村形成时间划分，可以看到聚落空间也是从河谷向丘陵再到高山的演进过程。由此可见，社庙空间与乡村演进在空间上相互重合。

因此，通过龙王社庙的空间递进规律可以清晰地梳理出：明清时代背景下黎城社会聚落生成和乡村发展围绕占用、寻找和挖掘"水源"为中心的演进路径以及实物例证。黎邑早期聚落文明基本上是沿南部、北部的河谷流域以及中部各大泉域分布，长期以来形成了较为稳定和舒适的生活社区；清中后期以来，社会急剧变化，新生聚落不断由南部的浊漳河流域向西部、东部更加纵深的低山丘陵，再至危峦峭立的高山荒岭演进，由北部的清漳河流域向西北山地演进；由中部的密集泉域向四周的绵延丘陵演进；由东部的平坦盆地向北部的三大沟壑演进。这种方式帮助研究者进一步加强对区域社会发展脉络的认识和掌握。

① 参见无题名（创修施地碑），元延祐二年立石，碑存山西长治市黎城县程家山乡路堡村圣源王庙内；弘治《黎城县志》第十九篇《祠庙志》；无题名（捐银碑），道光十五年立石，碑存山西长治市黎城县程家山乡隆旺村五龙庙内。
② 参见无题名，嘉庆十三年立石，碑存山西长治市黎城县程家山乡程家山村昭泽龙王庙内；《创建龙王庙并永禁赌博碑记》，嘉庆二十四年立石，碑存山西长治市黎城县程家山乡张家山村昭泽龙王庙内。
③ 弘治《黎城县志》第十七篇《闾里志》。

从时间上看，社庙创修历程与乡村发展阶段相吻合。

社庙的创修分为创建和重修两种。经笔者统计，宋代以来，黎邑龙王社庙有详细年代记录的创修次数为68次。这些数据虽然不能被视为准确的统计，但还是能够反映出黎邑龙王社庙建设的趋势和特征。具体如下：

表2　黎城龙王社庙历代创修统计表

创修朝代	宋	金元	明		清		民国	合计
			前期	中后期	前期	中后期		
创修次数	1次	4次	2次	6次	4次	38次	13次	68次

资料来源：主要来源于本人田野调查，以及弘治《黎城县志》卷一《祠庙志》；康熙《黎城县志》卷二《政事志》；光绪《黎城县续志》卷一《地理志·政事志》；民国《黎城县简志》第八章《寺庙》；王苏陵主编：《三晋石刻大全·长治市黎城县卷》，三晋出版社，2012年等。

黎邑龙王社庙按其创修时间来看，主要集中在"明前中期—清前期"和"清中后期—民国"这两个阶段。

社庙有其自身的发展过程。例如漳源乡岩井村龙王庙，建于宋咸平五年，其与常春寺"互相毗连，龙虎巍峨，盘踞街心"，明弘治七年重修时，将二庙合而为一。康熙五十年再次重修，建"正殿六楹、陪殿五楹、乐楼三楹、东西廊房十五楹"①，成为该村社庙。陇阜乡平头村庵泽庙也属于这种情况。

清中后期之前，各村龙王社庙创修规模一般都不大，多为单殿或者一进院落；修建方式主要以村庄自修为主；修庙周期较短，一般在2—5年；社庙特征并不明显。如陇阜乡城南村于金大定年间创建岚山庙一所，明宣德八年（1433）重修"正殿三楹、廊庑两翼"②；漳源乡隆旺村于康熙四十九年（1710）创修五龙庙单殿一所，等等。

清中后期之后，各村龙王社庙创修规模都陆续扩大，形成多进院

---

① 《重修常春寺龙王庙碑志》，王苏陵主编：《三晋石刻大全·长治市黎城县卷》，2012:468。
② 《重修岚王庙记》，王苏陵主编：《三晋石刻大全·长治市黎城县卷》，2012:54。

落体系；修建方式也变为村庄自修与募化兼济；修建周期变长，一般在6—10年左右，社庙特征明显。城南村爱集五村公议，于道光十六年重修岚山庙，"创修殿廊数十间"①；隆旺村于乾隆三十八年（1773）重修五龙庙，"补修大殿一座、廊房五间、戏楼三间，石案两壁，功历数年而始成"②；蝉黄村于光绪三年（1877）重修龙王庙，"村众共发虔心。金曰唯命。于是捐积钱粮，兴工于丙寅，越十余年至丁丑岁而告厥成功"③，创建副殿廊房，挪移乐楼，重修马棚，挑凿麻池，庙宇金碧辉煌，焕然一新。

由此可见，龙王社庙的大规模创修始于清中后期。从康熙五年（1666）到光绪九年（1883）的200余年间，黎邑全县村庄数量由115村发展到204村，大约增加了原来的44%。清中后期，随着黎邑乡村社会的迅速发展，村庄数量不仅快速增加，村庄的发展也日趋兴盛，捐施工额巨大。

2.社神功能与区域特点

根据不同地域的地貌特征和用水类型的组合方式，黎邑可分为河谷流域区、盆地泉域区、丘陵井域区以及高山池域区四大社区。由表1可知，昭泽龙王作为黎城最为普及的龙王，在不同区域内，享有着相同神圣中的社神地位；却也在相同神力下，表现出不同区域内的社神威灵。

黎邑河谷流域区主要包括：陇阜乡南部（今上遥镇南部）和漳源乡南部（今西仵乡、程家山乡西部一带）浊漳河流域区以及玉泉乡北部（今黄崖洞镇东南部）清漳河流域区，约占全邑面积的11%。这一地区昭泽龙神突出的功能表达是"镇河捍患"。

此种神力缘自昭泽王生前"驱妖降龙"的传说。相传昭泽王焦方，其祖父皆以阴阳术数服田为业，母杨氏，亦有阴骘于人，世居襄垣。

---

① 《重修碑记》，王苏陵主编：《三晋石刻大全·长治市黎城县卷》，2012:272。
② 《重修五龙圣殿碑》，王苏陵主编：《三晋石刻大全·长治市黎城县卷》，2012:199。
③ 《创建副殿廊房挪移乐楼重修马棚挑鎏麻池碑记》，王苏陵主编：《三晋石刻大全·长治市黎城县卷》，2012:339。

后遇仙人，授以神符，此后周游各地，屡传神迹：

> 东北山有一穴，内藏五狐为祟，王逐之，就其中居焉，命之"五狐穴"。乾宁元年（894），壁底等村水骤发，漂民田庐无算。乾宁四年（897），县西蛇妖为患，王俱用符退水，而民俱获安……又知阆龙山水中有妖，求王除之。王用符投水，不旋踵而妖除。又同游北洞，洞与辽阳界相接，洞中蛟龙绕集，妖气逼人，常惊怖股慄。王则欣然，谓：是天设之以俟我者。又于石中得古剑一口……天福二年（937），上党妖魔为害，时太守王祐延王治之，妖遂息。①

可见，民间最初对昭泽王的形象塑造基本上是一个降妖除怪的道者形象，由于其主要活动在浊漳河流域，所遇之妖魔多为水妖之类。古人常以河水洪灾为妖魔作祟所致，因而昭泽王成为镇压漳河水患的最佳神选。更有甚者如陇阜乡正社村村民对其皆以"溢海龙王"命之。②

浊漳河为典型的山区河流，含沙量大，属常年性河流，枯水期浅滩可徒涉过河，汛时即夹带大量泥沙、块石湍急而过。每到七八月份，凡遇大雨即河水暴涨，山洪频发。水灾水患之载随处可见："嘉靖二十三年（1544）七月初三日夜二鼓，忽大水自县城西来，啮堤，由南关延庆寺内溃出。近居者房内水深三尺,至明方泄,圮房五十余间，溺死男妇九口，伤而未死者甚众。知县李良能举恤典"③；"隆庆四年（1570）庚午六月十二日夜初刻,东南西北四河皆大水。其西河坊决水，自南关延庆寺后溢出，平地高数尺，圮壁沉灶浮甑，漂没房屋，淹死者甚多"④；"元亨渠……清光绪二十九年（1903）路堡村贡生路步月提倡开凿，光绪三十二年（1906）渠成……近年漳水大涨，全渠冲毁，并坏田数十亩,奉令蠲除粮赋，必再行修浚始能灌溉"⑤；"民国二十二年（1933），

① 民国《襄垣县志》卷四《杂传》。
② 《重修碑记》，王苏陵主编：《三晋石刻大全·长治市黎城县卷》，2012:404。
③ 康熙《黎城县志》卷二《纪事》。
④ 同上。
⑤ 民国《黎城县志》卷二《沟渠考》。

漳水暴涨，漂没路堡、北流、赵店三村民田七十四亩四分"[1]；等等。

从社神"镇河捍患"的功能表达可以看到，河谷流域区坐拥水利的同时也饱受水灾，对水资源的利用与防患是这一区域的突出特征。

黎邑盆地以玉泉乡孔家峧村为中心，村北为盆地泉域区，主要包括玉泉乡北部（今西井镇、黄崖洞镇一带）地区，地表水丰富；村南为丘陵井域区，主要包括玉泉乡南部（今洪井乡、黎侯镇西北部一带）、平贤乡西部（今停河铺乡）等地区，地下水丰富，约占全邑面积的31%。这一地区昭泽龙神突出的功能表达是"聚水生河"。

此种神力缘自昭泽王生前"指水成行"的传说。相传昭泽王云游四方，"一日，游至漏岩泉，见众妇人浴不洁之衣，曰此水不可秽投，遂指水南行，水遂南。"[2] 盆地村庄多附泉眼或井眼而聚。昭泽王庙亦多分布于泉眼周遭，建在村外，规模不大，远离社事，只保其水潺潺不息，惟庇其民随给随足。

从社神"聚水生河"的功能表达可以看到，盆地泉域区和丘陵井域区自然环境幽美，依泉而聚，凿井为生是这一区域的突出特征。

黎邑高山池域区主要包括：陇阜乡北部（今上遥镇北部）的亚高山区、漳源乡北部（今黎侯镇西部、程家山乡东部一带）和平贤乡（今东阳关镇）中山区等地区，约占全邑面积的58%。这一地区昭泽龙神突出的功能表达是"兴云布雨"。

此种神力缘自昭泽王死后"应雨灵验"的一系列传说：

> 王享年三十有四，殁之后代有显应……开运二年（945），旱魃为灾，凡谒洞求雨者应如响，后来求雨自此始。天福四年，加封为显圣公。宣和元年，加封为昭泽王。元世祖南征渡海时，见王阴，为之助师旋，遂加封曰海渎王。[3]

---

① 民国《黎城县志》卷三《赋税略》。
② 民国《襄垣县志》卷四《杂传》。
③ 同上。

由此开始，昭泽王形象已经完成从一位神通道长向云雨龙王的转化，成为通俗意义上的昭泽龙王。

从社神"行云布雨"的"本职"功能表达可以看到，高山洪域区是典型的太行山干旱区，对水资源的节约与利用是这一区域的突出特征。

三、太行山乡村社会：以"水"为中心的生活方式

对黎城龙王社庙进行谱系化的考察，不仅能从社会外部来把握长时段中太行山乡村聚落的时空演进，还可以从社会内部去探析明清以来太行山区域的运行机制。明清以来，在对水资源的不断认识、开发和利用中，太行山乡村社会逐渐形成了一套以"水"为中心的组织化、仪式化和规约化的生活方式。

1. 水利组织与生活用水

水资源作为传统农业社会中最为重要的公共资源之一，其开发和使用也必然由乡村公共性的水利组织统筹负责。在太行山地区，这样的组织多由"社"来担任，其中既有一个村庄内部分属不同利益群体的"一村几社"体制，也有超越村庄"多村多社"式的区域联合，更出现专门化的渠社组织①。根据黎城不同的用水方式，其水利组织大致有三种类型。

第一种是处于黎邑河谷流域区和盆地泉域区，采用引河灌溉和引泉灌溉的水渠组织。明清以来，黎邑主要水渠有 3 条：引源泉水灌田六百余亩的源泉渠、引北寺水灌田千余亩的看后渠、引清漳水灌田五百余亩的清泉渠。黎邑对水渠的利用早从金大定年间就已开始，主要以泉水灌溉为主。但受限于区域社会发展、技术手段落后等因素，

---

① 如西件村土地庙内有一通施银碑（无题名），咸丰年刊立，碑阴后出现有"古渠社"这样的水利组织。

黎邑至清末才开始围绕浊漳河流域开展较大规模的水渠建设，修筑了漳源渠和元亨渠。

漳源渠由西水洋村乡绅张景曾提倡开凿，修成于民国八年（1919）。自西水洋村西北浊漳北岸石门头起，分内、中、外三渠，东经东水洋、隔道二村，至赵店镇南池旁止，约长九里，共灌田一千三百余亩。今存于西水洋村昭泽王庙内的漳源首渠规条碑① 为探究黎邑水利组织的管理与运行提供了重要线索。

漳源首渠由西而南，以西水洋村居首，因南区旧为漳源乡，而路堡渠又在下游，故以此定名。该渠自西水洋西北界之石门起，至赵店村南池止。其上游为干渠，下游支为里、中、边三渠。中渠又支为四，边渠支为二。干渠均宽六尺，支渠各宽三尺。

其管理机构由渠长、会计员、干事员、工头、巡渠、监闸、当差等构成。设渠长、会计员各一人，均从有本村土地之花户中推举产生。渠长任期一年，可连任，总理全渠事务及监察违规人等，"如其人跳梁跋扈、不受罚则者得送报县严惩"。会计员任期一年，不得连任，主要管理钱项出入、花户按亩起工、水渠应用什物以及各项簿记等；设干事员八人，工头二十五人，均由各村花户中轮流派充。干事员任期一年，不得连任，经管各村钱项、估量工程及其他一切事宜。工头专司修筑，用工若干，督率花户按亩派工等事宜；渠长雇佣巡渠、监闸、当差各一人。巡渠巡查渠堰倒塌及违章盗水、私放牛羊、折伤树枝等一切事宜。监闸则监理各口闸板启闭时间，及保存一切公用物件。当差听渠长指挥，召集各员，分送工帖及催工催款各事宜。管理会于每年阴历二月初一日召开一次，主要催收各村地亩及验看本年工程大小。

其定有详尽的用水规则。各村按亩分天，"凡地在百亩上下者，分水一天；地在五十亩上下者分水半天。如旱既大，其时亦得会同渠长及各村干事员公议，按日减半。"放水时限为每年春分到夏至之间，

---

① 无题名（漳源首渠规约碑），民国间立石，碑存山西长治市黎城县西仵乡西水洋村昭泽王庙内。

"如天气亢旱，必须灌田。时经渠长及各村干事员议妥方准放水。"放水之时，各支渠须备水籤三枝，"灌田之户插于地头，彼此传授，挨户灌田，无籤者不得强灌"；并按照一定次序轮换，"上次由里而外，下次由外而里，以昭公允而免争端，即遇河水缺乏，只够一两渠用时，其先后次序，以此例推，不得捣乱。"灌田不分昼夜，依次轮流，误过水期未及灌田者，则只能等待下次水过再灌。浇地不分肥瘠，"惟地面高渠之地，须另加一番人力者，渠费做工抵摊二分之一。但浇地时必在渠旁掘水池，不得到正渠中打水。"由于河水涨落，"如此次灌溉未周，下次须先得未灌之田补灌完毕，方准复始。"若花户所灌田地为典业租借之地，"须将开渠时摊费若干批于契券后，而期在十年以内，原主购地，如数付偿。而土地花户如将灌田出卖外人时，本渠地亩花户簿中不能更改，且以后浇地领籤，违规受罚，摊工摊费，仍归原主。"此外，渠畔众产亦有规定。"所植之树由地主栽植者，属各地主人，由各村栽植者，属各村渠社。"

第二种是处于黎邑丘陵井域区，采用地下汲溉的水井组织。黎邑的水井组织不仅在村庄内部广布，部分较大的水井还成为区域性的用水中心，像玉泉乡的西井、洪井等以井命名的村庄最终还发展成为地域中心（今分别为西井镇和洪井乡乡镇政府驻地）。

对于石厚土薄，难以掘井的村庄而言，常常在邻村淘垒水井工程中，以"计户出费""帮工贴米"的方式来获得用井权。村庄之间因为水资源的共同占有、管理、分配、使用等问题既有和谐共处，也有矛盾冲突，在长期实践中，最终形成较为合理的用水制度。[1]玉泉乡郭家庄、上骆驼、谷联三村相连，均为缺水之区，曾在乾隆三十三年至四十六年间，围绕东、西二井的使用权展开了常年的争夺，最后在官府的数次介入与判讼下才得以最终解决。[2]村庄内部的水井亦有私

---

① 胡英泽：《凿井而饮：明清以来黄土高原的生活用水与节水》，商务印书馆，2018:100。
② 《骆驼等村汲水讼案判碑记》，王苏陵主编：《三晋石刻大全·长治市黎城县卷》，2012:204。案件始末详见下文。

井和义井之分。私井为私人所有，他人不得任意使用。义井归村社所有，淘垒之资由社内供给。如陇阜乡后庄村重淘义井时，"社内出货，礼物：羊一头、酒一抬、红□匹、□四盘。鼓乐相送。"[1]

第三种是处于黎邑高山池域区，采用建池蓄溉的水池组织。黎城大多数村庄处于山区之中。引洪灌溉虽然很大程度上解决了农业生产的问题，但满足人畜各类日常生活用水的，是水池的修建。山区生活用水圈的形成与运行与水井类似。以玉泉乡洪井村为例，有一通题名《挖池碑记》的石碑，刊立于乾隆四十四年，碑文摘录如下：

> 黎邑之西北二十里许洪井村，石厚土薄，难以掘井，惟凿池注水由来旧矣。第日久壅塞、土石渐积，不为之勤掏而重挖之，是无池也，因以无水。无水也，而又何以给数百家之用。所以本村老幼按户计口，出米庸工，合众心以成一心。斯流水聚为池水，然池掏一尺，水容亦一尺。故本村掏池，本村吃水，而外村不掏池，外村即无以吃水也。水池是故四邻诸村意欲吃水，应于兴工之日须皆效力而并捐粟，无如人心不齐，难以概论。姑即其素所已行者而言之，吴家峪地实连接，储工出米，合本村为计算。石桥背路途较远，做工不便，公议止于出米。至于横岭庄亦去相近，而有讼在案，捕庭亲批合同为凭，三村虽名不同而总偶洪井村费用，惟洪河村挖井之工米不出，硬欲吃水担运，故两村交争，遂成争讼，蒙□李老爷仁明断处：帮工贴米吃水；不帮工贴米不吃水。于是，公案定而人心服，速被具结，自言永不在此池吃水……自此以后，凡我乡邻尚其鉴诸，犹恐空言无据，故言碑刻石，以志不朽。[2]

---

① 《重淘垒西井记》，王苏陵主编：《三晋石刻大全·长治市黎城县卷》，2012:107。
② 《挖池碑记》王苏陵主编：《三晋石刻大全·长治市黎城县卷》，2012:203。

以洪井村为中心的"生活用水圈"^①，主要包括了位于村东三里的吴家岐村、村北五里的横岭庄以及村北七里的石桥背村。水池的修建以洪井村乡民为主体，按户庸工，挖掘水池。另外三村或效力捐粟，或只出米，抑或提供村费，以各自的形式参与了水池的修建，最终获得了用水权，由此"本村掏池本村吃水""外村帮工贴米外村吃水"的用水原则得以形成。随着距离洪井村最近的洪河村对此挑战的失败，该原则得到官方承认，正式确立起来。

此外，穿凿旱井也是对黎邑山区村庄修池蓄水常见的一种补充方式。^②

2. 求雨仪式与生活权利

太行山地区不仅有着多样的水利组织，还存在一系列与水有关的活动仪式。在黎城民间日常社事活动中，组织最严、规模最大、影响最广的是向司雨之神的祈雨仪式。

以漳源乡赵店村为例：

从祈雨的主体来看，村民祈雨受到严格限制。"鸣钟祈雨，所以惊众，如果事不得已，须秉虔诚与社公议。"此外，鸣钟条件也有明确限定，鸣钟人必须拥有地亩，而且村内三社人同在方可鸣钟。

从祈雨的过程来看，鸣钟者不论几人，都需要请来香首（即社首），与其在殿内铺设草袋，挨次跪香。礼毕后，由香首挑选若干精明能干之人安排祈雨诸项事宜。执事人必须听从香首派遣，不得任意摆调。庙内执事设取水三人，监香四人，沿庙焚香四人，写对、贴对二人，作旱表一人，柳棍二人，跐旱取水点名一人，内巡风二人，总催一人，总理庙事庙貌；庙外执事设外巡风三社各一人，抬架八人，抬香桌二人，赁旗伞佃钱一人，担水三人，沿路焚香二人，伐柳二人，把门二人，

① 参见胡英泽：《凿井而饮：明清以来黄土高原的生活用水与节水》，2018:275。
② 旱井的穿凿主要分布在平贤乡（今东阳关镇）诸村的高山深沟之中。在笔者田野调查之时发现，时至今日，东阳关东沟五村之用水仍然沿用着"靠天吃饭"的旱井蓄水传统，高耸的地形和高昂的成本使乡民无法实现自来水给今天乡村生活带来的诸多便利。山区用水环境之恶劣可见一斑。

锣鼓旗伞共十六人，伴驾二人，借锣一人，统随雨神出巡。

从祈雨的结果来看，"社内祈过一次，再有鸣钟，令其虔诚自祷，社内不管。如能成功，社内献戏谢雨，赏酒饭一桌，每人红一匹。"[①]

由此可见，将社员的个体行为与村社的集体活动紧密结合是黎邑民间仪式的一大显著特点。社员的个人意愿在社事活动中得到满足，社员的个人品质在社事组织中得到彰显，而社员的个人权利最终在社事仪式中得到承认。

3. 乡规民约与生活秩序

"我国神道设教，久成习惯，彼一般愚氓，畏人畏法，恒不如畏神之心深且切。"[②] 正是利用这种心理，诸多乡规民约被勒石于太行山乡村社庙中，既为教化乡民，培育乡风；亦为巩固乡里，维持秩序。黎城龙王庙内现存大量的乡规民约碑，可分为两类。

一类是以"水事"为中心的乡规民约碑，从内容的丰富性来看，包括了求水、吃水、用水、分水等一系列水事要素；从规约的效力性来看，又包含了规约、禁约、判讼等递进性约束效力。由于前文已提到大量关于求水、吃水的规约内容，故这里不再赘述。重点以用水的禁约碑和分水的判讼碑为例进行讨论。

漳源首渠规约碑中，其第二章第五节《禁制及惩罚》中有专门关于用水的若干禁规，选录如下：

> 第三十四条：渠水原属因势利导，渠路须由渠社指挥，无论何人不得阻挠，亦不得任意挖掘。
>
> ……
>
> 第三十九条：灌田之时，如有不领水签私自抉口偷灌田地者，每亩罚大洋五元；不足一亩者，抉分折算。

---

① 《祈雨条规并序》，王苏陵主编：《三晋石刻大全·长治市黎城县卷》，2012:337。
② 《上台壁重修龙王庙碑记》，王苏陵主编：《三晋石刻大全·长治市黎城县卷》，2012:337。

第四十条：灌田下按秩序，逞其私便，或应灌不灌而复托故强灌，以致彼此滋闹逞凶打架者，不论曲直，先罚大洋二元。

第四十一条：拦水入地必用木板，如有用石渣、土块拦堵者，罚大洋一元。

第四十二条：夜间灌田，逐段必挑掘水口，倘有浇毕不将水口填塞妥寔者，即以私自抉口论。

第四十三条：渠水须顺地势，若地面稍高，勉强寔水致毁公共渠路者，量工议罚。

第四十四条：各人浇地，水口须各人修筑，倘修理不固致毁他人田地者，量工议罚。①

……

从灌田前的领签受水，到拦水时的木板要求，再到浇地时的挑塞水口，详尽而细致的系列用水禁制，保障了漳源各渠灌溉的顺利进行，也极大地维持了漳源流域的秩序。

相较民间禁约碑的禁制，判讼碑是在民间自行调解无效状态下代表官方意志的一种强制性决断，具有最高的约束效力。前文提到的玉泉乡郭家庄、上骆驼、谷联三村汲水讼案判碑最有代表性。案件始末如下：

三村先前一直共用东、西二井，由于郭家庄离河较近，所以乡民汲水被定在水量较少的西井；而上骆驼、谷联二村，离河较远，因此二村共汲水量较多的东井，积累为习。乾隆三十三年（1768），由于受到旱灾影响，传统被打破，郭家庄村民开始纷纷在东井汲水，形成三村争水的局面。上骆驼乡绅李广明"率由旧章"，控结郭家庄违规之举，并于东井旁立石记之。郭家庄村民郭伏广因不堪指斥，将碑毁坏。乾隆四十四年（1779），知县李为□复莅，广明具控前情。在查明原

---

① 无题名（漳源首渠规约碑），民国间立石，碑存山西长治市黎城县西仵乡西水洋村昭泽王庙内。

委后，李知县做出如下判决：

> 李广明私立碑记，郭伏广不禀官究查，辄行打毁，如初，乡愚存宽允究□后，上骆驼、东井水多之，准郭家庄村均用。水缺之时只准上骆驼与谷联庄汲饮，郭家庄村民只许在西井汲水，毋许在东井争汲。倘敢抗违，许上骆驼二村指名控□再造，遵依附卷，给刻立碑，以垂永远可也。①

官府以东井水量之盈缺来划定三村汲水方案，但由于其标准难以把控，纷争仍旧不止。乾隆四十六年（1781），继任知县姚金直接划定三村在东井的汲水日期："每逢一、四、七日谷联庄村汲取；三、六、九日郭家庄汲取；二、八、五、十日骆驼村汲取。毋许扰越争竞，立石永远遵行外。"② 至此，东井三村争水案才得以告终。

另一类是以"社事"为中心的乡规民约碑，内容涉及禁赌、禁牧、禁伐、禁山等方面。典型的像道光三十年（1850），立石于漳源乡凤子驼村龙王庙内的禁约碑，规定：

> 合社公议，严禁赌博，倘有犯者，罚戏三日，罚钱三千文。授赌之人得钱一千五百文，入社一千五百文。倘有不遵者禀官究治重议。严禁麦苗一切大小树株，罚头开列于后。
>
> 一、羊群入地者罚钱三千文。
>
> 一、驴、牛、骡、马入地者罚钱三百文。
>
> 一、损伐树株者罚钱三百文。有人拿住者得钱一半，入社一半。倘有不遵者，禀官究治必禁。榆条有割的，一担者罚钱四百文，有成捆者罚钱二百文。此钱入社一半，

① 《骆驼等村汲水讼案判碑记》，王苏陵主编：《三晋石刻大全·长治市黎城县卷》，2012:204。
② 《东井泉水断分碑记》，王苏陵主编：《三晋石刻大全·长治市黎城县卷》，2012:206。

争住者得一半。如有不遵者亦照上治。①

　　除村社内部的禁约外，还有区域性的规约禁制。漳源乡坟峧村与河北涉县相邻，明清以来常有涉县贫雇农来此务农，并趁机落户。随其不断发展壮大，坟峧村行政仍属黎邑，但山头及大片耕地却归属于涉县。明万历二十一年，坟峧村前山头建龙王庙一座，为涉县郝家庄所有。黎邑百姓常来庙中祈雨，杀猪宰羊，在庙内烧火做餐。其燃料取之于周遭山林，久而久之树木稀少，引起郝家庄山主的不满，于是在此山立碑，宣布乡约，禁伐山林。②但由于鞭长莫及，屡禁不止，至民国年间，该山已成为荒山秃岭。

　　"龙神尤显有可畏之实，有时见电闪烁，闻雷霹雳，莫不惊之惧之，使改恶为善之心油然而生，况庙貌一新，威灵更著，即于电不见、雷不闻之时，见斯庙者亦必惊且惧而不敢妄为。"③传统农业社会中龙王的无比灵力以及威严，使其作为"感化之神不但裨益乎自治，并可补助乎官治"。④龙王社庙也得以成为黎城乡村社会的教化圣地与秩序中心。

四、余论

　　黎城地处太行山腹地，是太行山非常典型的一个山间盆地。本文以"龙王社庙"作为探究明清黎城区域社会发展的切入点和视角，分别从社会的外部特征和内部机制两个方面探究，揭示了明清以来黎城以"水资源"为中心的社会发展脉络。民间对水资源的诉求促成了龙王信仰在黎邑的普遍兴盛，龙王庙遍布全境，且地位崇高；因水资源

---

① 无题名（禁约碑），王苏陵主编：《三晋石刻大全·长治市黎城县卷》，2012:294。
② 参见《涉县为禁约事通知》，王苏陵主编：《三晋石刻大全·长治市黎城县卷》，2012:100。碑文内容大致可辨，但由于漫漶严重，故文中未附碑文。
③ 《上台壁重修龙王庙碑记》，王苏陵主编：《三晋石刻大全·长治市黎城县卷》，2012:337。
④ 同上。

的差异，借龙王功能的不同表达而反映河谷流域、盆地泉域、丘陵井域、高山池域等区域发展特点；对水资源的利用最终形成了一套由内而外的，以组织束身、以仪式束心、以规约束行为核心的社会运行机制与日常生活规范。黎城的社会发展模式，对进一步丰富和深化明清太行山乡村社会研究提供了一种有益的视角与经验。

附表1

乡镇	所属村庄	庙宇名称	奉祀主神	创修时间	庙宇地位
黎侯镇	县城西街	灵泽王庙	灵泽龙王	同治九年重修	非社庙
	县城池口街	昭泽龙王庙	昭泽龙王	道光元年改建	非社庙
	南关厢	五龙庙	五龙王	元至正四年创建	非社庙
	城南村岚山	岚山龙王庙	岚山龙王	金大定年创建	非社庙
	坟峧村	龙王庙	龙王尊神	万历二十一年创建	非社庙
	上村	龙王庙	龙王尊神	崇祯元年创建	社庙
	岩井村	龙王庙	龙王尊神	康熙五十年重修	社庙
	榆树坪村	五龙庙	五龙王	乾隆十七年创建	社庙
	下村	河东龙宫	五龙王	同治三年重修	社庙
	洪峧河村	五龙庙	白龙王、苍龙王、龙王爷	同治十二年重修	社庙
	宋家庄村	龙王庙	五龙王	光绪二十四年重修	社庙
	孟家庄村	岚王庙	岚山龙王	光绪二十四年重修	社庙
	南村	龙王庙	太华龙王	民国三年重修	非社庙
	乔家庄村	九龙庙	九龙尊神	民国八年重修	非社庙
	望北村	龙王庙	龙王尊神	待考	社庙
	李庄村	岚山庙	岚山龙王	待考	社庙
	赵家山村	龙王庙	岚山王、九龙王	待考	社庙

乡镇	所属村庄	庙宇名称	奉祀主神	创修时间	庙宇地位
上遥镇	西下庄村	昭泽爷庙	昭泽龙王	元至正元年创建	社庙
	上马岩村	昭泽龙王庙	灵泽龙王	明正德六年重修	社庙
	渠村	龙王庙	昭泽龙王	明万历二十一年创建	非社庙
	柏峪脑村	岚山龙王庙	岚山龙王	明万历二十三年重修	社庙
	岚沟村	二龙庙	昭泽龙王、苍龙王	明万历三十五年创建	社庙
	古寺头村	龙王庙	昭泽龙王、苍龙尊神	清雍正十年创建	非社庙
	东峪村	溢海龙王庙	昭泽龙王	清乾隆五十六年创建	社庙
	东柏峪村	龙王庙		清乾隆五十七年重修	社庙
	阳和脚村	护国黄龙王庙	中方黄龙大圣	清嘉庆元年重修	社庙
	大寺村	护国昭泽龙王庙	昭泽龙王	清咸丰八年重修	非社庙
	望儿峧	龙王庙	昭泽龙王、白龙王、苍龙王	清同治五年重修	社庙
	北马村	龙王庙	龙王尊神	清光绪十二年重修	社庙
	石板村	龙王庙	昭泽龙王	清光绪二十五年重修	社庙
	正社村	溢海龙王庙	昭泽龙王	民国三年重修	非社庙
	东社村	龙王庙	龙王尊神	民国二十三年重修	社庙
	北寺底村	龙王庙	龙王尊神	待考	非社庙
	葫芦脚村	龙王庙	龙王尊神	待考	社庙
	平头村	庵泽庙	昭泽龙王	待考	社庙
	红石片村	昭泽龙王庙	昭泽龙王	待考	非社庙
	长河村	龙王庙	昭泽龙王	待考	社庙

续表

乡镇	所属村庄	庙宇名称	奉祀主神	创修时间	庙宇地位
西仵乡	东水洋村	昭泽王庙	昭泽龙王	清光绪三十三年重修	社庙
	隔道村	昭泽殿	昭泽龙王	待考	非社庙
	西水洋村	龙王庙	昭泽龙王	待考	社庙
程家山乡	路堡村	圣源王庙	昭泽龙王	元延祐二年创建	社庙
	隆旺村	五龙庙	五龙王	清康熙四十九年创建	社庙
	凤子驼村	龙王庙	龙王尊神	清乾隆六年重修	社庙
	北流村	圣源龙王庙	昭泽龙王	清乾隆二十一年重修	社庙
	程家山村	龙王庙	龙王尊神	清乾隆三十二年创修	社庙
	段家庄村	五龙庙	五龙王	清乾隆三十二年创修	社庙
	张家山村	龙王庙	龙王尊神	清嘉庆二十一年创建	社庙
	蝉黄村	龙王庙	护国灵贶王	清光绪三年重修	社庙
	范家庄村	龙王庙	龙王尊神	待考	非社庙
	暴家脚	龙王庙	龙王尊神	待考	社庙
停河铺乡	上台北村	龙王庙	龙王尊神	民国四年重修	社庙
	中街村	龙王庙	龙王尊神	待考	社庙
	大停河村	义济白龙庙	白龙王	待考	社庙

乡镇	所属村庄	庙宇名称	奉祀主神	创修时间	庙宇地位
东阳关镇	长宁村	灵源圣井庙	五龙王	元至正丙申年重修	社庙
	龙王庙村	龙王庙	昭泽龙王	明天启三年重修	社庙
	下马家峪村	龙王庙	九龙尊神	清康熙寅午年重修	社庙
	香炉峧村	五龙庙	昭泽龙王	清乾隆三十二年创建	社庙
	苏家峧村	龙王庙	黑龙王	待考	非社庙
	前峧村	龙王庙	昭泽龙王、白龙王、苍龙王	待考	非社庙
黄崖洞镇	西村	龙王庙	黑龙王	待考	非社庙
	清泉村	龙王庙	青龙王、昭泽龙王、锁灵侯龙王	待考	非社庙
	白寺峧村	全神庙	黄龙王	待考	社庙
	北陌村	五龙庙	五龙王	待考	社庙
	方向村	龙王庙	焦龙爷（昭泽龙王）	待考	非社庙
洪井乡	南信村	龙王庙	全神之位	清道光七年重修	社庙
	王家庄村	龙王庙	龙王尊神	清宣统三年重修	社庙
	烟子村	五龙庙	岚山龙王、昭泽龙王、白龙王、苍龙王、龙王爷	民国四年重修	社庙
	洪河村	龙王庙	青龙王	民国九年重修	社庙
	山窑头村	龙王庙	龙王尊神	民国九年重修	非社庙
	庄头村	龙王庙	龙王尊神	待考	非社庙
	吴家峧村	龙王庙	龙王尊神	待考	非社庙
	孔家峧村	九龙寺	九龙王	待考	非社庙
	曹庄村	龙王庙	龙王尊神	待考	非社庙

续表

乡镇	所属村庄	庙宇名称	奉祀主神	创修时间	庙宇地位
西井镇	石壁底村	龙王庙	龙王尊神	明嘉靖十四年重修	非社庙
	西骆驼村	五龙王庙	五龙王	清乾隆二十二年创建	社庙
	牛居村	泰华王庙	泰华龙王	清光绪二十五年重修	社庙
	郭家庄村	五龙庙	五龙王	民国八年重修	非社庙
	后贾岭村	龙王庙	龙王尊神	民国十六年重修	社庙
	五十亩村	龙王庙	龙王尊神	民国十八年重修	非社庙
	寺底村	龙王庙	龙王尊神	待考	社庙
	南委泉村	龙王庙	龙王尊神	待考	非社庙
	北委泉村	九龙王庙	昭泽龙王、九龙王、都司龙王	待考	非社庙
	仟仵村	龙王庙	龙王尊神	待考	非社庙
	吴家峧村	龙王庙	龙王尊神	待考	非社庙
	背坡村	龙王庙	白龙王、黑龙王	2006年重建	非社庙
	谷堆坪村	五龙庙	五龙王	待考	非社庙

文化生态学视域下体育类非遗的活态传承研究

——基于下董寨村"跑马排"春节习俗的田野考察

李善靖

笔者依据田野考察及文献资料，对山西省体育类非物质文化遗产"跑马排"春节习俗的仪式过程、历史变迁、传承机制及当代发展模式等问题进行了文化生态学研究，认为当前"跑马排"春节主要包括"选灯官""跑马"和"社火表演"三个环节。通过分析不同时期"跑马排"习俗的变迁，可将其分为祭祀式民俗、传承式民俗和开发式民俗三个阶段。从其传承机制来看，民俗活动的变迁体现了特定区域内的生境变化引起传承主体的适应性选择。当前在非遗保护和乡村振兴的背景下，形成以旅游开发和体验观光为主导的村落经济模式、建立村民自治和集体受益的传承保障机制、加强非遗民俗文化的内核挖掘与形式创新，是促进此类非物质文化遗产活态传承的良性道路。

一、前言

下董寨村是典型的军寨型传统村落。自汉末董卓在此"设堡驻垒"起，下董寨及其周边区域即成为太行中段重要的军事基地和交通要道，一直延续到明清。近年来因悠久的历史和保存完好的村落格局，下董寨村先后入选国家级传统村落和中国历史文化名村^①，成为娘子关镇旅游开发的重点对象。其中，2013年入选山西省非物质文化遗产的"跑马排"春节民俗，集中展现了下董寨村的边塞文化、农耕文化、神灵信仰等历史沉淀，具有很高的研究价值。村内生活着许多非物质文化遗产传承人，其中省级1人，市级多人，这些人是下董寨村民俗文化活态传承的参与人和见证者，能为本研究提供宝贵的口述资料和研究文本。

随着国家乡村振兴战略的布局与娘子关镇全域旅游的发展，下董寨村的生态环境及特有的"跑马排"春节习俗，在新时期发生着许多改变。文化生态学是研究生态环境、生物有机体与文化之间双向互动关系的一门学说。本文在文化生态学的视域下，采用田野调查的方式，深入传承地，从活动主体的角度分析了"跑马排"春节习俗的仪式、历史变迁、传承机制及当代发展模式等问题，希望能为此类非物质文化遗产的活态传承提供经验借鉴和智力支持。

二、下董寨"跑马排"春节习俗仪式

"跑马排"，顾名思义，是将多匹战马串联起来进行骑术表演，表演者在狭窄空间内（下董寨穿村古道）进行巡游、跑马、武术打斗的一项身体运动。完整的跑马排除马术表演外，还包括灯官查灯、焚香祭祖、社火表演等与春节祭祀相关的环节。这些环节集中体现了下董寨村的社会结构、生产方式、宗教观念乃至历史变迁进程，在太行山地区的堡寨型村落中具有相当的代表性。

（一）"选灯官"

按照惯例，每年的正月十六早八点"跑马排"准时在下董寨村横贯东西的古道进行。在此之前，需要选出主持春节期间各项仪式的负责人，当地人称之为"灯官"。选拔灯官及选定后由灯官主持的系列

①2013年入选第二批"中国传统村落"，2019年入选第七批"中国历史文化名村"。

活动，是跑马之前的重要步骤。

"选灯官"：每年腊月二十三，下董寨村就开始商议主持春节活动的大、小"灯官"人选。由于下董寨村是以单姓为主的村落，旧时的"灯官"由董氏宗族各股公推选出，当前则由村委会及村民议定。据段有文等人研究，"灯官是每年腊月由村民选出村中德高望重的两位老人，在春节期间，以人代神，行使天官、地官、水官的权力，全权管理正月十五闹社火整个事宜的总负责人。"① 这里有几个要点：一是以人代神，灯官需要承担起带领村民祭祀祈福的任务，二是全权管理春节期间的"闹社火"活动，这意味着灯官在春节期间是民俗活动的组织者和负责人。此外，应指出的是，凡当选灯官者，不独为村中德高望重之人，更偏重殷实之家。因为灯官在享受权力的同时，需要承担春节期间民俗活动的一部分开销。

"接印"：是赋予灯官权力的一项重要仪式，只有取得印玺、会旗和三官牌位等象征灯官权力的凭证，灯官才能算正式上任。每年正月十四早上，大、小灯官要着固定服饰，在村内众人的簇拥下，步行至村中全神庙三官神殿举行"接印"仪式。首先，灯官需要对三官大帝焚香祭拜，并将正月十五闹社火的各项安排当众宣讲（图1）。然后由村中德高望重的老人（旧为族长）将代表三官神权的各项凭证交付于两位灯官，并

图1　全神庙"灯官"祭拜仪式

资料来源：下董寨历史文化名村申报材料，内部资料。

---

① 段友文，王旭：《崇神敬祖、节日狂欢与历史记忆——山西娘子关古村镇春节民俗调查》，《文化遗产》，2012(04):125—134。

对其工作进行勉励。这一步骤后，"灯官"才算是走马上任，由村民拥护其骑马乘轿回家。作为嘉奖，灯官家属也可享受乘轿的待遇，因此，旧时当选灯官被视为一件光耀门楣的大事。

"查灯断案"：挂灯笼是春节期间的保留项目，大红的灯笼寓意着来年风调雨顺，红红火火。据传承人李四科介绍："春节期间村内各户都会挂一两盏红灯，并在门口点一堆旺火。正月十四晚上，由二位灯官（大官称为老爷，二官称为师爷）带着家里人骑马上街巡视，挨家挨户查看各家的灯笼是否美观整齐。每到一家，灯官都要向百姓询问当年情况，而该户会将这一年的酸甜苦辣如数上报，如果有不公正的事，还可以让灯官老爷帮忙主持公道。"[1]灯官查灯的传统体现了传统时代官民互动的情形，由灯官模仿亲民之官进行断案裁事，灯官在神权之外被赋予了世俗的权力，并顺利成为春节期间民俗活动的领导者。

"行香"：是灯官履行拜神祭祖仪式，沟通上天，祈求神灵庇佑的主要环节。下董寨村的神灵信仰由来已久，据实地考察得知，明清时期该村庄陆续修建全神庙（位于村北）、龙王庙（位于村南）、平安阁（位于村东，又称关帝阁）、朝阳阁（位于村西，又称观音阁）等庙宇[2]，主要祭祀显泽大王、鹤山圣母、三官大帝、关帝、龙王、观音等（图2）。每年正月十五，大、小灯官会在全体村民的陪同下，对村庄的诸位神灵依次供奉，祈求诸神庇佑全村平安、风调雨顺、五谷丰登。正月十六正式跑马之前，灯官还要再次率领全体跑马人员赴全神庙三官神殿行香，这一过程被当地人称为"跨马巡街"（图3），据该村书记袁玉祥介绍："跨马巡街有与民同乐之意，这天古街上会敲三遍锣，一响青石古道撒炉灰，二响骑手上马跨街巡，三响跑马开始众人观，

---

① 访谈人：李善靖，山西大学历史学研究生；被访谈人：李四科，男，43岁，跑马排传承人；访谈时间：2019年7月18日10:00；地点：下董寨村官道广场。
② 根据下董寨村遗存碑刻记载：全神庙于明万历二十一年有过一次重修，平安阁西额有明万历三十四年提额，朝阳阁在清道光二年有一次重修，大体判定这些庙宇大多修建于明中后期以后，距今400余年。

每个环节都很有仪式感。"①灯官率领骑手到全神庙三官神殿行香祷告后，由庙中长老代神赐予红布一条，跑马时系在身上便代表神灵庇佑。

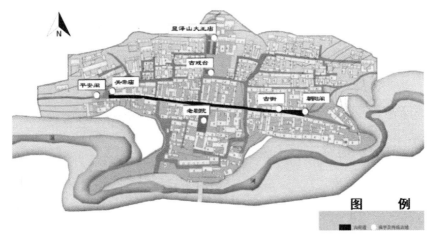

图2 下董寨村民俗活动空间分布示意图

资料来源：依照田野考察绘制。

（二）跑马

跑马活动的主要场所为下董寨村穿村古街，这条道路整体呈东西走向，通体由青石铺就，长约300米，宽约5米，两侧分布有大量的传统民居和商铺

图3 跨马巡街

资料来源：下董寨历史文化名村申报材料，内部资料。

（图4）。正月十六跑马前，沿街各户都会将自家的炉灰铺撒在古街上，以防青石路滑马蹄不稳出现踩踏事件。跑马主要包括"热身跑"和"正式跑"两个环节，中间夹杂着零星的社火表演。"热身跑"无固定套路，也不需刻意穿着打扮，是纯粹的马术表演，"正式跑"则是对历史时期军队信使"穿村而过"情节的模仿，两者集中体现了下董寨的边塞文化和尚武精神。

---

① 访谈人：李善靖，山西大学历史学研究生；被访谈人：袁玉祥，下董寨村村支部书记，男，59岁，汉族；访谈时间：2019年7月18日15:00；地点：下董寨村村委会。

图 4　下董寨穿村古道（跑马场所）

资料来源：作者拍摄于2019年7月18日。

　　"热身跑"：相比起正式跑，热身跑的难度更大，观赏性更强。正月十六早上，在灯官率领村民跨马巡街、焚香祈福之后，就开始跑马的预备环节。骑手们先骑马到下董寨村官道小校场集合，村民和游客则纷纷在古道两侧及屋顶找好观看地点，等候灯官宣布跑马开始。三声锣响后即开始跑马竞技，这个过程是力量、平衡、耐力、协调、灵敏的集合，需要骑手全面把握马匹的个性和自身的能力。骑手需要先对坐骑进行适应和驯服工作，常见的做法是一手持鞭，一手挽着马绳，双腿夹紧马肚，慢慢让马温顺下来。经过一段时间的适应后，骑手就可以展示其精湛的骑术了。由于没有马鞍和马镫，跑马者需要双腿使劲夹紧马背，精神高度集中，如果双腿乏力，快速飞奔的马就可能将人从背上掀翻。为了显示自己高超的骑术，大胆的跑马者会适度放开缰绳，或单手持绳，或双手平行展开，仅靠双腿发力控制方向，需要很强的平衡感才能保证马匹不会冲撞到古街两侧的观众（图5）。热身跑的基本形式是多马并排，鱼贯而出，多匹马在狭窄的跑道内进行赛跑，骑手不仅要保证各马之间的距离，还要控制马匹急速前行，率先到达终点。这一过程从上午八点持续到十点左右，是每年最令人瞩目的环节。

图 5　热身跑

　　资料来源：下董寨历史文化名村申报材料，内部资料。

　　"正式跑"：上午十点后，开始正式跑环节。所谓正式，就是骑手们都要乔装打扮一番，只见骑头马者头裹包巾，身扎短皂衣，作为军队先锋开路，第二个骑马者则反穿狼皮衣，背着公文和木架，木架上套着青铜铃串（图 6），公文上写着"十万火急、速报京师""军情紧急，不得延误"等字样，随后数马皆为随军护卫，八匹骏马依次穿村而过，这种装束再现了历史时期信使风餐露宿、星夜兼程的情形[1]（图 7）。据传承人李贵宝介绍："这种装扮是模仿古代信使送信的场景，反穿皮袄、头裹包巾是为了御寒的需要，也体现了快马加鞭的历史场景，木架上套着青铜铃串是为了提醒路人，避免冲撞。"[2] 这一过程会重复多次，直到上午十一点半跑马正式结束。

① 孔毓泽：《集体记忆视角下民俗体育"跑马排"活动的调查研究》，山西大学硕士学位论文，2019。

② 访谈人：李善靖，山西大学历史学研究生；被访谈人：李贵宝，男，68 岁，跑马排传承人；访谈时间：2019 年 5 月 1 日 16:00；地点：下董寨村李贵宝家。

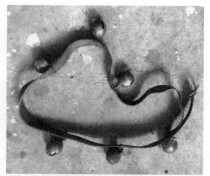

图 6　正式跑所用的串铃、木架和皮袄

资料来源：下董寨历史文化名村申报材料，内部资料。

（三）社火

社火是跑马的尾声，也是戏曲和武术的展演环节。下董寨社火表演题材多样，剧目有"三战吕布""力劈潘豹""活捉朱仝""三打韩同""擒拿白菊花"等，散打有"白手夺枪""单刀破矛"等形式。主要包括"耍过街""耍小圆场""耍大圆场"三个环节。

图 7　正式跑

资料来源：下董寨历史文化名村申报材料，内部资料。

"耍过街"：是沿下董寨村巡游对打的一种表演形式（图 8）。相比起跑马，社火更注重化妆和道具的使用。参与社火表演的后生大多头戴盔帽或包巾，身披云头软甲，胸挽丝绦，手持刀枪剑戟，着花、红、黑、白、黄等各色脸皮，在几面帅旗和战鼓的映衬下，进行一些简单的街头对打。表演的节目既有传统戏剧中的桥段，也有与阳泉地区民俗民风相关的一些人物事件。

图8　耍过街

资料来源：下董寨历史文化名村申报材料，内部资料。

图9　耍大圆场

资料来源：下董寨历史文化名村申报材料，内部资料。

"耍小圆场"：是跑马间隙在小校场进行的社火表演。

"耍大圆场"：是社火的压轴表演，在村中最大的场地——东栅栏进行(图9)。跑马结束后进行，此时的下董寨已值正午，只见战鼓雷动、杀声阵阵、刀光剑影、棍棒翻飞，既有武术表演和对打，也有传统曲艺和戏剧。在鼓乐伴奏和人们的喝彩声中，各路"英雄好汉"你方唱罢我登场，社火队员精心准备的节目得到完美呈现。最后伴随着急促地击鼓和鸣金，在人们的欢呼声和呐喊声中，表演结束。

三、"跑马排"春节习俗的历史变迁

文化生态学创始人斯图尔德指出："地域性文化的形态及其发展线索的相似性和差异性很大程度取决于自身所处的生态环境，不同类型的生态环境与相应的技术相结合便会形成独具特色的文化进化图景，而这也是人类文化形态多样性的基本原理。"[1] "跑马排"春节习俗作为下董寨村落文化遗产的重要组成部分，其传承和发展的历程与下董寨的自然条件、生产结构、神灵信仰、社会变迁等密切相连(见表1)。

表1　下董寨村"跑马排"春节习俗的发展阶段一览

阶段类型	祭祀式民俗	传承式民俗	开发式民俗
产生时间	下董寨建村至1949年前	20世纪50年代到21世纪初	21世纪初至今
产生背景	"跑马排"的产生与下董寨长期作为军寨的历史密切相关，明清以后纳入春节宗教祭祀仪式的一部分，以宗法血缘为纽带的民间习惯法维系和展开	历次政治运动和土地改革后，传统社会制度层消解；改革开放后城乡差距扩大造成村庄人口外迁；村民心态变化阻碍民俗传承	国家层面的非物质遗产保护的兴起；市场经济促进娘子关镇全域旅游开发，跑马等成为观光型展演产品；乡村振兴战略与传统村落保护的开展

①J.H. 斯图尔德著，王庆仁译：《文化生态学的概念和方法》，《民族译丛》，1983(06):27—33。

阶段类型	祭祀式民俗	传承式民俗	开发式民俗
活动日期	春节、元宵节	春节、元宵节	春节、元宵节、节假日
仪式内容	选灯官包括报灯官、接印、查灯断案、行香祈福等环节;跑马包括"三声锣响""热身跑"和"正式跑"等环节;社火表演包括"耍过街""耍小圆场""耍大圆场"等环节	选灯官活动陷于停滞;跑马的动作和程序除传统元素外,增添了许多刺激的肢体动作,突出难、险、美等特点;社火根据时代背景,组织了一批符合社会主义核心价值观的剧目	选灯官活动重新开始;跑马和社火根据文化展演的需要,从下董寨古道转移到娘子关镇上举办,增加了驯服坐骑、马术表演、武术对打等环节,跑马排还开放游客参与环节
活动目的	娱神祭祖、增强凝聚力	文化延续	经济收益
活动特点	组织性、集体性、模式化	延续性、象征性	猎奇性、参与性
文化内核	宗教祭祀仪式	文化传承媒介	文化资本产品

资料来源:田野考察所得。

(一)祭祀式民俗的形成和发展

东汉末年,"董卓垒"的设立标志着下董寨有军队驻扎的开始,拜神祭祖为主要文化内核的选灯官、跑马、社火表演等春节习俗,以明清易代(1644)为界线,可以比较清晰地划分为两个重要阶段。明清易代之前,下董寨及其周边村落长期作为晋冀边境之军事要塞,地形条件和边塞文化对"跑马排"的生成影响最大。《平定州志》记载"从娘子关沿温河河谷西行,两侧山高坡陡,沟深地险路窄,车不能行,骑不可并,一卒当道,万军莫入"[①],下董寨村就建于温河北岸,背倚卧龙岗、面仰凤凰山的危崖峭壁上,温河之水由村南石崖下的龙潭流过,地形十分险要。村寨北面紧靠石岗岩壁,形成了一道天然寨墙,

---

① 葛士达等:《平定州志》,光绪十八年刻本。

唯有岩壁正中一条道路通向北门，村南则被封闭于十余丈高的悬崖边，崖下是一条东西 300 余米，宽 10 多米的青石深沟，易守难攻，天然具备成为堡寨的条件（图 10）。

图 10　下董寨村地形

资料来源：摄于 2019 年 7 月 18 日。

《魏书·地形志》记载：乐平郡石艾县有"董卓城"[1]，为东汉中平年间（184—189）董卓任并州牧时设立，董卓城即位于现下董寨村北的卧龙岗，这是董寨有军队驻扎的最早记载。此后下董寨所在区域为三晋东边门户，长期设垒驻军。隋炀帝时期为打通太行山东西两侧交通，于大业三年"发河北十余郡丁男凿太行山，达于并州，以通驰道"。[2]由于这条岩崖古道沿河谷蜿蜒穿过下董寨，下董寨成为往来军旅必经之地[3]。"安史之乱"后唐朝为防守河北三镇的侵扰，在太行山隘口桃河、温河交汇处制高点设防，唐胡伯成作《承天军城记》载"晋东井陉者，韩淮阴伐赵之路，连天作险，蹙地成隆，一夫奋守可以当万人。时元戎蓟公虑侵轶于我，乃申命开府张公奉璋严戎式遏，公度地势，

---

① 魏收：《魏书》，中华书局，1997:2468。
② 司马光等：《资治通鉴》，中华书局，1982:5629。
③ 根据实地考察，这条岩崖古道的主要路径是：自西由水峪沿温河向东，先后经过巨城、会里、上董寨、下董寨、坡底、河北村、娘子关，最后抵达河北井陉。

笼山截谷，筑登登，削凭凭，不日而毕具。城成，帝嘉之，赐号承天，由是南北千里，东西两乡，飞禽走兽不逾越矣。"[1] 于大历元年（766）置承天军，与邻近之苇泽关构成保卫河东及长安的重要军事要地。长庆元年（821）裴度征河朔时也曾在此驻兵，史载"裴度率众屯承天军，诸将挫败"[2]。北宋太平兴国四年（979）废"承天军"，易名为"承天寨"，董寨被称为"承天董寨"[3]，董寨作为北宋与辽交战的前线，常年有军队驻守。明代为抵御游牧民族袭扰，沿太行山修筑内长城，娘子关和故关也设城驻堡，成为晋冀中部最重要的关城之一，称为"京畿屏藩"，娘子关至温河沿线的下董寨成为腹地重要的交通枢纽。

由于温河河谷自西向东呈狭长走势，南北两侧皆有崇山阻隔，谷地温河水流湍急，无论是唐代之前由东向西进军，还是安史之乱后由西向东进军，董寨均是必经之地，而董寨村丰富的石材使村中建筑多由青石筑成，甚为坚固。虽无确切依据表明董寨聚落的诞生是由于董卓垒的设置，但在此驻兵毫无疑问促进了村落的发展。而历代对此地军事地位的重视，使其能够长久行使其职能而不致衰败。由于长期有军队驻扎，作为军队后裔的董寨人承袭先辈战场厮杀的尚武精神，塑造了彪悍刚强的民风。历代军队信使常年从古道穿村而过传递军情、往来不断的形象，成为董寨村民不可磨灭的历史记忆[4]。久而久之，村民模仿其行为，利用村中饲养战马及穿村古道之便利，将其发展成村庄日常娱乐活动。

明清易代，来自北方游牧民族的威胁已然不存，娘子关沿线堡寨的军事功能弱化，村庄逐渐回归以农业为主的经济结构，农耕文化成

---

① 李铭魁主编：《平定碑刻文选》《平定文史资料》第十四辑，2000:1。
② 刘昫：《旧唐书》，中华书局，1975:2886。
③《资治通鉴》卷242，唐穆宗长庆元年十月条："裴度自将兵出承天军故关以讨王庭凑。胡三省注曰：(宋朝) 以承天军为寨，属平定县。"
④ 由下董寨村的政区沿革可以看出跑马仪式中"热身跑"和"正式跑"的来源，一是军队长期驻扎于此形成的尚武之风和骑马娱乐助兴活动；二是长期有军队信使穿村而过的历史记忆给村民的集体印象。根据对董虎平等传承人和村民的访谈，跑马排的起源有汉和唐两种说法，由于缺乏史料，难以考证真伪，但均可以看出边塞文化对跑马的直接影响。

为跑马排发展的主导因素。在董氏宗族和乡绅的主导下，跑马排从单纯的娱乐活动渐渐纳入村庄的文化权力网络，与选灯官、社火表演结合起来进行的春节祭祀展演活动成为宗族、乡绅发挥作用的重要制度，发挥着权力传递与文化传承的功能，跑马也被赋予祭祀神灵、沟通上天、祛除晦气等文化象征，演变成下董寨村集体参与的民俗活动[1]。

有学者指出："关隘的另一作用是交通节点，历史上的驿道与商道均依托关隘设驿站和客栈，关隘型的古村镇大多有防御起源、商贸兴盛的发展过程。"[2]下董寨村也经历了这样的过程，由于村内古道是晋冀两地商人途经之地，明清时期的下董寨村亦成为晋冀中段重要的商业节点。村中清咸丰七年《重修石桥碑》写道："董寨村东阁外有旧桥，上通秦晋，下接燕赵，往来商旅，靡不遵行，诚上下之要路，出入之总途也。"[3]西来的煤炭、砂货、铁器、药材、杂粮，东进的布匹、针纺、烟茶、杂货等，均由骡马、骆驼等负载经此来往通过，络绎不绝，这个仅千余人的村庄成为周边商业节点，承担起一定的经济职能，正月十六甚至形成了以跑马排命名的"跑马会"，临近村庄的村民聚集于下董寨，观看社火和跑马的同时进行骡马和农具贸易[4]。跑马排的影响力扩大到整个娘子关地区。

（二）传承式民俗的发展

新中国成立前，宗族和乡绅阶层对村落民俗文化的组织与演绎起主导作用。新中国成立后，随着传统宗族和乡绅阶级走向没落，许多民俗活动的组织者也被批判斗争，下董寨选灯官和社火表演中的一些宗教祭祀内容，被定性为封建糟粕，一些祭祀仪式被取缔，传统祭祀式的民俗活动面临转型。此外，男女平等观念的普及使女性在社会中的地位越来越高，下董寨民俗活动的参与主体也从以男性为主到男女

---

[1] 关于这一点，将在"'跑马排'春节习俗的传承机制"一节具体说明。
[2] 何依，李锦生：《关隘型古村镇整体保护研究——以山西省娘子关历史文化名镇为例》，《城市规划》，2008(01):93—96。
[3] 李铭魁主编：《平定碑刻文选》，《平定文史资料》第十四辑，2000:56。
[4] 刘朝晖：《上庙的日子：寻访山西古庙会》，山西人民出版社，2016:69—76。

混合，在社火表演和跑马中都出现了部分女性的身影。

改革开放后，我国的乡村经历了一次加速发展期，开始从农业为主的社会向现代化转型。但由于城乡在就业、教育、医疗等方面的巨大差距，人口从乡村向城市流动成为一种普遍现象，成为制约民俗组织和传承的重要因素：跑马排在传统时代是下董寨阖村老少热切参与的盛大活动，从十多岁的童稚少年到六十岁的花甲老人，都能上马一展自己的英武雄姿。随着人口大量外出，跑马排参与者逐年减少。据村主任李夏云介绍："本村村民基本靠种地为生，由于不能满足生活需要，大量的青年选择外出打工，很大一部分老年人协同儿女定居城市，跑马排的存续面临很大问题。20世纪80年代，每年春节村里跑马的人还比较多，90年代村里还有1700多人，现在只有900多人了，每年跑马的人越来越少。"[①] 由于人口的流失，新生代的年轻人不愿意接触跑马，跑马排传承的主体面临断层的危险。此外，随着农业生产方式的变革，农业生产活动逐步机械化，村里养马逐渐变少，"跑马"使用的马匹也开始到河北租赁。据村民董福祥说："下户之前，村里各家各户都有养的马和骡，每年直接拉出来就能跑，但改革开放后马和骡慢慢地就没人养了，所以现在每年正月初八前后，由村里经验丰富的李贵宝老人和灯官到河北租马。"[②] 这一阶段文化传承成为民俗活动延续的主要目的，使先辈流传下来的传统不至断绝成为村民朴素的价值观。

（三）开发式民俗的形成

进入新时期许多民俗活动是以非物质文化遗产的身份进入国家视野的，这种转变体现了民俗文化已经从原来的乡土主导向社会公共文化过渡，国家力量在其中发挥了至关重要的作用。有学者指出："非

---

① 访谈人：李善靖，山西大学历史学研究生；被访谈人：李夏云，女，45岁，现任下董寨村村主任；访谈时间：2019年5月1日10:40；地点：下董寨村跑马大道。
② 访谈人：李善靖，山西大学历史学研究生；被访谈人：董福祥，男，60岁，下董寨村民；访谈时间：2019年7月18日11:00；地点：下董寨官道口小校场。

物质文化成为公共文化，大致发生在两个层次，一个是在观念上被大众公认，并且得到公众的自愿参与；一个是在体制上被政府部门正式承认，并且以一定的公共资源加以支持。"①这个过程，最重要的就是政府的承认，2005年开始我国先后下发了《国务院关于加强文化遗产保护的通知》和《关于加强我国非物质文化遗产保护工作的意见》，将文化遗产的保护提升到"对国家和历史负责""维护国家文化安全"的高度，并对非物质文化遗产做了定义②。2006年，国务院公布了第一批国家级非物质文化遗产名录，许多民俗体育活动入选，拉开了国家层面普查和筛选优秀传统文化的序幕，此后陆续建立起国家、省、市、县四级名录，对列入名录的项目给予法律和财政支持，这就使得许多被边缘化的体育类民俗活动重新进入国家视野，成为各级政府重视、电子媒体争先报道、市场资源先后涌入的文化遗产。2013年，在阳泉市、平定县政府的高度重视与支持下，下董寨村"跑马排"成功入选第四批省级非物质文化遗产，为该村民俗文化的发展提供了法律和财政支持。同年，下董寨村入选第二批"中国传统村落"名录，2019年，下董寨村入选第七批"中国历史文化名村"，下董寨村迎来新的发展机遇。

近年来，"文化搭台，经济唱戏"已经成为政府发展地方经济的一种重要模式。就平定县而言，拥有悠久历史积淀的"跑马排"春节习俗作为当地居民历史记忆的重要组成部分，正成为一种重要的文化资本，同娘子关丰富的旅游资源结合，成为下董寨村重要的经济支撑，重新被村民重视起来。据该村村主任李夏云介绍："近年来，每年观看跑马的游客达到上万人次，我们村的人抓住商机，除在村里开办饭店和杂货店外，还教人跑马技巧，平均每场跑马表演村里可以获得50—100元数额不等的经济收入。民俗文化展演已经成为本村收入

① 高丙中，赵萱：《文化自觉地技术路径：非物质文化遗产保护的中国意义》，《中南民族大学学报》，2014(5):1—6。
② 白晋湘：《非物质文化遗产与我国传统体育文化保护》，《体育科学》，2008(01):3—7。

的重要来源。"① 另一方面，跑马和社火表演根据旅游的需要，增加了游客互动的环节，一些惊险刺激的动作被改良，表演者的穿着打扮也逐步从简。在市场经济的大潮下，下董寨村民俗体育的猎奇性、商品性得以体现。

四、"跑马排"春节习俗的传承机制

文化人类学者杨庭硕等认为"文化的传承是指长期生活在同一生境中的人为了征服和利用生境的需要，在其世代延续中创造连贯的符号体系，以维系和巩固聚落共同体的行为。这些符号体系会随着生境变迁不断加以调试，体现了文化创造者的选择性。"② 从长时段看，下董寨"跑马排"春节习俗的传承也随着时代不断变化，组织结构和传承方式也相应调整。

组织结构：聚族而居是下董寨村的主要社会形态，有学者指出，"聚族而居，就必须有社会制度调整人与人之间的关系，形成天赋人权的价值观念，形成从上至下的等级结构"③。新中国成立前，下董寨村的报灯官、跑马等活动依靠以宗族、乡绅为基础的组织权力结构，以宗法血缘为基础的民间习惯法来维系和保障，形成了比较严密的社会组织体系。段有文等研究表明，"旧时（下董寨）选灯官等活动由村长召集'二十四股老汉'商议，他们都是村里各个家族的长老或本村有较高身份地位的人，相当于现在的村民代表，有一定的权威和影响力。正月里选出灯官代表三官管理春节活动，而他们自己则代表三官爷充当见证。"④ 选定大、小灯官后，由灯官对族老会负责，率领全

① 访谈人：李善靖，山西大学历史学研究生；被访谈人：李夏云，下董寨村村主任，女，45岁，汉族；访谈时间：2019年7月18日15:00；地点：下董寨村村委会。
② 杨庭硕，罗康隆，播盛之：《民族、文化与生境》，贵州人民出版社，1992:4。
③ 万义：《村落少数民族传统体育发展的文化生态学研究——"土家族第一村"双凤村的田野调查报告》，《体育科学》，2011，31(09):41—50。
④ 段友文，王旭：《崇神敬祖、节日狂欢与历史记忆——山西娘子关古村镇春节民俗调查》，《文化遗产》，2012(04):125—134。

村人民拟定春节期间的祭祀活动和社火活动章程。近代以来，随着国家力量逐步将乡村纳入国家控制体系，下董寨村民俗活动的组织结构也发生了"国进民退"的变化①。新中国成立后，随着历次政治运动和土地改革，族老会的权力被村民自治委员会所取代，旧有制度的控制力逐渐弱化，被纳入国家治理体系中。传统的社会组织体系在社会变革中逐渐瓦解，每年的春节祭祀活动也因为传统社会制度层的消解，多次停办社火、"跑马排"等大型活动②。改革开放后，在村委会的组织下跑马排才逐渐恢复正常，但选灯官成为一件苦恼之事，即便家境稍好的家庭，也将春节期间巨大的开支视为负担，需要村委会进行补贴。总之，下董寨村社会组织结构的变迁，是"跑马排"春节习俗传承机制的制度基础。

传承方式：根据"跑马排"春节民俗的各个环节，祭祀式民俗时期"跑马排"主要有社会传承和家族传承两种传承方式。其中，社会传承是最为普遍的传承方式，它既没有严格的传承规范和组织结构，对学习者也没有严密的行为要求。如跑马、社火表演等身体技艺属于外延文化层，参与者的武艺和骑术都由村民自行习得，且对外开放，鼓励周边村庄的民众前来比武。"选灯官""社火""跑马"中的选拔程序、祭祀仪式、祭祀禁忌、祭祀动作等属于核心文化层。这种核心文化传男不传女，只在董氏家族内部以"口传身授"的方式进行，传承体系十分脆弱。近年来为了避免下董寨村民俗体育的精髓随着时代变迁而消逝，在平定县文化和旅游局、娘子关镇景区管委会的协调下，央视纪录频道于 2016 年春节期间追踪报道，播出了 48 分钟的下董寨民俗文化纪录片——《猴年马事》，全面展现了春节期间该村村民选灯官、组织社火、剧团演出、跑马等活动③。一经播出即引起了社会的

① 罗志田：《国进民退：清季兴起的一个持续倾向》，《四川大学学报（哲学社会科学版）》，2012(05):5—19。

② 孔毓泽：《集体记忆视角下民俗体育"跑马排"活动的调查研究》，山西大学硕士学位论文，2019。

③ 郭东升：《猴年马事》[EB/OL].[2016-11-18].http://tv.cntv.cn/video/VSET100313423118/d592e891e9484ba68abd8f8e756a7ec3.

广泛关注，许多游客慕名而至。为适应观光旅游业的发展，2018年下董寨村新建跑马场，并于十一黄金周成功承办了跑马排非物质文化遗产展演活动，吸引了数千人观看（图11）。2019年，在平定县文化局和下董寨村委的领导下，村里成立"民俗传习所"，老一辈的传承者在传习所里传授技巧，吸引了很多年轻人学习。近年来，平定县中小学的体育课程中也增加了"跑马排"等传统体育户外体验的活动，新型的传承方式为拓展传承群体创造了条件。

图11　2018年十一"跑马排"非物质文化遗产展演活动

资料来源：下董寨历史文化名村申报材料，内部资料。

从"跑马排"传承的制度变迁来看，传统时期基于宗族和血缘关系的组织结构和家族传承机制，具有保守性、固定性等特点，对于核心文化层的延续具有一定意义，但由于传承主体的限制性，很容易造成传承链的断裂和文化传承的断层，很多古老仪式的内涵渐渐不被人理解，传承体系较为脆弱。社会传承机制则使得社火、跑马等更具体育价值的民俗活动长期保存，成为当前该村大力发展的文化展演项目。无论是非结构化传承还是家族传承，本质上都是基于民间习惯法的非制度化传承方式，一旦其生存土壤发生变化，民俗体育的传承也会受到极大影响。

五、与村共荣：当代体育类非遗的活态传承模式

下董寨"跑马排"民俗是在军旅文化、农耕经济、神灵信仰的基础上产生的，历经曲折后一直延续至今。由于社会环境的变迁，下董寨"跑马排"在不同时期的生存状态和表现形式也发生着相应的调整。可以看出，民俗文化在应对生境变化的过程中既有传承又有重构，在多方合力作用下不断选择，在新陈代谢中不断创新和发展，历久弥新，焕发出源源不断的文化生产力，成为传统文化不可或缺的组成部分。2010年以来，下董寨村先后入选"国家传统村落""历史文化名村"，成为全国堡寨类传统村落的代表，获得了社会的广泛关注。而该村的"跑马排"民俗在历经千余年的曲折变迁后，也以非物质文化遗产的身份得到了国家和社会的认可。目前，下董寨村正依托娘子关全域旅游的发展契机和古道、龙潭等自然景观，大力发展观光旅游业。"跑马排"民俗展演亦成为展示下董寨村特色的靓丽名片，呈现出"与村共荣"的优势互补局面。但也应该看到，下董寨村"跑马排"民俗传承也存在旧有传承机制解体、市场经济冲击、村落人口外迁、民俗内核流失等问题。依照斯图尔德"物态、心态、行为和制度"生态结构层次理论[①]，本文认为，形成以旅游开发和体验观光为主导的经济发展模式、建立完善的传承保障机制、挖掘民俗的文化内涵与创新表演形式，是促进此类非物质文化遗产活态传承的良性道路。其难点是如何在国家、市场和非遗传统三者的互动中保持平衡，以适应现代社会需求。

（一）形成以旅游开发和体验观光为主导的经济发展模式

经济基础薄弱会导致村落遗产的保护缺乏资金、民俗活动的组织

---

① 司马云杰：《文化社会学》，中国社会科学出版社，2003:152—154。

和管理缺乏经费、民俗活动的传承和创新缺乏保障。由于以农业为主的经济模式下村庄人口大量外迁，传统村落的整体性保护缺乏人力资源，所以培育新型的经济发展模式成为传统村落可持续发展的核心问题。首先，促成龙潭、紫金山等自然景观和明清古建筑群的开发。下董寨村是温河流域古村落的典型代表，真实反映了晋东的社会文化特点，具有重要的历史、艺术、科学及社会价值。应做到完善基础设施，整合旅游资源，在保护的基础上进行适度开发，使其成为娘子关镇全域旅游的重要组成部分。其次，应推动跑马排、社火等民俗活动赴娘子关景区进行文化展演。近年来随着旅游者旅游经历的丰富、旅游消费观念的成熟，旅游者对于体验的需求日益高涨，已不单纯满足于大众化的旅游观光，而更加渴求个性化、体验化的旅游服务。下董寨村的跑马排等民俗活动展现的马术和武术表演正是旅游者喜闻乐见的旅行经历，打造以跑马排为核心的体验式民俗展演活动，对于村落经济模式的调整具有重要意义。最后，应注重传统村落旅游纪念品的开发。现今到下董寨村旅游、考察的人越来越多，村里可以将民俗体育活动的器械、服饰和手工艺品进行加工创作，充分展示村落的独特魅力，形成旅游纪念品，在培育村民手艺的同时提高村民收入。

（二）建立村民自治和集体受益的传承保障机制

现在下董寨村主要依靠村委会进行组织和管理"跑马排"民俗活动，村民的参与度和归属感普遍下降。在传承机制失效与现代组织尚未建立的当下，重新建立适应社会需求，以集体受益、村民自治为目标的现代组织成为民俗文化可持续发展的制度保障。下董寨村可以建立民俗与旅游管理委员会和民俗传习所等社会组织。其中，民俗与旅游管理委员会负责传统村落的整体规划与旅游开发，包括景区宣传、民俗展演、游客接待、后勤服务等具体工作。民俗传习所负责民俗体育的研究、教学、传承和创新等工作。总之，这两大组织以村民自治为核心，将村庄的男女老幼进行分工，可以为民俗文化的传承提供资金保障。

（三）加强非遗民俗的文化内核挖掘和形式创新

下董寨村"跑马排"习俗先后经历了祭祀式、传承式、开发式等发展阶段，其参与人员、组织程序、比赛规则、器械道具都发生了很大变化，村民的集体记忆也在时代变迁中变得模糊。特别是市场冲击和传承机制的破坏，选灯官、跑马排中的宗教仪式、拜神祭祖的活动都日趋从简，随着老一辈传承者的离世，很多文化内涵都不被年轻人理解，面临被再度舍弃的风险。因此，有必要抓紧整理、研究下董寨跑马排的历史价值和现实价值，运用文字、录音、录像、数字化多媒体等手段进行系统和全面的记录，建立档案和数据库。并在此基础上大力推动传承方式的革新，以体验式教育和民俗文化进课堂等方式促进其传承和发展。最后，可以对其表演形式进行现代性创造和改进，将其与体育强国、爱国主义教育等结合起来，在推动全民健身和文化强国方面发挥作用。

六、结语

近年来，国家对非物质文化遗产的保护进入新的阶段，创新性地提出了文化生态保护区的概念，主张以保护非物质文化遗产为核心，对历史文化积淀深厚、存续状态良好，具有重要价值和鲜明特色的文化形态进行整体性保护，并要求坚持保护优先、整体保护、见人见物见生活的理念，既保护非物质文化遗产，也保护孕育发展非物质文化遗产的人文环境和自然环境，实现"遗产丰富、氛围浓厚、特色鲜明、民众受益"的目标[1]。这要求我们对村落非遗的生存环境和活态传承进行学理性审视。本文从文化生态学的视域审视了"跑马排"这一体育

---

[1] 中华人民共和国文化与旅游部令第1号《国家级文化生态保护区管理办法》，文化与旅游部，2018.12.10。

类非遗的历史变迁和当代发展，通过对不同时期下董寨村生态环境变化和"跑马排"活态传承的分析，阐明了文化变迁的适应性理论。

"跑马排"春节习俗经历了与下董寨村休戚与共的时代变迁，村庄作为民俗活动的空间载体持续影响着跑马排的传承和发展，跑马排也塑造着下董寨村民的生活，成为村庄不可忽略的组成部分。2018年，国务院关于《实施乡村振兴战略的意见》指出"传承发展提升农村优秀传统文化。在保护传承的基础上，加以创造性转化、创新性发展，不断赋予时代内涵、丰富表现形式。"这给乡村文化振兴提供了总体思路和方法。新时代下跑马排这类体育非遗项目同时兼备文化传承和经济开发的功能，对于地方民众脱贫致富亦有巨大裨益，是值得培育和发展的民族瑰宝。同时，因体育活动的特殊性，在推广全民健身和体育强国方面也将发挥不可替代的积极作用。对以非遗为核心的文化生态区进行整体性保护和开发，实现"见人见物见生活"的理念，使此类体育非遗能够实现活态传承和民众受益的目标，应是未来一项持续推进的工作。

分散式易地扶贫搬迁中的传统村落保护研究

——以L县J村田野调查为中心

魏春羊

分散式易地扶贫搬迁作为易地扶贫搬迁中的重要方式，在实践过程中与传统村落保护产生的问题引人关注。L县J村27户易地扶贫搬迁中，15户的旧房位于传统村落格局之内。J村对贫困户旧房采用"封堵浆砌"方式，虽将贫困户"赶出"旧房，提高了他们的生活水平，却也给传统村落的历史风貌保护造成严重的消极影响。在对贫困户的安置中，16户被集中安置在村外的YG小区，被安置的老人因难以适应高层小区的生活方式，每天奔走于旧房与安置房之间。J村捐修的分散安置房与传统村落的整体建筑风格不相协调，村落风貌整治难度增加。J村的个案研究表明，易地扶贫搬迁与传统村落保护并未有机地连接在一起，在实践过程中传统村落的保护形势依然艰巨，任重道远。

一、问题缘起

传统村落又称为古村落，是指村落形成时间较早，拥有较丰富的传统资源，现存比较完整，具有较高历史、文化、科学、艺术、社会、经济价值的村落。[①] 近年来，传统村落的保护面临严峻挑战。胡彬彬团队调查显示，中国长江黄河流域的传统村落在 2004—2010 年间已减少 3998 个，而 2014 年回访 2010 年调查的 1033 个传统村落中已有 461 个消失。[②] 在各种影响传统村落保护的因素中，易地扶贫搬迁无疑是最为特殊的一种。"'易地扶贫搬迁'本质上就是一项国家的社会政策实践，是典型的政府计划干预过程"[③]，相关政策规定，"对已迁出的宅基地等建设用地，以及腾退、废弃土地进行复垦，适宜耕作的优先用于补充耕地资源。"[④] 而传统村落保护的相关规定指出："保护村落的传统选址、格局、风貌以及自然和田园景观等整体空间形态与环境。全面保护文物古迹、历史建筑、传统民居等传统建筑，重点修复传统建筑集中连片区……"[⑤] 可以想见的是，"在扶贫攻坚要求和政策激励之下，受其他农村发展政策的影响，对于某些传统村落，地方政府难以实现其保护目标，很难妥善地处理扶贫攻坚和传统村落保护之间的矛盾，这会导致部分传统村落被破坏甚至加速消亡。"[⑥]

在易地扶贫搬迁给传统村落保护造成的影响中，必须注意不同类型的易地扶贫搬迁所造成的不同影响。易地扶贫搬迁主要分为整村搬迁与分散搬迁。整村搬迁主要是指"生存环境差、贫困程度深、地质灾害严重的村庄"，且"以自然村整村搬迁为主"[⑦]。这类型的村落往往很少属于传统村落，且村落人口少、历史短，传统资源本身就不多，留存的也就更少，整村搬迁及其之后"土地整治""生态恢复"对于传统村落造成的消极影响相对较小。但分散搬迁却不同，分散搬迁主

---

① 住房城乡建设部，文化部，国家文物局，财政部：《关于开展传统村落调查的通知》，建村〔2012〕58 号。
② 胡彬彬，李向军，王晓波：《中国传统村落保护调查报告》，社会科学文献出版社，2017:6—7。
③ 叶青，苏海：《政策实践与资本重置：贵州易地扶贫搬迁的经验表达》，中国农业大学学报（社会科学版）》，2016(5)。
④ 《全国"十三五"易地扶贫搬迁规划》，2016。
⑤ 住房城乡建设部，文化部，国家文物局，财政部：《关于切实加强中国传统村落保护的指导意见》，建村〔2014〕61 号。
⑥ 高翔，李建军：《传统村落保护：实践困境与制度缺陷》，《华南农业大学学报（社会科学版）》，2019(5)。
⑦ 《全国"十三五"易地扶贫搬迁规划》，2016。

要针对村落中建档立卡的贫困户进行易地搬迁，这些搬迁户很可能居住在人口多、历史悠久、传统资源留存较多的传统村落中，他们的易地搬迁往往会对传统村落的保护造成重要影响。此外，不可忽视的一组数据即是"自然村整村搬迁约565万人，占34.7%；分散搬迁约1063万人，占65.3%"[①]，由此可见，分散搬迁在易地扶贫搬迁中占据绝大比重，分散搬迁给传统村落保护造成的影响更应引起学界的重视。

S省L县J村不仅是典型的传统村落，更是L县乃至S省分散式易地扶贫搬迁的典型村落。J村所属的J镇是全国迄今保存最完整的明清时期中国古代集镇之一，并于2003年位列住房城乡建设部、国家文物局评选的第一批中国历史文化名镇榜首。J村作为J镇的中心，于2013年入选第二批中国传统村落名录，历史文化积淀深厚，目前被列为国家重点文物保护单位的有元代的后土庙、文庙，以及清中期的王家大院；列为市级重点文物保护单位的有文笔塔；列为县级重点文物保护单位的有八腊庙、三官庙、文昌宫、关帝庙、西王氏宗祠、三元宫等共计16处，不可移动文物更达数百处。更难能可贵的是，村中现今还保留着"九沟八堡十八巷"的元明清时期传统村落格局。"十三五"期间，J村完成易地扶贫搬迁27户60人的任务，在L县各村易地扶贫搬迁户数、人数中亦位居前列。本文将以J村作为个案，探讨27户易地扶贫搬迁户的旧房分布与传统村落格局之间的关系，进而分析易地扶贫搬迁户的旧房处理、搬迁安置对于传统村落保护造成的影响，从而对易地扶贫搬迁过程中的传统村落保护有更加全面地认识与把握。

二、易地扶贫搬迁户与传统村落格局之关系

（一）J村易地扶贫搬迁户的旧房拥有情况

"十三五"期间，J村易地扶贫搬迁共27户60人，现全村已全面

---

① 《全国"十三五"易地扶贫搬迁规划》，2016。

完成易地扶贫搬迁任务。J村27户易地扶贫搬迁户中，有9户无旧房居住。其中，马一居住在村中集体房屋之内；焦一多年来一直租房居住；王一始终居住在岳父家中；郭一居住在父母家中；王二原先一直租房居住，后居住于女儿家中；宋一常年居住在女儿家中；张一与儿子居住；孙十一、王九常年居住在亲戚家。18户拥有住房，其旧房情况见表1：

表1 J村易地扶贫搬迁户旧房情况

姓名	旧房建筑类型	院落空间形态	旧房建筑年代
孙一	外砖内土窑洞	合院	明清
任一	外砖内土窑洞	靠崖窑	明清土窑洞
刘一	土坯房	合院	不详
武一	外砖内土窑洞	合院	20世纪二三十年代建
武二	外砖内土窑洞	合院	20世纪二三十年代建
孙二	外砖内土窑洞	靠崖窑	20世纪二三十年代建
张二	土窑洞	靠崖窑	20世纪二三十年代建
孙三	外砖内土窑洞	靠崖窑	20世纪60年代以前建
武三	砖瓦房	合院	20世纪六七十年代修建
张三	外砖内土窑洞	敞院	清末建筑
王三	外砖内土窑洞	敞院	不详
胡一	土窑洞	靠崖窑	清代
胡二	土窑洞	靠崖窑	清代
王四	外砖内土窑洞	靠崖窑	清代建筑
杨一	外砖内土窑洞	靠崖窑	清末建
程一	土窑洞	靠崖窑	不详
余一	外砖内土窑洞	合院	不详
范一	外砖内土窑洞	靠崖窑	不详

资料来源：田野调查所得。

由表1可知，18户搬迁户的旧房中，就旧房建筑类型而言，有16户的旧房为土窑洞，十分简陋，且无斗拱等特别装饰；刘一、武三的旧房虽不是土窑洞，分别为土坯房、砖瓦房，但均系危房，我们实地调查时已经塌毁。就旧房的院落空间形态而言，有10户搬迁户的旧房为靠崖窑式住宅，亦即仅一孔窑洞，别无其他建筑，十分简陋、破旧；2户搬迁户的旧房为敞院式住宅，即窑洞周围有简单院墙；6户搬迁户的旧房为合院式住宅，但合院规模不大，且搬迁户的旧房多仅为其中的一孔窑洞，有的仅是合院中的一间厢房，如刘一的土坯房即是所在合院中的南厢房。就旧房的建筑年代而言，18户搬迁户的旧房并未留下明确的修建记载，多凭村民的记忆来简单判断，其中7户搬迁户的旧房为明清时期的遗构，4户搬迁户的旧房为20世纪二三十年代所建，2户搬迁户的旧房为20世纪六七十年代所建，另外5户搬迁户的旧房年代无法确定。

（二）J村易地扶贫搬迁户的旧房位置

通过实地走访，对易地扶贫搬迁户的旧房位置及其周边情况有了详细了解，具体情况参见表2：

表2 易地扶贫搬迁户旧房位置及其周边情况

姓名	旧房详细地址	旧房地理位置	旧房交通位置	周边古建
孙二	孙家沟××号	孙家沟北部	向西紧邻孙家沟	无
胡一	中举沟××号	中举沟沟口附近	向东紧邻中举沟	东南方紧邻关帝庙
张三	上瓮门××号	十字瓮门沟中部	向西靠近十字瓮门沟	无
王三	瓦窑沟××号	瓦窑沟北部	向东紧邻瓦窑沟	无
孙一	孙家沟××号	孙家沟沟口附近	向东紧邻孙家沟	东南方紧邻孙氏祠堂、八蜡庙
任一	孙家沟××号	孙家沟中偏南部	向西紧邻孙家沟	无

姓名	旧房详细地址	旧房地理位置	旧房交通位置	周边古建
范一	杨树沟××号	杨树沟中部	向西靠近杨树沟	无
程一	老高家崖××号	闫家沟北部	向东靠近闫家沟	无
胡三	中举沟××号	中举沟沟口附近	向东紧邻中举沟	东南方紧邻关帝庙
刘一	孙家沟××号	孙家沟中部	向西紧邻孙家沟	北部靠近孙锡炳民居
武一	孙家沟××号	孙家沟北部	向西紧邻孙家沟	无
武二	孙家沟××号	孙家沟北部	向西紧邻孙家沟	无
王四	谷栾××号	张家巷西北方向	向东南靠近张家巷	无
张二	孙家沟××号	孙家沟最北部	向南靠近孙家沟	无
孙三	孙家沟××号	孙家沟最北部	向南靠近孙家沟	无
杨一	J村××号	承明巷西北部	向东南靠近承明巷	无
余一	孙家沟××号	孙家沟中偏南部	向西紧邻孙家沟	无
武三	杨树沟××号	杨树沟中部	向东紧邻孙家沟	无

资料来源：田野调查所得。

由上表可知，易地扶贫搬迁户的旧房主要分布在孙家沟、中举沟、十字瓮门沟、杨树沟、闫家沟、张家巷、承明巷、瓦窑沟等地。其中，孙家沟有9户易地扶贫搬迁户的旧房；中举沟、杨树沟各有2户易地扶贫搬迁户的旧房；十字瓮门沟、瓦窑沟、闫家沟、张家巷西北方向的谷栾、承明巷西北方附近各有1户易地扶贫搬迁户的旧房。就其交通位置来说，除张三、程一、王四、杨一、张二、孙三的旧房位置地处偏僻外，其余13户的旧房大多紧邻沟、巷，交通位置比较便利；就旧房的周边古建来说，除了胡一、孙一、胡三、刘一的旧房距离庙宇、古民居较近外，其余 14 户的旧房周边皆无古建存在。

（三）易地扶贫搬迁户旧房与 J 村传统村落格局之间的关系

J 村"九沟八堡十八巷"的传统村落格局历经元至明初各沟巷的初步开发，明中后期至清初的边界拓展与内部扩建，清中后期乡村格局的充盈及跨河"南侵"三个阶段而形成，其东至三官庙，西至关帝庙，北向沿冲沟各沟巷各自开发，南向跨河而至和义、拱极二堡附近。

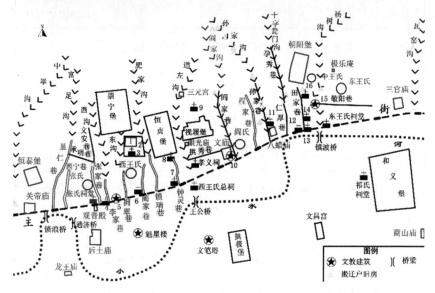

图 1　清中后期 J 传统村落格局以及 18 户易地扶贫搬迁户分布图

底图来源：张昕，陈捷：《话说王家大院》，山西经济出版社，2007 年，第 18—19 页。

（1.凝固上堡；2.凝固下堡；3.西王氏土派祠堂；4.李氏祠堂；5.端本书屋；6.西阎氏祠堂；7.乐善好施堂；8.怀远堂；9.程氏祠堂；10.文庙魁星楼；11.孙氏祠堂；12.东阎氏祠堂；13.田氏祠堂；14.曹氏祠堂；15.养正书塾、魁星楼、锁瑞桥；16.兵宪祠堂）

由图 1 可知，孙家沟的 9 户易地扶贫搬迁户处于 J 传统村落格局之内。孙家沟内的孙氏于明初永乐年间迁至 J 村，"其始祖仲翁生平勤俭持家，浑厚待人，自明时永乐间来静，"此后便在村东的冲沟中扎稳脚跟，以致沟名最终演变为孙家沟，"吾乡孙氏居其地曰孙家沟，地以姓传，可见聚族于斯，历有年所矣。不然胡为乎地以姓传也。"[①] 张家巷、阎家沟、杨树沟、十字瓮门沟、承明巷附近的易地扶贫搬迁户亦处于J传统村落格局之内。张家巷的张氏先祖张思义在明初由临汾迁至J村，村民历代流传张氏先祖定居在现今张家巷附近，还流传有"先有张家槐树底，后有J村"的民谚。据村民张百仟解释，明末胡虏侵扰J村时，村东筑起朝阳堡躲避胡乱，而村西的张氏族人则是在聚居的槐树底筑起围墙，联宅并筑巷门来自卫，从此张家槐树底就成为J村第一个封闭型，且有自卫能力的巷子。[②] 阎家沟口的西侧在元代即修建有文庙，后土庙正殿房梁上的题记所载"本村助缘人"中即有阎姓，至正二十二年重修张嵩村洁惠侯庙时，族人阎仲美还曾捐款[③]。村民张百仟曾推算，"阎氏在明万历年间已传至第一十八世，若以辈分传承年份推算，阎氏定居J当在宋仁宗庆历（1041—1048）前后。"[④] 杨树沟、十字瓮门沟、承明巷等三沟巷亦在清中后期陆续构筑巷门，纳入J村的传统村落格局。中举沟、瓦窑沟的易地扶贫搬迁户则不处于J传统村落格局之内。

此外，9户无旧房的搬迁户中，马一居住的村中集体房屋位于东王氏祠堂南部几百米外的池塘边，用来看管池塘之用。过去该地为村中的农耕区，东南方向几百米外靠近祁家祠堂以及和义堡。

三、易地扶贫搬迁户的旧房处理与传统村落的保护

（一）L县对于分散式易地扶贫搬迁户的旧房处理

拆旧复垦是全面完成易地扶贫搬迁任务的重要内容，习近平亲自

① 田汝霖：《孙氏家谱序》，《孙氏家谱》，1919。
② 张百仟：《J史海钩沉》，东方出版社，2006:152。
③《重建洁惠侯庙记》（至正二十二年），景茂礼，刘秋根：《L碑刻全集》上册，河北大学出版社，2014:79。
④ 张百仟：《J史海钩沉》，东方出版社，2006:158。

提出"住新房,拆旧屋"的工作要求。不论是全国还是 S 省的易地扶贫搬迁规划,都将"土地整治"与"生态恢复"作为易地扶贫搬迁旧屋拆除后的两项基本工作。此外,对于村落中一些具有历史文物价值的建筑,应当特别对待,"适宜旅游开发的旧村住房,经县级政府审核批准,可以结合搬迁后续发展,实施改造提升,发展乡村旅游。"[①]

L 县虽然没有整村式易地扶贫搬迁的村落,但是对于分散式易地扶贫搬迁的村落,县政府还是优先鼓励旧房的拆旧复垦,对于"搬迁贫困户的原有住房,要坚持能拆尽拆、应拆尽拆的原则"[②],并强调要"运用行政推动和鼓励引导相结合,通过给老百姓适当拆迁补偿,对搬出后的空房实施拆除,连片复垦造地,增加全县建设用地指标。"[③]对于有历史文物价值的房屋,县政府亦有相关规定,"在旧房拆除过程中要妥善保护古砖、古文物,有使用利用价值的要尽可能使用利用,最大限度地利用和保护社会资源。对有文物价值的,要由所在乡镇及时联系县文物部门进行现场认定,由文物部门负责进行登记、回收、处置。"[④]

另外,县政府针对不具备旧房拆除条件的易地扶贫搬迁户的原有住房,如连体房、连排房、崖地房、入山窑洞等,出台对旧房进行封堵浆砌的办法,并指出在此过程中要把握好以下几点:第一,要明确封堵浆砌的责任主体。各乡镇人民政府是旧房封堵浆砌的责任主体。在搬迁贫困户写出旧房封堵浆砌的个人书面申请,并办理书面旧房移交手续后,由所在乡镇人民政府组织进行旧房的封堵浆砌工作。各乡镇在确保安全的基础上,可根据实际情况组织乡镇、村和贫困户本人共同或分别开展旧房的封堵浆砌。第二,确定封堵浆砌的标准。封堵浆砌的墙体原则上要求按二四墙封堵浆砌为主,封堵浆砌完后要水泥抹面处理加固,并喷涂"易地扶贫搬迁封堵浆砌、严禁擅自打开。

---

① 《S 省人民政府办公厅关于深度贫困自然村整体搬迁的实施意见》。
② 《L 县关于进一步做好易地扶贫搬迁拆旧复垦工作的通知》,2018。
③ 《L 县"十三五"时期易地扶贫搬迁实施方案》。
④ 《L 县关于进一步做好易地扶贫搬迁拆旧复垦工作的通知》,2018。

XX乡（镇）人民政府，XX年XX月XX日"等字样，并标注清安全监管责任人。旧砖窑洞封堵浆砌从窑面窑口处整体封堵浆砌，不得只封堵浆砌门窗等部位；土窑洞能按旧砖窑洞封堵浆砌的，要按旧砖窑洞的标准封堵浆砌，不能的以拆除门面和回填等方式使其不再具备人能够入住的生活条件为标准处置；平房确需封堵浆砌的，以平房水平里面为准进行封堵浆砌并水泥抹面喷涂标清字样。对旧房封堵浆砌后周边的其他辅助生活设施，应全部拆除并清场。第三，关于旧房封堵浆砌时原有证件手续的移交，原有旧房占用宅基地（土地）使用权的使用以及旧房封堵浆砌工作中的相关程序等，按上述关于旧房拆除的相关要求办理。第四，旧房封堵浆砌完毕后，其产权不再归原易地扶贫搬迁贫困户所有。由其本人写出因易地扶贫搬迁进行资产移交申请，并经所在村组织有关会议确认后，旧房封堵浆砌的产权归所在村的村集体所有，并由所在村村委主任履行安全监管的第一责任，所在乡镇的包片包村领导和干部承担落实相应的安全监管责任，严禁任何人擅自打开或擅自打开后使用，必要时予以追责问责。第五，按照有关政策规定，旧房未拆除的，不论以何种形式处置或保留，均不享受任何奖励政策[①]。

（二）J村分散式易地扶贫搬迁户原住房的实际处理情况

截至2018年12月31日，J村27户已经全部完成易地扶贫搬迁任务，18户易地扶贫搬迁户除刘一、武三的旧房原为砖瓦房，现已塌毁未进行封堵浆砌外，其余16户的旧房已分别于2017年12月31日、2018年12月31日分两批完成封堵浆砌。

J村易地扶贫搬迁户的旧房均未采取拆旧复垦的处理办法。事实上，这并不是J村一村的特例，整个J镇79户易地扶贫搬迁户之中，除G村有一户采取拆旧复垦的方式外，剩余78户均采用封堵浆砌的处理方法。其中缘由，与J村乃至J镇的民居多以连体窑洞为主，即

[①]《L县关于进一步做好易地扶贫搬迁拆旧复垦工作的通知》，2018。

易地扶贫搬迁户的旧窑洞往往与周边邻居的窑洞相联结，如果采取拆除的办法，势必会对周边村民的窑洞造成损毁。实地调查过程中，J村易地扶贫搬迁户也非常渴望将旧房采取拆旧复垦的办法，县政府明文规定："对签订旧房拆除协议并限期拆除的按照人均1万元的标准给予奖励；对签订复垦协议并完成旧宅基地复垦的，人均再奖励5000元。"[①]但迫于旧房的建筑条件，往往只能采用封堵浆砌的处理办法。此外，马一所居住的村中集体房屋在其搬迁后，随即采取拆除的处理方法。

（三）搬迁户原住房的处理对于传统村落保护的影响

J村易地扶贫搬迁户的旧房多数属于危房，将他们从这些危房中搬迁出来，对于保护易地扶贫搬迁户的生命安全具有重大意义。另外，15户搬迁户的旧房位于J村的传统村落格局之内，他们的搬迁给后续传统村落的保护与利用减少了很多不必要的麻烦。在各地传统村落的保护与利用过程中，居住于传统村落民宅中的村民，往往因一些现实利益，妨碍甚至阻挠传统村落的保护开发。现今通过政府的易地扶贫搬迁政策，使得贫困户较为顺利地搬离位于传统村落格局内的旧危房，这无疑给J村后续的传统村落保护与利用预留了灵活的空间，奠定了坚实的基础。

从理论上讲，易地扶贫搬迁与传统村落保护发展并不矛盾，甚至还有利于传统村落的保护[②]。但在实际过程中，传统村落的保护在易地扶贫搬迁过程中往往很容易就被忽视。从J村对易地扶贫搬迁户旧房的处理措施来看，封堵浆砌的方法虽然可以阻止贫困户返回旧房居住，但长久下去对于旧房的保留造成很大的消极影响。按照村民的传统说法，房子长期无人居住，缺乏人气，即使再好的房子也很难保存。而这些易地扶贫搬迁户的旧房，大多数已经属于危房，保存本来就很困难，加之外部用水泥封堵起来，常年经受风吹日晒雨淋，内部发生何种情况很难及时知晓，一旦塌毁必将对周边房屋以及村民的生命安全

---

① 《L县"十三五"时期易地扶贫搬迁实施方案》。
② 毛文风：《易地扶贫搬迁与古村落民族传统文化保护》，《贵州民族报》2018.9.11(A03)。

造成难以预估的消极影响。此外，封堵浆砌后的水泥墙体要喷涂"易地扶贫搬迁封堵浆砌、严禁擅自打开。XX乡（镇）人民政府，XX年XX月XX日"等字样，这一做法虽然看似具有宣扬行政权威之效，但从传统村落保护的角度来看，则欠考虑。J村15户易地扶贫搬迁户的旧房位于传统村落格局之内，每户旧房封堵浆砌，喷涂易地扶贫搬迁相关字样，这样处理之后的旧房与周边民居的建筑风貌迥然有别，对于传统村落的历史风貌亦是一大破坏。

四、易地扶贫搬迁户的安置与传统村落的保护

（一）L县易地扶贫搬迁的安置政策

综合考虑县境的水文地质等自然条件、城镇化水平以及搬迁户的意愿后，L县将易地扶贫搬迁户的安置方式分为集中安置与分散安置两种。其中，集中安置主要采取以下三种方式：1. 新建集中安置项目。该方式由W乡党委、政府牵头负责，在W村新建一处易地扶贫搬迁集中安置项目。2. 乡镇层面依托存量住房集中安置。该方式主要由乡镇党委负责，依托以新农村建设、棚户区改造、采煤沦陷区治理等项目已建成的各类小区内形成的存量住房进行集中安置。3. 县级层面依托存量住房集中安置。该方式在县城规划区内，依托以新农村建设、整村移民搬迁、棚户区改造、商品房开发等项目已建成的各类小区内形成的存量住房进行集中安置。分散安置主要以货币安置为主。乡镇党委、政府视具体情况引导搬迁户就近安置，支持搬迁户通过进城务工、投亲靠友等方式自行安置。在给予货币化补助时，要求迁出地和迁入地政府在各方面给予支持。

易地扶贫搬迁户自行购买房屋时，县政府亦给予相关优惠政策。对于自行购买首套商品住房（含二手住房、中心村镇农家宅院），可凭县级房管部门（或不动产登记中心）或有资质的开发商出具的购房

手续,二手住房、中心村镇农村宅院购房手续和乡镇政府出具的身份证明,享受分散安置补助。易地扶贫搬迁户还可享受城镇居民购买保障性住房同等待遇,给予分散安置补助。同时强调,新购房屋不能为"土窑洞",分散安置可跨县、跨市安置。

此外,特别强调分散安置严禁原址重建。对乡镇政府所在地和中心村出现的特殊情况,由乡镇把关后报县扶贫办,由扶贫办报县领导组织相关部门按政策集体议定后执行。

(二)J村易地扶贫搬迁安置的实际情况

J村的易地扶贫搬迁工作历经两年时间完成,其中,2017年完成主体搬迁任务,搬迁21户;2018年完成扫尾工作,搬迁6户。就安置方式来看,J村的易地扶贫搬迁主要分为集中安置与分散安置两种。其中,J村集中安置主要依托县级层面存量住房进行安置,以县政府选定安置点之一——YG小区进行安置。YG小区为高层小区,位于C村东北部,紧邻永吉大道,与J村仅一村之隔。J村除杨一外,15户集中安置搬迁户均安置在该小区内,每户每人至多不超过25平方米。J村分散安置主要以投亲靠友、新建房屋等方式为主。11户分散安置搬迁户中,有9户采取投亲靠友方式进行安置,其中投靠女儿的有3户,投靠儿子的有2户,投靠兄弟的有1户,另有3户投靠其他亲属;2户采取新建房屋的方式进行安置。就分散安置地来讲,除1户投靠村西S村女儿家外,其余10户均分散安置在J村内。有关J村搬迁户的具体情况,参见下表3:

表3　J村易地扶贫搬迁户搬迁安置情况

序号	姓名	安置方式	搬迁地点	有无旧房	搬迁时间
1	王三 王五	集中	YG小区C1-5	有	2017.12.31
2	胡四 张三 胡五	集中	YG小区E6-1	有	2017.12.31

序号	姓名	安置方式	搬迁地点	有无旧房	搬迁时间
3	郭一 郭二 郭三	集中	YG小区E6-1	无	2017.12.31
4	武二 张四 武四 武五 武六	集中	YG小区B6-3	有	2017.12.31
5	刘一 郑一 刘二	集中	YG小区F3-2	有	2017.12.31
6	张二 赵一	集中	YG小区D8-2	有	2017.12.31
7	孙一 王六 孙四 孙五	集中	YG小区F3-2	有	2017.12.31
8	孙三 何一 孙六 孙七	集中	YG小区C1-3	有	2017.12.31
9	焦一 梁一	集中	YG小区E6-1	无	2017.12.31
10	任一 赵二 任二	集中	YG小区F3-2	有	2017.12.31
11	马一 郭四	集中	YG小区E6-2	无	2017.12.31
12	杨一 孔一	集中	C12平房03	有	2018
13	王一 牛一 王七	集中	YG小区G4-1	无	2017.12.31

序号	姓名	安置方式	搬迁地点	有无旧房	搬迁时间
14	武一 耿一 武七	集中	YG小区E6-2	有	2017.12.31
15	孙二 董一 孙八 孙九 孙十	集中	YG小区F4-1	有	2018
16	王二 闫一	集中	YG小区D10-4	无	2017.12.31
17	宋一	分散 （投靠女儿）	J村11队	无	2017
18	胡三	分散 （新建砖瓦房）	J村14队	有	2018
19	胡一	分散 （新建砖瓦房）	J村14队	有	2018
20	张一	分散 （投靠儿子）	J村14队	无	2017
21	王四	分散 （投亲靠友）	J村13队	有	2017
22	武三	分散 （投靠儿子）	J村3队	有	2017
23	程一	分散 （投靠女儿）	S村	有	2017
24	余一	分散 （投靠亲戚）	J村5队	有	2017
25	范一	分散 （投靠女儿）	J村3队	有	2017
26	王九 杨二	分散 （投靠弟弟）	J村5队	无	2018
27	孙十一	分散 （投亲靠友）	J村5队	无	2018

资料来源：田野调查所得。

（三）J村易地扶贫搬迁安置对传统村落保护的影响

J村易地扶贫搬迁户的搬迁安置有力地提高了搬迁贫困户的住房水平以及生活质量。就集中安置来说，易地扶贫搬迁户搬进了崭新的高楼之中，用上了干净卫生的厕所，厨房与卧室得以分立，冬日又可免受寒冷，采光条件更是大为改善；就分散安置来讲，大多数搬迁贫困户采用投亲靠友的方式安置在了本村，依旧生活在熟悉的生活环境以及生活方式之中，同时也拉近了与亲友尤其是与子女的距离，从而有效地保障了高龄搬迁贫困户的日常生活照料。

然而，易地扶贫搬迁户的安置又不可避免地对传统村落的保护产生了消极影响。对于集中安置来讲，传统村落流失了一批固定住户，却增加了一批无房居住的"流浪人"。J村集中安置地点位于村外的YG小区，且集中安置的48人中，50岁以上的即有19人。这些老人已经习惯了传统村落中的生活环境以及生活方式，年老之际步入新的生活方式引发了他们生活上的诸多不适。在旧房的走访过程中，我们遇到了86岁的、坐在轮椅上的王三，她被集中安置在YG小区，但是夏日高层小区安置房中炎热，老人起了满身热疹，无奈只能每天由家人送回旧房的院中乘凉，晚上再被送回小区的安置房中居住。这样来回折腾，对于一位如此年龄的老人是异常痛苦的折磨。王三的例子并非个案，在走访旧房中，我们碰到了多位搬迁至YG小区的老人依旧在旧房的院落中或与昔日的邻居聊天，或在给饲养的山羊、家鸡喂食。只有到了晚上，他们才会返回YG小区的新家之中。毫无疑问，他们已经成为传统村落中无房居住的"流浪人"。

对于分散安置来说，J村11户易地扶贫搬迁户中的9户都选择投亲靠友方式安置在亲友家中，基本上未对传统村落的保护造成消极影响，但胡三、胡一二兄弟由于精神、身体等问题不适合分散安置于亲友之中，最终村、镇出资在二兄弟旧窑洞东侧的院中新建了两间砖瓦房，将其进行分散安置。村、镇出资建房帮助搬迁贫困户安置的举动本无可厚非，但若从传统村落保护的角度来进行审视，村、镇出资所建的房屋为现代风格的砖瓦房，这显然与J村整体的建筑风格不相协调。胡三、胡一兄弟的住房位于J传统村落格局之外的中举沟内，但从J传统村落保护的角度来看，此区域应属乡村风貌控制区，即该区域内的建筑，要求建筑风格与J村的整体风格相协调。村、镇出资建房的举动显然仅仅立足于易地扶贫搬迁，而未将传统村落的保护纳入考虑范畴。

五、余论

对于现今易地扶贫搬迁中传统村落保护所出现的各种问题，有论者归咎于"地方政府对精准扶贫政策的执行力度明显高于传统村落保护政策的执行力度，地方官员对传统村落保护与其他农村建设事务的内在关系认识不足。"[①] 这种认识固然属实，但更多只能算是问题的一个集中体现，并未切中问题要害。在实地调研过程中，可以发现各地易地扶贫搬迁与传统村落保护之间并未有机地联系在一起，存在较为严重的割裂现象。各级政府出台的易地扶贫搬迁实施方案重在贫困户的"搬得出，稳得住"，对于传统村落更多的是在原则上强调保护历史古建，开发乡村旅游，缺乏更进一步的处置方案；住建部等部门虽已出台各种传统村落保护意见，但明显缺少与易地扶贫搬迁中传统村落保护工作的对接。因此，易地扶贫搬迁与传统村落保护缺乏有效地衔接才是诸多问题发生的根源所在。

在易地扶贫搬迁过程中，传统村落的保护不应只关注古建，普通建筑以及村民亦应成为关注的重点。历史古建理应成为传统村落保护的重中之重，但正如民谚所讲的"好花还需绿叶衬"一样，历史古建在传统村落中通常占据很小的比例，普通民居在村落中才居于主体地位。在重点保护历史古建的同时，应该加强对普通民居建筑的监管，

[①] 高翔，李建军：《传统村落保护：实践困境与制度缺陷》，《华南农业大学学报（社会科学版）》，2019(5)。

尤其注重普通民居的建筑风格要与传统村落的历史风貌相一致。J 村的易地扶贫搬迁工作中，对于搬迁户旧房采取"封堵浆砌"的处理办法显然是忽视这一问题的最好例证。另外，村民尤其是高龄村民作为传统村落生活方式的延续者，他们的易地搬迁直接关系着传统村落"生产生活真实性"的保持。J 村易地扶贫搬迁过程中的集中安置促使村落出现高龄的"流浪人"群体，这是村民对于传统村落生活方式的向往以及追求的不懈尝试。

再有，易地扶贫搬迁中的传统村落保护，不仅要注重迁出地村落的保护，也要注意迁入地的村落保护。以往易地扶贫搬迁过程中特别强调迁出地的"拆旧复垦""生态恢复"以及历史古建的保护，对于迁入地传统村落保护甚少提及。事实上，各级政府鼓励易地扶贫搬迁户向发展较好的传统村落迁入，"依托乡村旅游区安置。挖掘当地生态旅游、民俗文化等资源，因地制宜打造乡村旅游重点村或旅游景区，引导周边搬迁对象适度集中居住并发展乡村旅游。"① 在这种情况下，搬迁户迁入这些村落必将对传统村落的保护造成各种影响，值得各级政府以及学界的进一步关注。

---

① 《S 省人民政府关于大力推进易地扶贫搬迁工程的指导意见》，2016。

传统堡寨村落的形态特征和保护策略初探

——以明长城沿线茨沟营村为例

温若男

山西历史上战乱频发、匪患不断，被称为"治世之重镇，乱世之强藩"。在太行山区长城沿线广泛分布着大量传统聚落，以四周设防的堡寨形式，拥有独特鲜明的防御属性。文章以堡寨型传统村落的特征与保护发展为研究视角，在实地调研的基础上，结合相关历史、考古及调研文献等资料，对太行山区传统堡寨村落进行研究。在了解其发展沿革、功能地位、历史遗存及特征的基础上，利用案例研究法，通过分析概括堡寨在村庄中的作用及其发展现状，提出针对堡寨型村落的保护发展策略。

"古村落"从字义上理解就是有一定历史的村落，也称为"传统村落"。从历史研究的角度看，传统村落是指历史年代久远，遗留至今，具有科学研究价值和历史研究价值，且需要保护或已经受到保护的村落。① 作为传统的农业大国，中国拥有的古村落数量非常多，这些村落被誉为"民间收藏的国宝""传统文化的明珠"，是一笔珍贵的人类文化遗产。② 由于历史悠久，受到外界的干扰相对较小，我国的

① 杨力：《基因表达视角下传统村落的延续与新生》，重庆大学硕士学位论文，2016。
② 王德刚：《古村落保护与开发》，山东大学出版社，2013：45。

古村落保存着丰富的地域文化、传统的民居建筑、淳朴的民风民俗和优美的自然风光，具有很高的历史文化价值。堡寨型村落是传统村落形态中的一种，是历史文化名村的重要组成部分。堡寨又称"围寨""寨堡"，是一种特色鲜明的民居聚落类型。它是古代先民为抵御外侵内乱而修建的防御型聚落，其主要特征表现在它的防御功能上，称为"坞""壁""垒""营"等，是我国古代用于军事防御而修建的小土城。[①]茨沟营村作为长城堡寨类聚落的典型代表，完整的防御体系和村落空间形态使其成为堡寨村落文化的缩影。

笔者经过半个月的实地调研发现：随着我国古城、古镇、古村旅游的日益兴盛，学术界对古村落的研究也日益升温，人们的价值观、生活观发生了重大变化，舒适的居住条件成为现代人衡量生活质量的重要标准。由于传统村落是在适应当时生产水平的条件下建造的，建造材料的使用，房间的采光、通风、保暖等已经不能满足现代居民对居住舒适性的要求，因而古老的居民建筑将会被现代居民建筑所取代。[②]人们或弃之不用，任其荒废而新建家园；或推倒城墙拆除民居，重建现代化新宅；或拆除重建，仅留夯土城墙的残垣遗址[③]，这些方式无疑是对传统建筑的破坏。在剧烈城镇化的冲击下，传统村落面临"人走屋塌"的困境，以及过度商业化的尴尬，这对传统文化造成了非常严重的破坏，因此对传统堡寨村落的保护迫在眉睫。此前有关堡寨类聚落的研究多集中于其形成特点与价值方面，有关保护发展的探索较少，在城乡一体化建设的时代背景下，探索此类聚落的保护与发展具有很强的现实意义。本文试图对茨沟营村堡寨村落的形态特征及其保护策略进行初步探索，为堡寨类村落今后的保护发展提供参考。

① 乔昱：《中国传统村落风貌保护规划研究——以青岛即墨雄崖所村为例》，青岛理工大学硕士学位论文，2014。
② 冯淑华：《传统村落文化生态空间演化论》，科学出版社，2010:70。
③ 康渊，王军：《军事堡寨型生土聚落的保护发展策略研究——以甘青地区起台堡村为例》，《华中建筑》，2017（10）。

一、茨沟营村概述

茨沟营村，又名应关城，位于山西省忻州市繁峙县东南部山区，地处晋冀两省的交界处，紧邻山西出省要道108国道，西距繁峙县城繁城镇80公里，被选入"首批中国传统村落"，明清时为北方边关重镇，现存的茨沟营长城也是山西省重点文物保护单位。村庄现居住人口仅有约280人，村民主要从事产业包括农业、林业、养殖业等。农作物以小麦、玉米为主；林业以核桃为主，养殖业以养羊为主。茨沟营是明朝内长城重要的军事堡寨之一，几百年来一直保存着其原有的形态结构，其营建选址、建筑格局与四周的山脉融为一体，体现了古代先贤的文化审美情趣和军事战略思想，创造了独特的军事防御体系与人类文化景观，是长城堡寨的活化石，具有重要的文化、军事、艺术价值。

（一）村庄形成过程

茨沟营原名茨沟村，在明朝初期隶属于河北真定府。后来村庄发现了银矿，官府开始采掘，由于采矿条件艰苦，矿工经常闹事，嘉靖二十五年（1547），在茨沟营设立了巡司，村名改为茨沟营，隶属于长城九镇之一的真保镇管辖。嘉靖三十六年（1557），茨沟营驻守的官员级别上升为守备，隆庆元年（1567）又升为参将，主要职责为守卫明朝九边重镇中真保镇段长城中的龙泉关至固关段。龙泉关是通往五台的重要关口。固关是与居庸关、紫荆关、倒马关齐名的京西四大名关之一，明清时期通往京师的重要通道，两关之间直线距离130千米，由建在太行山岭上的长城互相联系。茨沟营军队负责管辖的就是这一段长城。在明朝边塞屯兵的大背景下，茨沟营由一个小山村壮大成为一个千人大营，到了清朝以后，由于军事地位的衰弱，茨沟营的驻军逐渐撤销，渐渐由军事重镇转变为居住聚落，消减成现在的小山村。1941年后，茨沟营由河北划归山西，并入繁峙县。[1]

（二）村庄历史功能

文献中并没有确切建村年代的记载，但据村内遗留碑刻记载可推算，村庄大体形成于明初。明朝建国初期，北方的蒙古势力不断南下，成为明朝严重的边患，明朝统治者为了巩固其统治，不得不在东起鸭绿江、西至嘉峪关的北部边境沿长城防线陆续设立辽东镇、蓟州镇、宣府镇、大同镇、偏头关（也称山西镇或三关镇）、延绥镇（也称榆林镇）、宁夏镇、固原镇（也称陕西镇）、甘肃镇九个边防重镇，史称"九边重镇"。长城防御管理是一个庞大的、多层次的系统，任何一个城堡都有它在大系统中的位置[2]，茨沟营所驻军队为真保镇的龙固关路，直属于真保镇管辖，为长城的第二级防御单位。长城的防御建筑体系大体可以分为三部分：长城城墙、关口建设的关城和驻扎各级军事指挥机关和所属军队的堡寨、敌台和烽火台，这三部分构成了长城完整的点线面防御系统，其中堡寨也有其不同级别，第一级为军事中心镇城，第二级为驻扎路一级的军事机构的堡寨，称之为"路城"或"营城"，而茨沟营的村名就是因为所驻扎的军队为路一级，才得来"营"的名称。

茨沟营统领区域的长城有一个共同的标志，就是长城敌楼上的编号统一为"茨字＊＊号"，数据显示，现已发现的茨字号长城最大编号为37，茨字号长城敌楼多达37座，可见茨沟营统领范围之大。在村内碧霞祠庙墙外发现了遗留下来的万历壬辰秋分守龙固关众将题名记[3]，该碑破损严重，从碑刻中依稀可见"营盖亦有自也其形胜，则拥五台而扼太行控三关，而引上古插万嶂而列，辖众流而汇池，然而山逼地少居人艰，于种植不惟，欲富庶之不易。"其"则拥五台而扼太

---

① 参见山西省城乡规划设计研究院《传统村落保护发展规划》，2015。

② 陆严冰：《长城微型城堡村落保护规划研究——以鹞子峪历史文化村落为例》，2008中国城市规划年会。

③ 现存茨沟营村内碧霞祠旁，碑身长144厘米、宽75厘米、厚16厘米，破损严重。

行控三关"可看出茨沟营在明代就有非常重要的军事地位,是守护南线内长城,拱卫京师的重要军事力量。

（三）村庄形成原因

由于茨沟营耕地面积狭小,不具备发展成大自然村落的一些因素,通过对北太行山长城沿线茨沟营村堡寨村落形成过程的案例分析,结合《繁峙县志》中的相关记载,可以分析出茨沟营堡寨村落最直接的形成因素为明朝军事战争的需要,具体因素如下:

1. 军事隐蔽性的需要

茨沟营位于山坳里,明朝时这里是重要的交通线路,同时处于山西镇和真保镇所辖长城交接处,在茨沟营北侧长城瞭望,恰好能监视南下、东向两线内长城动向,而山坳里的茨沟营刚好被山体挡住,具有很高的隐蔽性。

2. 军事防御型的需要

陈寅恪先生曾对军事堡寨的选址有过说明:"凡聚众据险者欲久支岁月,及给养能自给自足之故,必择险阻而又可以耕种及有水源之地。其具备此二者之地,必为山顶平原及溪涧水源之地,此又自然之理。"[1]而茨沟营北、西、南面均有山体环绕,村内南河和小井河穿流而过,为大量屯兵提供了水源保障。以山为屏,以水为邻,天然屏障明显,可攻可守。

3. 军户制的影响

茨沟营的居民在历史上曾是看守长城的军户。军户,即中国古代世代从军、充当军差的人家。起自东晋,南北朝时,士兵及其家属的户籍隶属于军府,称为军户。由于时代变迁,明朝时在此处驻守的士兵及其家属便定居在此,军户逐渐转变为普通的农家,茨沟营便成为一个典型的杂姓村,村民由于业缘、地缘、血缘居住在一起,占比较

---

[1] 山西省城乡规划设计研究院《传统村落保护发展规划》。

高的高姓人口也只占村民的 30%。据村民介绍，高姓一族是明朝初期，由洪洞大槐树迁移而来的，先落脚到代县，后来第八代族人由于任官到了茨沟营一带，便迁居于此。到现在，高姓一族已传到二十四代。

（四）历史遗存

茨沟营村整体面貌保存较好，四面环山，溪水沿村而过，内部格局规整，村庄依然保存着传统堡寨风貌，肌理清晰，格局完整，外围有长城环过，内有堡门守卫（可惜的是村内仅存东堡门——应关城一处，其余两处均已倒塌）。建筑环境、建设布局、村落选址基本保持原样，村民依然过着"日出而作，日落而息"的恬淡生活，每年阴历四月十八为碧霞祠奶奶庙会，十里八村的居民都要来茨沟营朝拜，在奶奶庙对面的戏台看晋剧，是茨沟营一年一度的重大节庆活动，延续了传统的民风民俗和生活方式，是长城堡寨聚落乡土环境的重要活见证。茨沟营现存的历史遗存主要分为三部分：军事遗址、宗教建筑、居民院落。

茨沟营军事设施遗存下来的主要是周边的明长城。村庄北面、西南面、东南面都有长城遗址，但由石条砌成的敌楼顶部已经坍塌，原来的垛口已荡然无存，只剩下局部的一些断壁残垣，已经看不出长城的形制。茨沟营原来有三个城门，现在仅存东城门。城门分两部分，下部为砖石砌成的拱形门洞，门额上有块阴刻楷书应关城，保存完好，字迹清晰，上部为木结构的关帝庙，因年代久远，损毁严重。东城门以西的区域为原来的军事指挥中心署衙，署衙房屋现已不存，但院落格局依然存在，曾经的石碑散落在农家院内，大部分已被用来铺路、盖房。署衙外还存在着曾经的石砌护墙，保存完好。

由于堡寨村落特殊的防御功能，庙宇的数量往往比其他村落要多，种类也更丰富。[①]据了解，茨沟营曾经有十二个庙，现在仅留下碧霞祠、关帝庙、五道庙。碧霞祠位于村东，坐北朝南，据寺内万历九年

① 王绚：《山西传统堡寨式防御性聚落解析》，天津大学硕士学位论文，2002。

《东岳泰山庙碑记》[1]的碑文了解到，明嘉靖四十四年（1565）当地军民一起修建碧霞祠，直至万历四年（1576）完工。在忻州方言中，奶奶就是娘娘，因此碧霞祠也叫奶奶庙。碧霞祠为一进院落，中轴线上由南向北依次建有山门、献殿、正殿，左右两侧有东西配殿、东西耳房、钟楼、鼓楼。正殿内供奉云霄、碧霄、琼霄三位娘娘，是保佑生育之神灵，为明代建筑，保存较完好，其余均为清代建筑，保存较差。东耳房为地藏殿，西耳房原为马王庙，现已不存，旧址上立有近十几年的功德碑，共22块。关帝庙位于东城门之上，面阔三间，为硬山顶，外侧用木棍支撑了一座悬空木质单檐阁楼。茨沟营村的关帝庙与其他村落有很大的不同，一是位置不同，像这样把关老爷供奉在城门楼里面的是极少的；二是样式不同，有部分悬空。在与村民的交谈中了解到，当年由于茨沟营地形狭窄，用地面积不足，只能把关帝庙设在东城门上，后来有一位叫仇时明的参将觉得不妥，便在庙外另设一座悬空阁楼，以宽圣地，以求心安。由于年代久远，如今的关帝庙已经破败不堪，面临着倒塌的风险。

五道庙位于村南，建于石台上，规模较小，与奶奶庙一起，生死各居一边。

明朝时茨沟营村由于历史大背景下的社会制度而形成、壮大，本地居民由于来源复杂，传统的礼制、宗教文化束缚较少，体现到村庄建筑上，主要依地形地貌散点布局，没有体现出一般传统村落中明显的宗族观念。茨沟营民居是典型的晋北传统民居，由于这个地区相对封闭，在历史上军事冲突较多，建筑风格也相对朴素，以青瓦、棕门、黄土墙为主，基本结构仍是四合院，大部分为一、二进院落，少数为三进院落，由于地势的特殊，每层院落都以石阶相连，形成了独特的阶梯形院落。目前村内还遗存有大量清代传统民居，但由于生存环境不好，外迁人口不断增加，很多民居都已经荒废闲置，再加上年久失修，

---

[1] 现存碧霞祠内正殿东侧，碑身长152厘米、宽72厘米、厚18厘米，有碑座、碑首、碑阴，保存完好。

面临着倒塌的风险。

二、堡寨修建的原因及作用

堡寨作为一个存在的实体，是堡寨型村落的根本，只有弄清其修建原因和作用，才能更好地探究其保护策略。堡寨是我国古代用于军事防御而建筑的小土城，一般由土、石、泥、木等材料构筑成，修建的原因各不相同，有的属于军事防御的需要，有的属于家族躲避战乱的避风港，还有的则是人们参神祭祀的场所。以茨沟营为例，[1] 茨沟营村作为长城堡寨型村落的典型，是一座基于军事防御体系的屯田兵防堡寨，修建原因主要有两点：九边政策和屯兵政策。

边防紧迫是明代大批城堡修建的直接原因。朱元璋在位时，蒙古势力不断南下，要想根除蒙古势力极为困难，鉴于蒙古势力不断增强，朱元璋便制定"来则与之,去则勿追"[2] 的军事策略。于是,修筑长城、城堡就成为边关将领的首要任务。大批城堡的修建为明朝军队的防御奠定了坚实的基础。洪武初年和永乐年间，明朝对北方游牧民族的政策主要以积极进攻为主，直至英宗土木之变后才沦为消极抵抗，一旦出现气候异常的情况，游牧民族便会南下劫掠粮食和财务以维持生计，为了抵御随时可能的侵略，明王朝只有继续扩大边防建设，形成了九边之制。城堡的修筑还与明朝首创的屯兵政策有关，初为边地的村民内迁，后为以军实边。雁北地区作为明朝的边防重镇，远离晋南富庶之地，军粮供给不到位，于是便实行寓兵于农的军屯政策。然而，大量士兵聚集于边境并不能时时派上用场，绝大部分时间处于备战状态，因此，屯兵逐渐演变为以耕地为主，守备为次的状态。《明太祖实录》记载："上以山西大同、蔚、朔、雁门诸卫军士月给粮饷……艰苦不胜，遂命各卫止留军士千人驻守，余悉令屯田，以息传输之劳。"[3] 在这种

---

① 张兴亮：《襄樊南漳地区堡寨聚落研究》，华中科技大学硕士学位论文，2006。
②《明太祖实录》。
③ 罗德胤：《传统村落：从观念到实践》，清华大学出版社，2017:110。

背景下，一些军民出于自卫的需要便自发修建民堡，有警则入城堡，无事则耕，且种且守，如茨沟营村东边的堡，就是一个民堡。

堡寨最主要的作用就是防御，它保卫着整个村庄的安全，茨沟营古时的居民正是靠着高大坚固堡墙的保护，才得以多次免遭蒙古侵略。出于防御功能的考虑，堡门越多，越不利于防守，因此仅在重要交通要道设堡门。有些堡寨村落还设有瓮城，是我国古代常见的一种用来屏蔽城门的小城，具备瓮城的城堡一般规模都比较大，如繁峙县平型关村原有三个堡门，现仅存北堡门有瓮城。明代汉蒙间激烈的军事对峙，也对长城堡寨信仰体系的确立具有重要意义。军堡作为长城沿线军事防御系统中的最小组成单元，普遍仿城池形制，建有城隍庙、玉皇庙、关帝庙、马王庙、真武庙等。[1] 由于长城堡寨聚落建置的防御特殊目的，庙宇建筑往往以武庙为重，多分布于堡门周围，利用其精神震慑作用，反映了当时的人们从安全需要出发的心理需求层次。城隍庙供奉的是中国民间和道教信奉的守护城池之神，关帝庙、真武庙是缘于战争中的精神诉求，它们通常在建堡不久之后建成。明时重视马政，信奉马神，又辟诸多马市，注重培育战马，故军堡又普遍建立马神庙。如茨沟营东门之上的关帝庙、碧霞祠旁的马王庙，平型关村北城门上的城隍庙、玉皇庙，都可以体现出堡寨的信仰体系。关羽作为武神，被称为关帝、关老爷等，是民间的万能神——司福禄、佑科举，治病消灾、诛叛罚逆、庇佑商贾等。繁峙一带自古多战乱，茨沟营东城门之上的关帝庙就是驻守士兵的精神寄托，驻守士兵像崇拜战神一样崇拜关帝，与城寨物质实体上的防御作用相对应，人们将精神上的安全寄托在关帝等神化武将身上，是精神防御体系的主要组成部分，体现出长城堡寨聚落丰富周到的防御性格。清朝时，堡寨信仰呈多元化的发展态势，奶奶庙、五道庙等多是因生存和发展需要而后续修建的，庙前戏台也纷纷出现，满足了人们精神方面的多种需要。

---

① 王鹏龙：《晋北沿边堡寨的宗教信仰及神庙戏台》，《文艺研究》，2018（2）。

三、保护发展策略

在我国，由于传统村落还处在从传统农业向现代农业、工业化和信息化的重要转型时期，多种社会形态交织在一起，在市场经济环境下，传统村落的现代化转型成为一种必然，其分化出居住功能、审美功能、科学研究功能等，这种功能上的分化是它生存与发展的必要条件，是实现传统村落现代化转型的重要步骤。[①] 但从传统村落的演化发展来看，存在着诸多不和谐问题，如生存与发展的问题、保护与开发的矛盾问题等。

生存与发展包含了两个方面的问题，一方面是指由于城市化和人们生活观念的影响，许多传统建筑被拆除，受到许多外来文化的影响，村庄原有的传统民俗文化受到冲击，影响了村庄的生存和发展。另一方面是居民的生存与发展受到村落原有格局的限制，古建筑不得乱拆乱建，居民的生活条件难以改善。在村庄发展中，以牺牲当地居民的利益去满足开发者的需要，会产生不安定因素，不利于和谐发展。保护与开发的矛盾问题也很突出，主要表现在遗产性资源的保护与开发上，以茨沟营村为例，村内碧霞祠和应关城等传统遗产都面临着倒塌的危险，村内居民都非常积极地想要修复它们，但由于人力、财力、技术方面的局限，害怕修复不当反而破坏了遗迹，因此村民们只能拿树桩来支撑即将倒塌的钟楼、鼓楼和关帝庙，盲目修缮也会影响传统村落文化的原真性，旅游产业开发也停滞不前。茨沟营现在面临的问题主要有：村内文物、历史建筑破坏严重，例如东城门，已经处于摇摇欲坠的状态，碧霞祠内的碑刻、钟鼓楼自然损毁严重，主殿经过村民自行修缮，由于缺乏专业技术指导，殿内大量壁画被粉刷掉了；茨沟营村民收入水平较低，修缮传统民居资金较少，地方政府财政紧张，

[①] 冯淑华：《传统村落文化生态空间演化论》，科学出版社，2010:70。

缺乏用于遗产修缮的专项资金和配套政策，建筑遗产状况不佳；村庄老龄化、空心化严重，大量青壮年外出务工并定居在外，村庄常住人口逐年减少，面临着"人去村空"的威胁；基础设施薄弱，污水随意排放进南河，垃圾随意堆放，村内仅有局部路段安装了照明设施，村内部分路段路面未硬化，没有直达的专线交通。针对这些问题，开发、利用其历史、文化、民俗、建筑和资源发展现代旅游业，是最有效的解决途径。[①] 以茨沟营为例，从古村落可持续发展的要求出发，应坚持如下策略：

（一）保护历史遗产

保护是为了利用，利用是为了更好地保护。旅游开发的前提是保护，保护的对象包括：古建筑、古街道、古民居和历史遗存等。坚持保护为主、抢救第一、合理利用、加强管理的保护方针，延续村落传统格局。保护村落长城边界，在保证文物安全性的基础上，保护现状，防止破坏，也防止过度修缮。针对现状较差的东城门、碧霞祠等要参照文物保护单位的保护要求实施修复，按照原有样式，使用传统材料进行修复，保护整体风貌特征，把碧霞祠申请列为文物保护单位。保护维修古街道，不得随意拓宽或侵占街道用地，保护传统肌理。采用专业技术对传统民居进行维修，新建民居应遵循传统院落格局和尺度，与传统民居相协调，尽量采用历史建筑材料，符合地方特色和传统风格。拆除建筑风貌与村庄风格不相符的建筑外观，调整建筑色彩，如碧霞祠对面的现代戏台采用仿古形制重新装修、村委会外观重新改造等。

（二）保护传统文化遗产

保存相对完好的古村落往往是非物质文化遗产生存和传承的最佳环境和载体，也是非物质文化遗产最为集中的地方，保护传统文化遗产也是维持传统村落旅游吸引力的手段之一。要深入挖掘茨沟营的传

① 王德刚：《古村落保护与开发》，山东大学出版社，2013:141。

统文化遗产，利用文字、影像、音频等现代化手段记录保存文化遗产。可在碧霞祠旁建立民俗文化博物馆，收集村内散落碑刻、牌匾等，展示茨沟营悠久的历史、民间传说、民俗节日和当地特产，如每年农历四月十八的碧霞祠奶奶庙会、当地特产桃叶窝窝、核桃干果等，弘扬民族优秀品德，让人们更好地了解当地文化。

（三）完善基础设施，改善村民生活水平

旅游开发要以改善村民生活水平和发展地方经济为目标，为居民创造就业机会，提高收入，完善基础设施等。在村口空地建设游客中心，村庄入口处设置公共停车场，村内设置便民超市、医疗站，中心区域设置环保厕所，村庄河流处建立防洪堤坝，村东南小学旧址上建立民宿，鼓励村民开设农家乐，完善进村道路，开设直达公交线路，完善村内供水排水设施，投放封闭式垃圾箱，设立生活垃圾收集点等。

（四）打造旅游品牌

旅游活动应以历史文化遗产为中心，禁止无序开发和过度开发，凸显"朴""野""净"等核心特质，打造吃住行游娱购一条线的旅游服务设施。首先要通过电视、网络、报纸等大众媒介积极宣传，提高知名度，如在网上举办茨沟营摄影大赛、设置专门网站、邀请电视剧来拍摄等。根据茨沟营独特的历史地位，营造边塞氛围，打造军事堡垒、边塞古村的知名品牌，策划古代军事项目，模拟古代战争，也可以和周围韩庄村联系起来，形成一个长城边塞旅游景区。同时对村子内部的点进行旅游路线的规划，如历史文化路线：民俗展览馆—碧霞祠—关帝庙—传统民居—村内游园；军事探险路线：应关城—长城徒步—南河漂流等。

（五）坚持可持续发展

古村落珍贵的历史遗存和优美的自然环境是旅游发展的基础，在旅游开发过程中一定要保护好村落内的生态环境、古建筑和非物质文化遗产。要兼顾经济效益和社会效益，获得收益的同时也要不断对古建筑进行保护。旅游发展应能够提高居民收入，不断改善居民生活水平，协调好各个主体间的利益关系，实现收入分配合理化。在面对各种外来文化冲击时，要保持自身的特色文化，同时也应吸收外来文化中的精华，取长补短，不断完善自身的文化体系。积极借鉴其他传统村落的发展途径，鼓励多样化的发展方式。

四、结语

传统村落的保护与发展是近些年兴起的一个热门话题，随着传统村落名录的不断公布，社会关注度也不断提升，但中国的传统村落开发有几个特殊的背景：传统农业文明发达、城乡二元结构、城乡差距较大、农村土地集体所有制、遗产保护观念尚未普及、旅游业快速发展。在这些复杂且带有中国特色的背景下，对传统村落的研究显得尤为重要。茨沟营村是太行山北部长城堡寨型村落的典型代表，从价值特色角度来说，长城遗址、应关城等都在历史上发挥了重要的军事作用，碧霞祠、五道庙、关帝庙从古到今也发挥了重要的精神作用，村落格局和村内建筑也具有显著的地域性，合理发展是挽救濒临消亡的这类村落的重要策略，要根据不同遗产的价值特色区别对待，制定不同的保护和发展策略，力求多样化的发展路径。发展旅游业是大部分传统村落开发的主导方向，但是由于经济基础、旅游业发展水平、土地产权问题、管理机制等主客观原因，旅游业发展中的利益分配问题、保护与开发的投入问题、投资融资问题、管理问题等仍需要学者们进一步深入研究和探讨。

调查报告篇

南太行山沁河中游传统堡寨村落调查报告

齐慧君

　　传统村落类型众多、内涵丰富，是历史文化遗产的重要组成部分，学界对其已有较多研究成果，但尚有不足。本文从历史地理学的学科角度出发，对南太行山沁河沿岸地区大量分布的传统堡寨村落进行调查、研究，在重视民间文献的搜集和整理、重视微观尺度下以自然区划为单位的传统村落研究以及开展区域传统村落群（含非传统村落）研究的基础上，力图探索南太行山沁河中游地区传统堡寨村落的普遍性和特殊性，为推动传统村落研究做出尝试。

一、调查缘起与目的

（一）传统村落研究的重要性、必要性

　　传统村落是历史文化遗产的重要组成部分，既有以物质形态存现的显性文化基因，也有以非物质形态存现的隐性文化基因，它反映了不同时期、不同地域、不同经济社会发展阶段形成和演变的历史过程，是我国历史文化见证与传承的重要载体，真实记录了传统建筑风貌、优秀建筑艺术、传统民俗民风和原始空间形态，是中华民族文化的源头与根基，具有丰富的历史价值、文化价值、美学价值、经济价值、社会价值，等等。

（二）目前传统村落研究中的不足

中国传统村落的研究已历经近 40 年的时间，不断有新的学科用新的视角、新的方法来探索传统村落发展过程中各个方面的种种问题。然而目前传统村落研究区域却呈现出不平衡性，以全国为研究区域的宏观尺度以及以省域为研究区域的中观尺度的研究较多，对于微观区域的研究成果较少。不同尺度的研究成果中，多数均按照我国行政区划为研究区域，不同程度上都带有"行政区经济"的窠臼，较少以与传统村落关系更密切的自然区划为研究区域[1]；在传统村落的研究资料中，多数使用档案、地方志等文献，通过田野调查获得的新资料对传统村落展开研究的成果少。

（三）拟解决的问题

鉴于当前传统村落研究中的不足，我们提出要重视微观尺度下以自然区划为单位的传统村落研究；重视民间文献（如碑刻、家谱、契约、账单）的搜集和整理，并加强在传统村落研究中民间文献的使用；开展区域传统村落群（含非传统村落）的研究。南太行山地区的沁河沿岸有大量传统堡寨村落分布，其作为传统村落中特殊的一种类型，形成于沁河流域得天独厚的自然地理环境和独特的历史发展轨迹中，传统堡寨村落也反映了该区域独特的地域文化。本次调查选择沁河中游为研究区域，旨在以沁河中游地区及其传统堡寨村落为例，以微观尺度下的自然区域为研究范围，以"地毯式田野作业"为方法，对沁河中游地区传统村落中的民间文献、历史文化遗存等进行充分调查，为推动传统村落研究做出尝试。

---

[1] 李孜沫：《汾河流域古村落的时空演化与形成机理》，《经济地理》，2019（2）；马勇，黄智洵：《基于 GWR 模型的长江中游城市群传统村落空间格局及可达性探究》，《人文地理》，2017（4）；陈君子，刘大均，周勇，朱爱琴，肖鹏南：《嘉陵江流域传统村落空间分布及成因分析》，《经济地理》，2018（2）；谢晖，周庆华：《秦岭北麓冲洪积扇区环境影响下传统村落布点特征初探》，《干旱区资源与环境》，2016（12）。

二、沁河中游传统堡寨村落调查

（一）沁河中游概况

沁河（也称沁水，古称洎水）是黄河的一级支流，在山西省是仅次于汾河的黄河第二大支流，发源于山西省平遥县黑城村（一说山西省沁源县西北太岳山东麓的二郎神沟），流经山西省、河南省，在河南省武陟县附近汇入黄河，全长485公里，流域面积13532平方公里，多年平均径流量9.33亿立方米。流域大部分属于山区峡谷型，坡陡流急；河南省济源市五龙口以上，干流在太行山谷中穿行，仍属于峡谷型河道，五龙口以下属于平原型河道，且河道高于滨河地面，呈地上悬河之势。沁河中游地区位于山西省东南部太行山地带，历史悠久，文化积淀深厚，遗存大量物质文化遗产，集中分布着许多保存较为完好、研究价值高的传统堡寨村落。端氏至嘉峰段是沁河中游的一部分，植被良好，河道两侧陡峻，山高50—150米。河谷弯曲窄深，两岸为土山台地，河床多为块石、河卵石，岩层多为砂石和页岩。地貌属于山丘河谷盆地区，基本上全为黄土覆盖，经长期风化和水流侵蚀，下切强烈，沟底狭窄，多呈V型，且被冲刷分割成沟壑交错的狭长梁地。山坡呈阶梯状，整体呈波浪状起伏。该段的村庄都位于河谷台地之上。

（二）沁河中游传统堡寨村落概况

截至2019年10月10日，我国一共公布了5批6819个传统村落，图1是前4批传统村落空间分布图，通过图1可知，我国传统村落形成了5个密集分布区，北方以南太行山地区为核心分布区，南方有4个核心分布区，1个是安徽南部、浙江、福建北部核心分布区，1个是湖北、湖南、贵州、广西、重庆5省市交界处的核心分布区，1个是云南西部金沙江、澜沧江、怒江3江并流地区、洱海流域，1个是云南东南部元江和盘江中间地区。可见，我国传统村落集中分布在长江以南，长江以北仅有南太行山1处核心分布区（图1）。

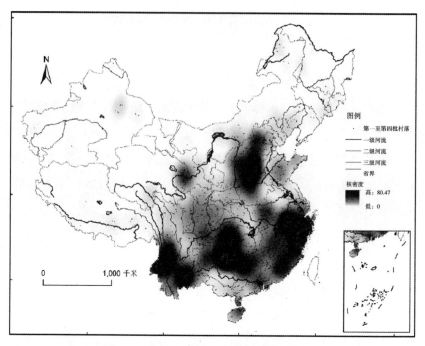

图1　中国第1—4批传统村落空间分布图

太行山雄踞华北腹地，是国家级和省级连绵贫困区，但太行山文化丰富多样，其山水生态文化、传统村落文化、抗战红色文化、历史传说文化极为丰富，其中传统村落文化在华北地区极为典型。太行山地区的传统村落集中分布在南太行，从行政区划上来看，集中在山西省晋城市、长治市、晋中市、阳泉市，河北省石家庄市、邯郸市、邢台市，河南省安阳市（表1、图2）。

表1　太行山区传统村落分布统计表　　单位：个

省、市	地市	批次					总计	比重（%）	排名
		一	二	三	四	五			
山西省	晋城市	13	4	14	38	97	166	41.19	1
山西省	晋中市	6	7	4	33	27	77	19.11	2
山西省	长治市	4	2	10	16	37	69	17.12	3
河北省	石家庄市	7	3		27	15	52	19.4	4

省、市	地市	批次					总计	比重（%）	排名
		一	二	三	四	五			
河北省	张家口市	7	2	7	31	5	52	19.4	5
山西省	阳泉市	2	7	8	7	21	45	11.17	6
河北省	邯郸市	14		4	13	13	44	16.42	7
河北省	邢台市	2	1	4	11	22	40	14.93	8
河南省	安阳市		4	3		18	25	9.33	9
山西省	大同市	2		2	6	6	16	3.97	10
山西省	忻州市	3			6	5	14	3.47	11
河南省	新乡市	1		2	1	9	13	4.85	12
山西省	朔州市			1	4	7	12	2.98	13
北京市	门头沟区	6	2	2	2		12	4.48	14
河北省	保定市	1		2	3	5	12	4.48	15
河南省	焦作市		6	2		3	11	4.11	16
山西省	太原市	1		1	1	1	4	0.99	17
北京市	房山区	1			2	1	4	1.49	18
河南省	济源市				2		2	0.75	19
北京市	昌平区		1				1	0.37	20

资料来源：根据1—5批中国传统村落名单整理。

沁河中游传统堡寨村落呈现沿河分布的显著特征，特别是在沁水县端氏镇到阳城县北留镇之间的沁河段表现得极为明显（表2、图3—6）。

表2　沁河中游传统村落省级以上物质遗产基本情况统计表

村庄	名村	批次	传统村落	批次	堡寨遗存	文保单位	时代	等级	批次
窦庄村	●	第四批	●	第一批	窦庄古堡	窦庄古建筑群	明至清	全国重点	第六批
湘峪村	●	第五批	●	第一批	湘峪古堡	湘峪古堡	明至清	全国重点	第六批

续表

村庄	名村	批次	传统村落	批次	堡寨遗存	文保单位	时代	等级	批次
郭峪村	●	第三批	●	第一批	郭峪古堡	郭峪村古建筑群	明至清	全国重点	第六批
皇城村	●	第二批	●	第一批	斗筑居	陈廷敬故居	明至清	全国重点	第七批
上庄村	●	第四批	●	第一批	上庄古寨、河山楼				
郭北村	●	第六批	●	第三批	郭北寨	郭壁村古建筑群	明至清	全国重点	第六批
郭南村	●	第六批	●	第三批	郭南寨				
尧沟村	●	第七批	●	第三批					
屯城村	●	第六批	●	第三批	屯城古寨	东岳庙	金	省级	第二批
端氏村			●	第四批	端氏古寨				
嘉峰村	●	第七批	●	第四批					
尉迟村	●	第七批	●	第四批					
武安村	●	第七批	●	第四批	武安寨				
中庄村			●	第四批					
润城村			●	第四批	砥洎城	润城东岳庙	金至清	全国重点	第六批
						砥洎城	明	全国重点	第六批

村庄	名村	批次	传统村落	批次	堡寨遗存	文保单位	时代	等级	批次
上伏村	●	第七批	●	第四批	上伏古寨	上伏大庙	明至清	省级	第五批
坪上村			●	第五批	坪上寨、花沟寨				
大桥村			●	第五批		海会寺	明至清	全国重点	第六批
史山村			●	第五批					
北音村			●	第五批					
王村			●	第五批	永宁寨				
下庄村			●	第五批					

资料来源：据1—5批中国传统村落名单，1—7批中国历史文化名村名单，山西省文物局网站公布的山西省级和全国重点文物保护单位名单，结合田野调查资料整理。

图2　山西省传统村落空间分布

资料来源：作者自绘。

图3　沁河中游地区传统村落空间分布特征

资料来源：作者自绘。

图4 沁河图

资料来源：（雍正）《泽州府志·星野志·图考》，《中国地方志集成·山西府县志辑》（第45册），南京：凤凰出版社，2005年。

图5 沁河中游河道、山体与传统村落位置关系示意图

资料来源：作者自绘。

图6 沁水县郭壁村与沁河河道关系

资料来源：作者拍摄。

（三）沁河中游六村概况

本次调查的端氏村、坪上村、窦庄村、郭北村、郭南村、武安村六村均位于这一区域山水之间的河谷平地上，沁河自北向南从村庄中流过，一衣带水。其中端氏村和坪上村属于端氏镇管辖，窦庄村、郭壁南村、郭壁北村、武安村属于嘉峰镇管辖。其中，有4个是中国历史文化名村，6个是中国传统村落，每个村落都有县级以上文保单位。该区域文保单位的级别以及密集程度在山西省其他区域中亦是少见。

端氏村位于沁河与固县河的交汇处，是端氏镇人民政府所在地，坪曲公路和端润公路横贯交汇，侯月铁路紧依村西，商贸繁荣，交通发达，素有沁东地区的旱码头之称，是名震三晋的历史古镇。《泽州府志》载，远在夏商之前，就有先民在此居住生存。春秋时期韩、赵、魏三家分晋，曾迁晋君于端氏聚，西汉开始设县。隋开皇三年（583），端氏县治由西城村迁至端氏村，到元至元三年（1266），端氏县并入沁水县，其县治从西汉至元历经1000多年时间。源远流长的历史，使端氏古镇才俊丰蔚，城镇的发展使端氏的手工业、商贸业逐步兴盛起来，其中养蚕和缫丝历史最为悠久，早在唐代，在村内古老的东街就集中着众多的缫丝、织绢等手工业作坊，后来，那些和人们生活、生产有关的粮店、日杂店、骡马店也陆续发展起来。到明清时期，端氏已是店铺林立、商贾云集，成为沁河流域远近闻名的繁华古镇。

窦庄村背靠百里樾山，毗邻蜿蜒沁河。该村是以窦氏、张氏家族为主姓聚居的村落，始建于宋代，窦氏先祖于其时率领族人由陕西扶风迁徙至此，村庄于此时开始兴建。窦氏在宋代有多人在朝为官，甚为显赫。及至明代，一直为窦氏守茔的张氏寒门陆续有才子中举入仕，替代窦氏荣耀乡里。明末农民起义纷起、时局动荡之时，张氏开始组织窦庄城堡的巩固修建。如今窦庄基本保持着明代以来的格局。

郭壁村依山势而建，背山面水，古时，这里曾是沁河的渡口之一。由于它背山临河，村人遂在河边高筑堤坝，远望如郭，实仅一壁，故名郭壁。郭壁村距今已有上千年的历史，村中有着丰厚的历史文化底蕴和民居建筑遗存。除了韩氏进士第之外，还有三槐里和青绸里古建筑群落。因水运发达，经济繁荣，当时人们有"金郭壁银窦庄"之说。现郭壁村已分成郭壁南和郭壁北两个村子。

坪上村和武安村分别位于沁水两岸。村中明清时期格局尚存，堡寨风格显著。武安村相传为长平之战白起屯兵之地，村中兵寨遗址和古代军事地道口尚存。坪上村的坪上古寨（西曲城）规划个性鲜明，结构方正、脉络清晰、布局严谨，很好地反映了建设最初的情况，南侧城门与入城道路的防御功能独具特色。现南北堡门保存完好。

沁河中游六村"一水串联"的空间格局十分明显，其历史渊源与端氏手工业、商贸业的发展相关联，其中养蚕和缫丝的历史最为悠久，以端氏为中心的缫丝、织绢等手工业作坊带动了区域商贸经济的发展，在明清以手工、商贸产业建立起来的村镇体系中，窦庄、郭壁等地处重要商贸节点，曾一度成为各地商客的中途商站、沁河古渡的水旱码头。而武安村与窦庄村的发展历史又与战争有着密切联系。随着历史的推移，六个古村镇在历史上形成了以窦庄、郭壁为中心，集古渡口、古商道、古街市、古寺庙、古城堡为一体，相互协作，功能互补，形成、发展与变迁相互依存的整体，较全面地反映了明清时期沁河流域的社会形态、经济水平和民俗文化。

在 2019 年 7 月的田野调查中，所获资料涉及沁河中游传统堡寨村落的多种遗存，如碑刻、庙宇、戏台、街巷、古建筑群等，这些出现在不同历史时期的传统遗存，蕴含着丰富的时代文化，为反映传统村落各个时期的不同面向提供了大量实物资料。

（四）沁河中游六村形成和兴盛时间

沁河中游传统堡寨村落建村时间有早晚之分，在调查的六村中，窦庄村形成于宋代，坪上村形成于明代以前，其他村落形成时间无考；村落形成原因也各有不同，如窦庄村是因"宦不返流"而迁入此地创建该村，坪上村是因为铁匠刘汉鼎首先在此建村而逐渐发展成形；村落兴盛原因也受到交通、人才、自然资源等诸多要素影响（表3）。经过村庄人口的繁衍生息，家族势力得以更替、自然资源不断开发，明清时期发展繁荣，文风鼎盛。恰因此处位于沁河中游，交通便利，亦为战争频发之地，堡寨的建立和历代修筑彰显了民众的聪明智慧，这也是该区域特色文化的重要组成部分。

表3　沁河中游六个传统堡寨村落形成、兴盛时间统计表

所属镇	村名	形成时间	形成原因	兴盛时间	兴盛原因
端氏镇	端氏村	无考		明清时期	交通便捷、商业兴盛
	坪上村	明代之前	刘汉鼎（铁匠）最先建村	明清时期	刘东星任工部尚书
嘉峰镇	郭壁村	无考		明清时期	水陆渡口优势
	窦庄村	宋代	窦氏因"宦不返流"迁入此地而创村	明清时期	张氏为窦氏守祖茔划地于此，明后仕宦不断
	武安村	无考		明清时期	煤矿资源丰富

资料来源：田野调查资料并结合华中科技大学城市规划设计研究院编制的《沁河流域古村镇保护与发展规划》（2012年12月）整理而成。

（五）沁河中游六村大姓望族

家族宅院分布范围广、规格高，大多始建于明清，明代以单体四合院为主，清代二进院渐多，随着沁河流域人口的增多，为了适应支系繁衍的封建大家庭生活，出现了连体四合院建筑组群，组群内院落间通过甬道、跨院相连通，经历数百年的扩建和更新达到现在家族院落的规模。集中反映了明清时期传统礼制、民俗、封建的意识形态在山西民居中的传承和作用，也反映了明清时期沁河流域文教仕途空前发达的历史盛况。该区域家族大院主要分为官家大院和商家大院两种。官家大院是官宦家族的住宅，根据封建礼制，建筑群等级规格比民居

高，如窦庄村张氏九宅建筑群和窦氏堡东建筑群即属此类；商家大院是由繁盛的商业家族即晋商家族建造经营，多始建于晋商最活跃的清朝。沁河中游的家族大院为合院式，包括三合院和四合院，四合院以"四大八小"的形制最为典型。

历史时期沁河中游家族对传统堡寨村落的建设发展起了至关重要的作用，现今留下的院落也几乎是官宦家族的宅第（表4—5），就连大部分公共建筑，也几乎是由大家族出资兴建，包括庙宇、楼阁、城墙，等等。

表4　沁河中游六个传统堡寨村落家族情况统计

村名	主要家族	家族建筑
端氏村	无	贾景德故居
坪上村	刘氏	刘氏祠堂、石牌坊
郭壁村	王氏、韩氏	王氏宗祠、韩氏宗祠、三槐里、中宪第、石牌坊
窦庄村	窦氏、张氏	窦氏老宅下宅、窦氏老宅上宅、窦家院、张氏九宅、尚书府下宅、尚书府上宅
武安村	赵氏	石牌坊

资料来源：田野调查资料并结合华中科技大学城市规划设计研究院编制的《沁河流域古村镇保护与发展规划》（2012年12月）整理而成。

沁河中游历史时期人才辈出，明清阶段达到高潮：科举鼎盛、官宦辈出，"金郭壁、银窦庄"说的就是郭壁村出的商人多，窦庄村出的官员多（表5）。

表5　窦庄张氏所出官员及其官位和著作

代际	姓名	官位	著作
第一代	张谦光	山东泰政，山东右布政使，司太仆寺卿，加赠昭通议大夫，南京大理寺卿	

代际	姓名	官位	著作
第二代	张官	初封行人司行人，加封户部主持、户部郎中，加赠太仆寺卿，累赠光禄寺大夫，赠兵部尚书	
第三代	张五典	南京大理寺卿，赠兵部尚书、太子太保	《大云寺三松说》《司马文集》
第四代	张铨	赠兵部尚书，巡按辽东，殉国	《张忠烈公奏疏》《鉴古录》《张忠烈存集》《胜游草》《飞蝗叹》《皇明国史纪闻》
	张镜	湖广永州推官	《越吟》《蓬园笔暇》《漫亭诗草》
	张鎔	都察院都事	《晋草明贤传》《史臆》《樜山寺志》
	张珍	封文林郎，宏文院编修	
	张绘	官位记录不详	
第五代	张道澄	江西康德府推官，升湖广常德府通判，历陕西道副使	
	张道濂	保德州正学	
	张道濬	锦衣卫指挥金事，升南镇抚司金事，指挥同知，章邱上幸太学，升指挥使都督同知	《兵燹琐记》《从戎始末》《奏草焚余》《丹坪内外集》
第七代	张心至	沁水县碧峰书院院长	

资料来源：《山西省沁水县窦庄古城堡资料汇编》，窦庄村文物管理员马晓秋提供。

（六）沁河中游六村文献遗存

1. 碑刻文献

碑刻作为历史时期最接近传统村落乡土文化的实物资料，大量散佚在村落中，数量丰富、可信度高。从碑刻所在位置、刊立时间、内容、碑阴、碑额等大量信息可以推断出村庄和庙宇的创建时间,庙宇类型、数量等重要信息,具有重大研究价值。在沁河中游进行的田野调查中,一共收获103通碑刻(参看附录1),其中32通为田野调查新发现碑刻,另外71通已收录进《三晋石刻大全》和《沁水碑刻搜编》。根据碑刻内容划分为创、重修庙、寺、祠碑(含功德碑),墓志铭、诰封、封赠碑,祭田碑,寺规、族规碑,情况说明碑等5种类型,分别刊立于宋代、元代、明代、清代、中华民国和中华人民共和国时期(表6)。在89通可辨识内容的碑刻中,创、重修庙、寺、祠碑和墓志铭、诰封、封赠碑数量丰富,分别占总数的56.18%和37.08%,其他三种类型碑刻数量只占总数的6.74%;刊立于明代和清代的碑刻数量分别占总数的34.83%和48.31%,中华民国和中华人民共和国时期刊立碑刻数量较少,刊立碑刻数量最少的宋代和元代分别只占总数的1.12%。

表6 沁河中游六村碑刻时间、类型统计 单位:通

类型	宋代	元代	明代	清代	中华民国	中华人民共和国	总数
创、重修庙、寺、祠碑(含功德碑)	0	1	17	24	1	7	50
墓志铭、诰封、封赠碑	1	0	14	15	2	1	33
祭田碑	0	0	0	2	1	0	3
寺规、族规碑	0	0	0	2	0	0	2
情况说明碑	0	0	0	0	0	1	1
总数	1	1	31	43	4	9	89

注:该表统计以可辨识内容和刊立时间的碑刻为数据来源。

资料来源:车国梁:《三晋石刻大全·晋城市沁水县卷》,山西古籍出版社,2012年;贾志军主编:《沁水碑刻搜编》,山西人民出版社,2008年;田野调查所得。

2. 纸质文献

家谱、契约、书信、诉状、票据、账本、说单等类型多样的民间文献是复原传统村落历史面貌的重要参考材料，它们数量丰富，涉及村庄内的家族、纠纷、财产、世系、衣食住行等各个方面，为展现传统村落的多面向做出贡献。本次田野调查共收获合同书、契约、家谱、书信、说单、通行证、债券、选票、账本等十几种民间文书，涉及时间自宋元至中华人民共和国时期，共2500余页（参看附录2、3），主要来源于窦庄村马晓秋和坪上村贾志军处。

马晓秋，山西省晋城市窦庄村文物保护工作人员，通过查阅史料典籍、实地查看、分析归纳等方式掌握窦庄历史脉络、景观特质，长期从事窦庄古建保护、申遗工作，多年来整理了《窦氏家谱》《张氏合族谱》《王氏家谱》《霍夫人传》《窦氏家训（集古）》《窦庄古民居匾额汇总》等资料，收集了仰韶时期的石器、清代的诉状、民国的账本、晋冀鲁豫边区生产建设公债息票等大量珍贵资料。

贾志军，山西省晋城市坪上村人，长期搜集沁水县历史人物、碑刻等资料，编有《沁水碑刻搜编》《沁水历史人物辑——沁水县政协文史资料》《热血献闽疆——沁水县政协文史资料》等。

（七）沁河中游六村物质遗存

在沁河中游六个传统堡寨村落中，保留有大量传统物质遗存，古街、堡寨、庙宇等作为村落中的重要组成部分，印证着村落的历史变迁。

1. 古街遗存

端氏、郭壁村毗邻沁河，地理位置十分重要，历史时期作为南北货物往来的重要节点，均分布有古商道，为沟通区域间文化、经济等做出重要贡献，窦庄村明清时期街巷格局保存良好，现今仍作为村中重要干道发挥作用（表7）。

表7 沁河中游六个传统堡寨村落中的古街遗存统计表

村镇	类型	名称	街道特色/现状	备注
端氏	古商道	北街、西街、东街	明清街巷内店铺林立，较大的商号有复兴楼、源顺祥、同兴和、育合昌等，现北街尚能找出少数票号遗址	商业重镇，自古被称为沁东地区的旱码头
窦庄	古街	集上街、南街、北街、十字街	明清三纵一横街巷格局完好，重要的历史建筑基本上都分布在这几条主要道路两侧	堡寨型村镇，明清街巷格局保存良好
郭壁	古商道	五里长街	沁河边有名的商业重镇，连接南北的古商道，现在依然是郭壁主要的机动车道路	

资料来源：田野调查资料并结合华中科技大学城市规划设计研究院编制的《沁河流域古村镇保护与发展规划》（2012年12月）整理而成。

2. 堡寨遗存

作为历史时期保卫村落重要屏障的堡寨建筑，在沁河中游六村中，其分布和修建均与自然地理环境相结合，建于村中高地或者临河断崖处，提高保卫效果；堡寨防御体系多数完整，寨门、藏兵处、地道、瓮城等一应俱全，现可从其残存的遗址中窥其风貌，其中保存最完整、最典型的是窦庄古堡。窦庄古堡虽然只保存了一段城墙、南城门，但是在六村中已经是最为完整的了（表8）。

表8 沁河中游六个传统堡寨村落中的堡寨遗存统计表

村镇	堡寨遗存	堡寨特色/现状
端氏	端氏古寨	由南、北两寨组成，位于端氏镇东、北两侧，为土坯砌筑。现两寨城墙已毁，仅北寨保留有残墙和清末修筑的西寨门

村镇	堡寨遗存	堡寨特色/现状
郭壁	郭北寨	方圆二里，寨分南北门，南门三层建筑高大宏伟，北寨为寨门，寨墙东西为下石、上砖，西为夯土墙，北墙半石半土墙，现为人拆除
	郭南寨	城中有寨，后世城寨合为一体，形成城抱寨，外看是城，里看是寨
武安	武安寨	位于沁河边，地形险要。寨内有地道通往村中，现已损毁
窦庄	窦庄古寨	规模较大，城墙外设藏兵洞、城墙内设瓮城，防御设施齐全，保留并修复了一段城墙，南门也较为完整
坪上	坪上寨	围村修筑起约4米高的城墙，土砌修筑，四边有门。现仅南、北两座堡门及东南角约10米土墙保存，古堡边界较明显
坪上	花沟寨	南北长约160米，东西宽不足60米，设东南两门，院内有十余座院落，保存基本完好

资料来源：华中科技大学城市规划设计研究院编制的《沁河流域古村镇保护与发展规划》（2012年12月），结合笔者的田野调查资料整理而成。

如，窦庄古堡由张氏主持修建于明末战乱时期。张五典在朝为官时就已经察觉到国内民事动荡，世道有乱，"初，五典度海内将乱，筑所居窦庄为堡，坚甚。"[①] 窦庄城建于明天启三年（1623）到崇祯二年（1629），历时7年而成。

窦庄堡墙高12米，厚1.5米，周近2000米，墙头四角高筑五层碉楼，八面设窗，形成良好的视线，利于防御。城外绕墙设置藏兵洞，每洞容五人藏身。城内一条石板街，宽五尺，长3513.3米。东、西、南、北四个大城门和四个小门，高而窄狭，宽不容车。四大门之外，各设瓮城一道。城内四大门互不串通，各成一区，以备战时一门失守，不

---

① [清] 张廷玉：《明史》卷291《忠义三·张铨传》，中华书局，2007。

可殃及它门。大门通街，小门通巷。城内民宅，则于各独立体之间的二层设置过街楼道，明隔暗通，互相串连，一旦有急，便于逃生。整个堡墙与堡内民居形成了一个完整的防御体系。堡建成后，张氏又将原居所改造，形成了今日看到的"尚书府"和三串院，并修筑瓮城门，与窦庄堡的八座城门合称"九门九关"①。

窦庄堡墙建成后不久，明末农民起义就波及此处。明崇祯四年（1631）农民军进犯沁水。此时，张五典已去世，张铨也于天启元年（1621）战死于辽东，张铨之子道济、道泽都在京为官，窦庄张氏只有老弱妇孺。面对突至之敌，庄内大部分人都建议"弃堡去"，唯有铨妻霍氏对其少子道澄曰："避贼而出，家不保；出而遇贼，身更不保，等死耳，盍死于家。"在她的带领下，窦庄得以保全。崇祯五年，张道澄已回到窦庄，此时，窦庄面临着农民军的屡次进攻，"八月，紫金梁、老回回、八金刚等以三万众围窦庄……道澄屡败贼。"②窦庄也被佳表为"夫人城"③。

3. 庙宇遗存

庙宇作为中国传统村落中的重要文化载体，在沁河中游六村中亦有大量分布，其中郭壁村分布最多，有五座；武安村分布三座；窦庄村、坪上村各分布两座；端氏村分布一座。在这些庙宇中，修建时间从宋金延伸至明清，最早的为端氏村汤王庙，修建于宋代，另有四座庙宇修建时间不详，偶像有财神、汤帝、关帝、城隍、崔府君、观音、三官、泰山、玄帝等，其中规模最大的当属郭壁村的崔府君庙（表9）。

---

① 《山西省沁水县窦庄古城堡资料汇编》，窦庄村文物管理员马晓秋提供。
② [清] 张廷玉：《明史》卷 291《忠义三·张铨传》，中华书局，2007。
③ 史载"夫人城"还有襄阳夫人城与范夫人城。襄阳夫人城，《晋书·朱序传》：晋孝武帝太元三年（378），前秦南下，朱序固守襄阳，其母韩氏巡城，见西北角当先受敌而城又破败，遂率家婢及城中女流筑新城二十余丈。"贼攻西北角，果溃。众便固新筑，（苻）丕遂引退。襄阳人谓此城为夫人城。"又范夫人城，《汉书匈奴传》："汉军乘胜追北，至范夫人城。"颜师古注："本汉将筑此城，将亡，其妻率余众完保之，因以为名也。"王先谦补注："赵州城、范夫人城，并在喀尔喀界内。"光绪《沁水县志》卷10《兵燹》，载自田同旭，马艳主编：《沁水县志三种》，山西人民出版社，2009。

表9　沁河中游六个传统堡寨村落中的庙宇遗存统计表

村镇	庙宇	修建年代	建筑特色/现状	文保等级
窦庄村	财神庙	清代	现存建筑为清代风格，中轴线上为山门、正殿，两侧为厢房、耳殿	全国重点
	三圣阁	明代	不详	
	佛庙	元代	现存正殿为元代遗构，其他建筑为明清风格，为一进院，有正殿三间、耳殿及东西配殿，正殿坐北朝南，三开间，前出廊，悬山顶	全国重点
	汤帝庙	不详	不详	
	关帝祠	不详	不详	
端氏村	汤王庙	宋代	主要建筑有山门、正殿、献殿、左右配殿等。正殿年代最古，为宋代遗构。殿宇形制壮观，结构规整，构件衔接牢固有力，唯宽深比例悬殊，为现存古建筑中所仅见	县级重点
	城隍庙	不详	不详	
郭壁村	崔府君庙	金代	现存正殿、舞楼为金元时期建筑，其余建筑为清代风格，中轴线由南至北建山门、戏台、关帝殿、舞楼、崔府君殿，两侧有钟鼓楼、阎王殿、子孙祠、厢房、文成殿、白龙殿	全国重点
	元武庙	明代	不详	
	观音阁	明代	坐北朝南，单体建筑，单檐硬山顶，现保存较好	
	擎殿	不详	不详	
	文庙	清代	不详，不存	
	大庙	不详	不详	
	玄武庙	明代	不详	
	佛庙	不详	不详	
	关爷庙	不详	不详	
	三官庙	清代	北大殿竖有三官竖像，有拜亭一所，内设大钟一个，石碑一个。现已不存	
	泰山庙	不详	重修建筑	

村镇	庙宇	修建年代	建筑特色/现状	文保等级
坪上村	汤帝庙	元代	坐北朝南，一进院落，南北中轴线上依次有香亭、黑虎殿、舞楼遗址、正殿，两侧依次有山门、钟鼓楼、厢房、耳殿、正殿等	
	玄帝庙	明代	坐北朝南，一进院落，中轴线上分布有过路通道、正殿、戏台，正殿为单檐硬山顶，正殿与戏台均位于过路通道之上	
	修真庵	不详	不详	
武安村	惠济寺	明代	前后两进院落，保存基本完整，中轴线上有山门、中殿、正殿，两侧有东西配殿。正殿内东西墙上原有清代工笔重彩佛教壁画，画有文武官僚女冠贤士八十条幅，线条流畅，表情自如	县级重点
	汤帝庙	清代	现存建筑为清代风格，一进院落布局，中轴线上依次有山门、献殿、正殿，两侧建有妆楼、看楼、厢房、耳殿	
	白衣阁	清代	不详	
	大庙	明代以前	现存建筑过殿、舞台及山门檐柱柱础具有明代风格，其余建筑皆清代风格，中轴线上由南而北建有影壁、山门、前殿、舞台、拜亭、正殿（已毁）	县级重点
	关帝庙	不详	坐北朝南，一进院落，中轴线上分布有过殿和正殿，现破损严重，有琉璃脊饰	

资料来源：田野调查资料并结合华中科技大学城市规划设计研究院编制的《沁河流域古村镇保护与发展规划》（2012年12月）整理而成。

4. 传统格局

所谓传统格局是指历史时期形成的由街巷、建筑物、构筑物本身特征结合自然景观构成的布局形态，主要构成要素包括轴线、道路、水系、山丘等，不仅体现选址布局的基本思想，也记录和反映城镇、村庄格局的历史变迁。[1] 沁河中游六村都保留了较为完整的传统格局，

---

[1] 国务院法制办农业资源环保法制司，住房和城乡建设部法规司，城乡规划司编：《历史文化名城名镇名村保护条例释义》，知识产权出版社，2009。

其中以窦庄村最为完整，可以看作中国传统村落的活化石，其村内道路格局、建筑布局、村外沁河和樾山等保存完好。

居住空间以祠堂为核心分为两部分：位于堡内的以窦氏祠堂为核心的窦氏宅群，位于村西瓮水滩的以张氏祠堂为核心的张氏宅群。二者的相对位置自宋代窦庄建村至今没有发生变化。防御空间以堡墙为核心，位于村落的东南部，堡内面积约占村落总面积的一半。信仰空间集中分布在村落的外围，形成了外围4个和村内1个共5个相对集中的空间群。一个位于村东，由抱瓮阁、文庙和魁星阁组成；一个位于村北，由丁子阁、张仙阁、北庙和北阁组成；一个位于村西，由关帝庙、汤帝庙、土地祠和忠烈祠组成；一个位于村南，由眼光阁、火星庙和咽喉阁组成。村内由佛庙和观音堂组成，是村落信仰空间的核心。休闲空间即张氏修建的南花园、大花园和小花园，位于村落的西南部，与张氏尚书府上宅组成一个居住—休闲空间体。以渡口为代表的水域空间位于窦庄的北侧和西侧，北侧的清代渡口仍在使用，西侧的明代渡口已经废弃（图7）。

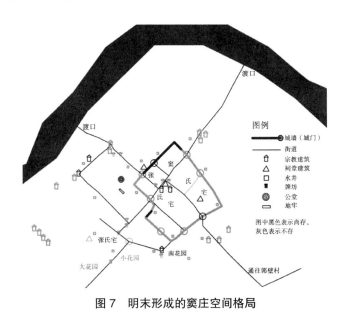

图7　明末形成的窦庄空间格局

资料来源：作者自绘。

三、沁河中游堡寨村落的特征

（一）沁河中游传统堡寨村落的普遍性特征

传统村落是指拥有物质形态和非物质形态的文化遗产，是我国丰富多彩传统文化的重要载体。沁河中游传统堡寨村落中保存较好的古街、庙宇、堡寨、民居、碑刻、家谱、契约、书信、诉状、票据、账本、说单等大量历史遗存，同我国其他地区的传统村落一样，都可以通过调查，分析区域内传统村落建设的背景、发展的原因、空间格局演变等问题，在复原我国历史时期聚落建设、民众日常等诸多方面发挥重要作用。传统堡寨村落中蕴含深厚的历史文化信息是不可再生的宝贵文化遗产，具有较高的历史、文化、科学、艺术、社会、经济价值。

（二）沁河中游传统堡寨村落的特殊性特征

在本次调查中，通过对田野收获资料的归类、整理发现，沁河中游传统堡寨村落具有一般传统村落所不具备的性质和历史遗存，在南太行山区传统村落群中亦特色鲜明、别具一格、独树一帜，是沁河中游民众团结一致、防敌御侮思想的重要体现，值得学界更加全面、深入地进行研究。其特殊性表现在以下三个方面：

1. 该区域有大面积保存较为完好、设施较为全面的堡寨遗存，因为"明末农民起义、浓厚的科举氛围、望姓家族"而形成的具备"防御设施的综合性""先住后防、住防结合、以住为主、以防为辅""民居建筑的官宦性"[①] 等三大特征的堡寨的良好保存，是该区域历史文化的重要组成部分，反映了明末清初该区域民众为保护家园而做出的种种努力。

2. 沁河中游传统堡寨村落中科举之风鼎盛、家族势力庞大，"进

[①] 刘伟国，郝平：《南太行山地区堡寨村落的形成和特点——以沁河流域的窦庄村和郭峪村为例》，《山西大学学报（哲学社会科学版）》，2019（1）。

士第"门楼无论是在窦庄还是郭壁等村几乎随处可见，如窦庄张氏于明代耕读发家，自张谦光算起，辉煌不下七代，官宦世家的长期存在又成为家族势力巩固的重要原因。郭壁村的王氏、韩氏，窦庄村的窦氏、张氏以及坪上村的刘氏等，在各自村落中相应历史时期都具有绝对话语权，如窦庄张氏在村北处私设有公堂和地牢，用于调解纠纷和惩罚犯人，是我国现存非常罕见的一处吏治类古代建筑。

3. 区域内信仰种类多样，如财神、崔府君、观音、关帝、汤帝、城隍等，儒释道并行，最主要的信仰对象为崔府君、汤帝和关帝。同样在晋东南地区的浊漳河流域（黎城段）主要信仰对象为龙王和观音，陵川县主要信仰对象为关帝、高禖和二仙，高平市信仰类型多样，却无崔府君。可见，崔府君信仰为沁河中游传统堡寨村落信仰的特色。当然，这一点是否具有独特性，还需要对其他地区传统村落信仰进行调查之后才能确定。

四、余论

传统村落是一个微观对象，传统村落不是孤立的对象。宏观、中观尺度下的地理研究存在无法细致探讨地理要素对研究对象的影响的弊端，单体的传统村落研究存在着不能准确反映区域传统村落历史发展过程及其特征的弊端，以行政区域为研究范围割裂了自然地理环境的完整性，不利于客观、科学的剖析传统村落的形成和发展过程。

因此，宏观、中观、微观尺度的结合，重视以自然区划为单位的传统村落群（包括尚未进入住建部中国传统村落名录的村落）的研究，同时加强传统村落研究中民间文献资料的搜集、整理和使用，是未来研究中值得注意的问题。本次调查就是基于上述考虑的一次尝试，从初步的情况来看，有一定的收获，具体效果如何，还需要进一步的研究。

附录

附录1　沁河中游六村碑刻统计表

位置	碑名	刊立时间	来源
窦庄村	西曲里建关帝祠记	明	《沁水碑刻搜编》
窦庄村	宋故赠左屯卫大将军窦府君碑铭	1105年	《三晋石刻大全》
窦庄村	明故显考增生张公配姚王氏碑记	1579年	《三晋石刻大全》
窦庄村	明故显考廪生张公配姚李氏杨氏	1579年	《三晋石刻大全》
窦庄村	张五典祖父母诰命碑	1619年	《三晋石刻大全》
窦庄村	建三圣阁记	1636年	《三晋石刻大全》
窦庄村	宋窦将军墓	1704年	《三晋石刻大全》
窦庄村	皇清公举孝廉方正庠 生千子窦公墓志铭	1737年	《三晋石刻大全》
窦庄村	窦氏宗庙祠记	1740年	《三晋石刻大全》
窦庄村	清故增生张府君暨配孺人 韩氏梁氏杨氏合葬墓志铭	1746年	《三晋石刻大全》
窦庄村	补修南城记	康熙年间	《三晋石刻大全》
窦庄村	明巡按辽东监察御史赠大理寺卿赠 兵部尚书谥忠烈见平公神道碑	天启年间	《三晋石刻大全》
窦庄村村口	创修窦庄沁河大桥记	2004年	田野调查
窦庄村村口	捐资碑	无（新碑）	田野调查
窦庄村佛堂	沁水县窦庄村新修佛堂记	1288年	《三晋石刻大全》
窦庄村佛堂	重建伽蓝护法殿记	1749年	田野调查
窦庄村佛堂	无	1819年	田野调查
窦庄村佛堂	新修盂兰殿小记	1827年	田野调查
窦庄村路边	残碑	漫漶不清	田野调查

位置	碑名	刊立时间	来源
窦庄村 燕桂传芳院	无（石牌）	乾隆	田野调查
端氏村	清诰授中宪大夫直隶定州同知调任 曲阳县知县盖公柳塘墓志铭	1918年	《三晋石刻大全》
端氏村	诰封奉政大夫候选 训导先考寅清府君行状	1936年	《三晋石刻大全》
端氏村	重修端氏镇城隍庙碑记	清	《三晋石刻大全》
郭壁北村	郭壁文庙祭田碑记	1685年	《三晋石刻大全》
郭壁北村	孝廉韩诏元墓表	1850年	《三晋石刻大全》
郭壁北村 村口	郭壁北村沁河大桥碑记	2009年	田野调查
郭壁北村	□□□□姚王氏合葬之墓	1774年	田野调查
郭壁北村	故祖王公孟秋配霍氏之墓	无	田野调查
郭壁北村 韩氏祠堂	例言十一则	清	《三晋石刻大全》
郭壁北村 韩氏祠堂	重修玄武阁碑记	1671年	田野调查
郭壁村	明故庠生仁宇韩公墓志铭	1596年	《三晋石刻大全》
郭壁村	明故待赠韩夫人郭氏墓志铭	1620年	《三晋石刻大全》
郭壁村	明韩氏创建祠堂记	1627年	《三晋石刻大全》
郭壁村	明茂才赵玄珍生圹祔配王氏张氏记	1628年	《三晋石刻大全》
郭壁村	郭壁创建元武庙碑记	1631年	《三晋石刻大全》
郭壁村	三官庙记	1645年	《三晋石刻大全》
郭壁村	司训王公暨三孺人墓志铭	1649年	《三晋石刻大全》
郭壁村	封赠王同春父御制碑	1661年	《三晋石刻大全》

续表

位置	碑名	刊立时间	来源
郭壁村	封赠王同春母孺人御制碑	1661年	《三晋石刻大全》
郭壁村	郭壁镇重修边墙记	1742年	《三晋石刻大全》
郭壁村	重修河崖坡碑	1821年	《三晋石刻大全》
郭壁村大庙	补修廊垣并增置桥木记	1828年	《三晋石刻大全》
郭壁村祖师庙	郭壁创建玄武庙碑记	1604年	《三晋石刻大全》
郭壁南村	郭壁镇恢复神殿记	1565年	《三晋石刻大全》
郭壁南村	郭南村府君庙诗碣	1576年	《三晋石刻大全》
郭壁南村	"松筠节操"碑	1885年	《三晋石刻大全》
郭壁南村	郭壁南村修建沁河大桥碑记	1999年	《三晋石刻大全》
郭壁南村府君庙	郭壁府君庙重修记	1528年	《三晋石刻大全》
郭壁南村府君庙	郭壁镇重修子孙祠记	1565年	《三晋石刻大全》
郭壁南村府君庙	重修府君神祠记	1576年	《三晋石刻大全》
郭壁南村府君庙	郭壁镇重修府君庙记	1607年	《三晋石刻大全》
郭壁南村府君庙	补修大庙记	1674年	《三晋石刻大全》
郭壁南村府君庙	助修戏台姓字	1731年	《三晋石刻大全》
郭壁南村府君庙	补修大庙记	1842年	《三晋石刻大全》
郭壁南村府君庙	文庙重立祭田碑记	1926年	《三晋石刻大全》
郭壁南村府君庙	崔府君庙舞楼重修碑记	1999年	《三晋石刻大全》
郭壁南村府君庙	明韩氏列祖左冢	明	《三晋石刻大全》

位置	碑名	刊立时间	来源
郭壁南村府君庙	郭壁镇补修府君庙记	1666年	田野调查
郭壁南村府君庙	不清	1686年	田野调查
郭壁南村府君庙			
	□□□□记	1836年	田野调查
郭壁南村府君庙	捐银碑	漫漶不清	田野调查
郭壁南村府君庙	新修子孙祠记	漫漶不清	田野调查
郭壁南村府君庙	残碑	无	田野调查
郭壁南村府君庙	漫漶	无	田野调查
郭壁南村观音阁	郭壁重修观音阁碑记	1852年	《三晋石刻大全》
郭壁南村观音阁	入砦东门观音阁记（壁碑）	1638年	田野调查
坪上村	重建修真斋记	1504年	《沁水碑刻搜编》
坪上村	明故寿官西山刘公暨配杨氏合葬墓志铭	1576年	《三晋石刻大全》
坪上村	刘东星父母诰封碑	1583年	《三晋石刻大全》
坪上村	明故累封嘉议大夫吏部右侍郎松岩刘公神道碑	1596年	《三晋石刻大全》
坪上村	明故资善大夫工部尚书兼都察院右副都御史赠太子少保晋川刘公神道碑	1601年	《三晋石刻大全》
坪上村	谕祭刘东星文	1606年	《三晋石刻大全》
坪上村	重修玄帝阁记	1705年	《三晋石刻大全》
坪上村	明赠嘉议大夫吏部右侍郎刘公墓碑	万历年间	《三晋石刻大全》
坪上村	皇清待赠王太孺人墓志铭	1696年	《三晋石刻大全》

续表

位置	碑名	刊立时间	来源
坪上村	皇清待赠贾公暨配孺人合葬墓志铭	1700年	《三晋石刻大全》
坪上村	皇清例授文林郎吏部拣选 知县官学教习庚子科举人淇园 张公暨德配霍孺人合葬墓志铭	1858年	《三晋石刻大全》
坪上村	刘东星碑记	2008年	田野调查
坪上村	创修后殿并两耳殿碑记	1696年	田野调查
坪上村 玄帝庙	通沁门	1578年	田野调查
坪上村 张氏宅院	皇清例驰赠修职佐郎从九品典文张 公暨配刘孺人合葬墓志铭	1853年	田野调查
武安村	惠济寺碑记	1541年	《三晋石刻大全》
武安村	泽州沁水县武安惠济寺 修造安禅圆满碣记	1547年	《三晋石刻大全》
武安村	重修惠济寺碑	1560年	《三晋石刻大全》
武安村	白衣阁创修记	1777年	《三晋石刻大全》
武安村	重修白衣阁碣记	1928年	《三晋石刻大全》
武安村	重修关帝庙记	2000年	《三晋石刻大全》
武安村	重修惠济寺碑记	2000年	《三晋石刻大全》
武安村	武安村碑记	2005年	《三晋石刻大全》
武安村 关帝庙	重修舞庭记	1729年	《三晋石刻大全》
武安村 关帝庙	补修正殿碑记	1746年	《三晋石刻大全》
武安村 关帝庙	各庙地土碑记	1873年	《三晋石刻大全》
武安村 关帝庙	捐资碑	无	田野调查
武安村 关帝庙	捐资碑	无	田野调查
武安村 惠济寺	公议寺规	1768年	《三晋石刻大全》

位置	碑名	刊立时间	来源
武安村惠济寺	重修惠济寺记	1810年	《三晋石刻大全》
武安村惠济寺	残碑	漫漶不清	田野调查
武安村惠济寺	残碑	漫漶不清	田野调查
武安村惠济寺	无	漫漶不清	田野调查
武安村惠济寺	捐资碑	无	田野调查
武安村汤王庙	汤王馆兴造记	1713年	田野调查
武安村汤王庙	修建汤帝庙钟鼓楼廊房□□角门碑记	1794年	田野调查
武安村汤王庙	捐资碑	无	田野调查

附录2　窦庄村纸质文献统计表

类型	名称	时间	主要内容	数量	保存状况
公债券和公债息票	晋冀鲁豫边区生产建设公债券	1941年	五元，薄一波、杨秀峰、戎五胜	1页	良好
	晋冀鲁豫边区生产建设公债息票	1941年	票号：1025920	10页	良好
合同	分产合同	1848年	财产清单	3页	良好
家谱	窦氏家谱	宋至明清	明清时期窦氏族人世系图、行寔、茔域、家传志铭、戚属、家法、旧家谱等	81页	良好
	世系图	无	十二世族人名单	1页	较好
	王氏家谱（新）	清末以来	王氏家族墓地变迁，在李庄、窦庄的分支情况	53页	良好
	张氏家谱	明清时期	明清时期张氏族人信息	114页	部分佚失

续表

类型	名称	时间	主要内容	数量	保存状况
票据	借据	1941年	张孝伯借给窦达孝六十元及利息、同中人	1页	良好
	收款票据	1943年	孙文智收窦达孝欠款	1页	良好
	收款票据	无	张孝伯收窦纯忠典买大洋七十元整	1页	良好
	收款票据	无	收到公粮小米	1页	较好
	买卖票据	中华民国	团结烟、猪肉、中口烟、白酒、中心烟、酱、中星烟、花椒、姜、花生、猪头等物价	34页	良好
其他	其他	无	粮食种植、土地、财务、卖地情况、运动动作	22页	较好
契约	典契	1860年	典地范围	1页	破损严重
	卖地契	1865年	卖地原因、卖地范围、价值银两、立契人、同中人	1页	良好
	卖房契	1913年	卖房原因、卖房范围、立契人、族长、同中人、书人	1页	良好
	卖地契	1916年	卖地原因、卖地范围、价值银两、立契人、同中人、书人、中华民国印花税票	2页	良好
	卖地契	1917年	卖地原因、卖地范围、价值银两、立契人、村长、说合人、书契人、章程摘要	2页	良好
	卖地契	1920年	卖地范围、价值银两、立契人、村长、同中人	2页	破损
	兑换地基	1921年	两家兑换地基缘由及地基范围、同中人	1页	良好

类型	名称	时间	主要内容	数量	保存状况
契约	卖地契	1921年	卖地原因、卖地范围、价值银两、立契人、同族弟、同中人、税款	2页	良好
	卖房契	1921年	卖房原因、卖房范围、价值银两、立契人、同中人	1页	良好
	说明	1923年	契约立后说明、立契人、同中人	1页	良好
	靠房揭约	1923年	欠款及欠款归还不上的赔偿、立约人、同中人	1页	良好
	卖地、房契	1927年	卖出原因、卖出范围、价值银两、立契人、写契人、公证人、同中人、缴县存根	1页	良好
	卖地契	1929年	卖地原因、卖地范围、立契人、同中人、书人	1页	良好
	卖地契	1930年	卖地原因、卖地范围、价值银两、立契人、写契人、公证人、中人、民国政府印花税票	2页	良好
	典契	1931年	典地原因、典地范围、典价、同中人、书人、立契人	1页	良好
	典契	1932年	典地原因、典地范围、同中人、同书人、立契人	1页	良好
	卖地契	1932年	卖地原因、卖地范围、价值银两、立契人、同胞叔、同中人	1页	良好
	拦约	1933年	立约原因、立契人、书人	1页	良好
	拦约	1934年	立约原因、立约人、同人	1页	良好
	卖地契	1937年	卖地缘由、土地范围、立契人、说合人、书证人、村长、同中人、税款、收款人	2页	良好

续表

类型	名称	时间	主要内容	数量	保存状况
契约	典契	1937年	典地原因、典地范围、典价、同中人、书人、立契人	1页	良好
	揭约	1938年	借款金额及利息、立约人、同户族人	1页	良好
	裸状	1939年	土地租谷斤数、同中人、文字人、出人	1页	良好
	典地契	1939年	典地原因、典地范围、同中人、立契人	1页	良好
	揭约	1939年	借款数额以及借款利息、同中人、立契人	1页	良好
	转典契	1939年	典地原因、典地范围、价值银圆、立契人、同中人	1页	良好
	卖地契	1939年	卖地原因、卖地范围、价值银两、立契人、村长、同中人、书契人、说合人、税款	2页	良好
	卖地契	1940年	死契、卖地范围	1页	良好
	卖地契	1940年	欠钱卖地缘由	1页	良好
	典地契	1940年	典地原因、典地范围、同说合人、立契人	1页	良好
	裸状	1940年	租谷斤数、同中人、立契人	1页	良好
	典契	1941年	典卖原因、典卖物品、立契人、同中人	1页	良好
	典契	1941年	典卖原因、典卖物品、立契人、同中人、书人	2页	良好
	揭约	1941年	土地、银两数额、同中人、立契人	1页	良好
	典契	1941年	典当物品、出租金额、立契人、同中人	1页	部分破损
	卖地契	1941年	卖地原因、卖地范围、价值银两、立契人、村长、同中人、税款、说合人	2页	良好

类型	名称	时间	主要内容	数量	保存状况
契约	典契	1942年	典当土地亩数、立契人、说合人、书证人、村长、同中人、税款、收款人	1页	良好
	典契	1942年	立契人、典当物品、税款、村长、说合人、收款人	1页	良好
	裸状	1942年	土地租谷斤数、同中人、立契人	1页	良好
	卖地契	1942年	卖地原因、卖地范围、价值银两、立契人、村长、同中人、税款、说合人	2页	良好
	说明	1943年	契约立后说明、立契人、同说合人	1页	良好
	卖地契	1943年	卖地原因、卖地范围、价值银两、立契人、同中人、出人、村长、农会、说合人、书证人、税款	2页	良好
	卖地契	1947年	卖地原因、卖地范围、价值银两、立契人、农会、村长、同中人、书人	1页	部分破损
	卖房契	1947年	卖房原因、卖房范围、价值银两、立契人、同中人、出人、村长、农会、说合人	2页	破损
	典契	无	典卖银两、典卖人	1页	较好
	典契	无	典卖银两、典卖人	1页	较好
	卖房契	中华民国	卖房原因、卖房范围、价值银两、立契人、同中人	1页	良好
	卖庭房契	中华民国	卖出原因、卖出范围、价值银两、立契人、同中人	1页	良好
	卖地契	中华民国	卖地原因、卖地范围、立契人、公证人、说合人、书契人、草契、草契缴县联、章程摘要	1页	良好

续表

类型	名称	时间	主要内容	数量	保存状况
申请书	中苏友好协会沁水支会会员入会申请书	20世纪50年代	入会动机、目的等	1页	较好
书信	书信	无	工作、介绍信	1页加信封	稍有破损
	给互助组的一封信	1951年	工作布置	1页	良好
	书信	20世纪50年代	税收手续不齐	1页	良好
说单	说单	清	财产纠纷	11页	较好
说明书	赛力散使用说明	20世纪50年代	性状、防治病害、用法、用量、注意事项等	1页	较好
	古伯依多使用说明	20世纪50年代	性状、防治病害、用法、用量、注意事项等	1页	较好
诉状	诉状	1635年	家产纠纷	1页	良好
	诉状	1830年	财产分配争端	1页	良好
	诉状	19世纪30年代	收租不公	1页	部分破损
	诉状	19世纪30年代	谋产赖租	1页	较好
通行证	通行证	1939年	窦字第104号，张世长	1页	良好
文件	互助组结转清单	1947年	财产数目、开除人员名单	1页	良好
	损失统计表	1950年	第一、二、三、四、五区煤、米损失情况	1页	稍有破损
	生产工作简报	1951年	优军代耕等工作汇报	5页	稍有破损
	郭壁村霍连富互助组向全区互助组竞赛书、霍连富互助组向全区互助组的挑战书	1951年	组内政治、文化、学习、犁地、修整麦田、积肥及麦田施肥、秋收选种等项比赛	2页	较好

类型	名称	时间	主要内容	数量	保存状况
文件	沁水县第二区后马元村、治内村妇联在夏征工作上向全县各村挑战书	1951年	深入抗美援朝宣传等项挑战	1页	良好
	春季荒山播种、沿河植林、合作造林统计表	1951年	松、柏、杨、柳、椿树种植和相关人员情况	1页	良好
	房产土地登记	1951年	房产、土地数量登记	126页	部分破损
	窦庄村各种材料临时登记册	1951年	选种、交粮、通粮模范，最坏的、最后交粮人员，送借米数，土地产量人口牲畜统计、秋征工作安排，农业照顾情况，麦田播种面积调查表，秋季选种统计表，土地房屋所有证登记表，征粮记录等	26页	较好
	房产登记	1951年	房产户主、房产范围	45页	部分损坏
	农用药械分配表	1952年	春季、夏秋、全年供药济分配数，温度计、喷雾器、喷粉器、红矾、七寸步犁、五寸步犁、一六六犁、小型锄草机、玉米脱粒机等分配情况	2页	稍有破损
	药械使用法	1952年	肥田粉、六六六粉、红矾、赛力散、硫酸铜、王铜施用方法	5页	稍有破损
	农林生产各种任务具体要求数字	1952年	水渠条数、辘井数、水车数、浇地数、要求浇地数，谷子、玉茭、棉花数等情况	4页	稍有破损
	县代行工作具体布置	1952年	封面	1页	良好
	窦庄乡党内情况	1954年	党内基本数字、犯错误受处分的党员	7页	良好

续表

类型	名称	时间	主要内容	数量	保存状况
文件	沁水县人民政府下发窦庄村的文件及窦庄村汇报、总结文件	20世纪50年代	通知、指示、命令、通报、工作计划、公示、技术研究、汇报材料、意见	218页	部分破损
	植树造林任务表	20世纪50年代	荒山播种、沿河插木、□野生苗等国营、私营、合作情况	1页	稍有破损
	棉麻种植面积要求表	20世纪50年代	棉花、潞麻要求亩数	1页	稍有破损
	出卖证明书样本	20世纪50年代	出卖证明书、证明书存查	1页	较好
	村庄情况	无	鸡、羊只数，花生、棉花、烟叶、芝麻、高粱、谷、豆、玉茭种植情况，土地情况	3页	良好
	记录	无	村公所取物品记录	1页	良好
选票	选举代表票	无	选举代表姓名及票数统计	1页	较好
	选票	1943年	主席、副主席、秘书、民政主任、财政主任等职位名称及候选人	1页	良好
账本	买泰志盛地分拨正粮银底稿（清张五美家族账册）	1846—1877年、1942年	地亩单、银两数额、买到土地范围及金额	99页	部分损坏
	关西五圣会记祭祀揭本班次食物总账	1942年	祭祀诸神时间、出资人、办故事班次、食物、器具及1944年五圣会借资人员信息	16页	较好
	五圣会记	1942年	物品使用清单	1页	良好
	互助合作馆股金账	1947年	入股人员名单、入股金额、鸿利金额	45页	良好
	互助合作馆暂记流水账	1947年	馆员取钱、欠钱情况以及馆内资产统计	14页	良好
	互助合作馆来往总账	1947年	馆员借钱、收钱等情况	19页	良好

附录3　坪上村纸质文献统计表

类型	名称	时间	主要内容	数量	保存状况
家谱	窦氏家谱	明清时期	明清时期窦氏族人生平、世系图、家训等	135页	部分破损
	郭壁韩氏族谱（新）	明清至当代	明清时期韩氏族人部分墓志铭、修祠堂记等碑文、族人生平、迁移、世系图	164页	良好
	坪上村刘氏族谱（新）	南宋至当代	南宋至当代族人生卒年及官职等	90页	良好
	六修王氏族谱	明清至当代	明清时期王氏族人坟茔所在、世系图	174页	良好
票据	山西省沁水县供销社统一发货票	1956年	购买煤油单价、数量、总价	1页	良好
书信	无	无	加工油坊任道存同志工作情况	1页	良好
文件	五一社新华书店图书预订单	1956年	书名、定价、需要取量、合作社负责人盖章	1页	较好
	大星社超大生活做饭统计表（四月、五月）	无	做饭人姓名、做饭工数	2页	部分损坏
杂件	无	无	社员名单、工农联欢大会细则、结合合同	3页	较好
账本	大星高级社社员往来账	1956年	社员姓名及借贷款明细，另有"曲星农业社股份基金"字样	323页	良好
	大星社蔬菜组社员取西瓜账	1956年	社员姓名，取西瓜、甜瓜斤数	49页	部分损坏
	大星高级农业社寨上社员吃菜账	1956年	社员姓名及吃菜品种、斤数、价格，菜品有：莙荙、豆角、豆、葱、蒜、南瓜、茄子、西瓜、夏瓜、菠菜、圪芦等	74页	部分损坏

续表

类型	名称	时间	主要内容	数量	保存状况
账本	社员吃菜账	1956年	家庭户主、每户口数、吃菜菜品及价格、斤数，菜品有：白菜、豆角、莙荙、菠菜、南瓜、蒜薹、圪芦、茄子等	52页	部分损坏
	□□村社员吃菜账	1956年	社员家庭户主姓名、户内口数、取菜品名、数量、日期、价格，菜品有：莙荙、葱、豆角、圪芦、南瓜、夏瓜、蒜、瓜、茄子、姜等	43页	部分损坏
	端氏乡大星高级农业社社员记工簿（上册）	1956年	社员姓名、组别、组长、工作类型、工作日期、工数	200页	良好
	⋯⋯三、四队蔬菜组吃菜花名单	无	组员姓名及吃辣椒、茄子、蒜薹、南瓜、葫芦、豆角等蔬菜日期、数量、价格	72页	破损严重
	菜价单	无	白菜、萝卜、好菜、南瓜、豆角、茄子、莙荙、蒜、西瓜、甜瓜、葱、辣椒、蒜薹等蔬菜1斤价格	1页	良好
	无	无	社员取萝卜、白菜、桃、烟叶、红萝卜、秋豆角、芥菜、好菜等登记表	89页	较好

黎城县南委泉村古村落调查报告

岳子璇

南委泉村位于山西省长治市黎城县西井镇，是一个历史悠久的古村落，其自然条件优越，有四季常温的井泉，居住条件良好。早在明清之际，南委泉就是远近闻名的商业重镇，村里的城隍庙更是黎城县唯一有城隍庙的村落，其遗留下来的碑刻资料较为丰富，为我们研究南委泉村提供了宝贵资料。抗日战争时期，南委泉曾是黎北县抗日民主政府所在地，太行区第一届群英大会也在此召开，其地位可见一斑。

一、村庄概况

南委泉村是一个历史悠久的古村落，位于县城北 27 公里处，地处平川。常见植被有杨树、柳树、槐树、榆树等树木种类 40 余种。常见野生动物有豹、狼、獾、山猪，飞禽类有布谷、红嘴鸦、黄莺等。该地区属温带大陆性气候，四季界线分明。"十年九旱"是其基本特征，年平均气温 10.3℃，年均降水量仅 320 毫米。

南委泉村东至茶棚滩 1 公里，南至曹家沟 1.5 公里，西至下黄堂 2 公里，北至东港 2 公里。现今村中人口约 3400 人，以农业为主，兼营山林。盛产花椒、核桃、柿子、党参。企业有石板加工厂、煤球厂、养牛厂。

隋朝时，该村只有魏、贾两姓，称桥上村，现村西即故址。唐朝初年，王氏西来（武乡），岳、高两姓相继迁至，遂使村址东扩，并以泉易名为委泉，今南委泉。南委泉不仅历史悠久，而且抗战期间全村父老英勇杀敌、辛勤劳作，为抗战的胜利做出了极大贡献。1943年10月，晋冀鲁豫边区政府决定，将黎城县以横岭为界，分为黎北、黎城两县，黎北县抗日民主政府驻南委泉村。直至1945年11月，黎北、黎城两县复合为黎城县之前，黎北县抗日民主政府都在南委泉城隍庙办公。

图1　南委泉村口　作者田野考察时拍摄

二、村内主要庙宇及典型建筑物

（一）城隍庙

南委泉城隍庙坐北朝南，二进院落布局，创建年代不详，据碑文记载，重修于道光年间。城隍庙中轴线上建有山门（倒座戏台）、过殿、献殿、正殿，两侧仅存二进院廊房。正殿建于石砌台基之上，面宽五间，进深六椽，单檐悬山顶，灰筒板瓦屋面；梁架结构为七檩前廊式，前檐下设有斗拱十一攒，柱头科六攒，平身科五攒，均为三踩单昂；墙体青砖砌筑，明间设有隔扇门。2007年被黎城县人民政府公布为县级文物保护单位。

图2　城隍庙山门　黎城县工作人员提供

　　城隍庙山门屡有修葺，文化内涵丰富、历史悠久、保存较好。一进山门转身便是倒座戏台，戏台坐南朝北，便于城隍老爷观看演出。

图3　城隍庙倒座戏台　作者田野考察时拍摄

　　城隍庙曾是太行区第一届群英大会的战绩展览馆，庙内西厢房是群英会宣传组，陈列了1944年出席太行区第一届群英会的主要领导人和参会人的题词及照片。

图4　滕代远和李雪峰给太行区第一届群英大会的题词　作者田野考察时拍摄

（二）西阁

西阁是村里的西大门，村立不久即建。该阁坐西朝东，东西5.5米，南北7.5米，占地面积41平方米。创建年代不详，现存建筑为清代遗构。该阁由上下两部分组成，下层为石砌拱券过道，上层形制已改，面宽三间，进深五椽，单檐硬山顶，板瓦屋面；梁架结构为六檩前廊式，前檐下增砌土坯墙，斗拱七攒，封堵于墙内，柱头科四攒，平身科三攒，均为一斗二升。该阁为研究当地清代寺庙建筑提供了实物资料。

图5　西阁　作者田野考察时拍摄

（三）东阁

东阁位于村东，坐东朝西，东西 8.65 米，南北 12.2 米，占地面积 105.5 平方米。据碑文载，创建于明万历七年（1579），清代屡有修葺，现存为清代遗构，砖木结构。此阁由上下两部分组成，下层为石砌拱券过道；上建观音殿面宽三间，进深六椽，单檐硬山顶，板瓦屋面，梁架结构为七檩后出廊，柱头斗拱三踩单昂，平身科仅明间一攒，墙体青砖砌筑，辟隔扇门窗。观音殿北侧建有三官殿三间，单檐硬山顶，筒板瓦屋面，为清代遗构。庙内存有清重修碑两通，保存较好。此阁为研究当地明代寺庙建筑提供了实物资料。

图 6　东阁　作者田野考察时拍摄

（四）社房

社房坐北朝南，单体建筑，东西 7.36 米，南北 6.7 米，占地面积 49.3 平方米。据碑文载，创建于民国十七年（1928），建于石砌台基之上，面宽三间，进深五椽，单檐硬山顶，板瓦屋面。梁架结构为六檩前廊式，前檐设有斗拱共七攒，柱头科四攒，平身科三攒，均为坐斗出耍头，墙体青砖砌筑，明间设双扇板门。墙西面有碣一方，宽 0.9 米，高 0.38 米，保存完好。此碑为研究当地民国时期村镇公共管理及建筑提供了实物资料。

图7　社房　黎城县工作人员提供

（五）关帝庙

　　该庙位于村中卫生院内，坐北朝南，东西 22.24 米，南北 5.96 米，占地面积 132.5 平方米。创建年代不详，现仅存东西耳殿为清代遗构，其余建筑已毁。东西耳殿形制相同，均建于石砌台基之上，面宽三间，进深五椽，单檐硬山顶，板瓦屋面；梁架结构为六檩前廊式，檐下设有斗拱七攒，柱头科四攒，平身科三攒，均为一斗二升，墙体青砖砌筑，明间设隔扇门，两次间设隔扇窗。该庙为研究当地清代寺庙建筑提供了实物资料。

图8　卫生院门口　作者田野考察时拍摄

图9　关帝庙　作者田野考察时拍摄

（六）八路军129师生产部旧址

该址仅存北房五间，为张克威部长办公室。坐北朝南，东西13.15米，南北6.4米，占地面积84平方米。该址是抗战期间八路军在根据地开展"大生产运动"引进推广"金皇后"的首块种植地，具有重要的历史意义。

图10　129师生产部旧址　作者田野考察时拍摄

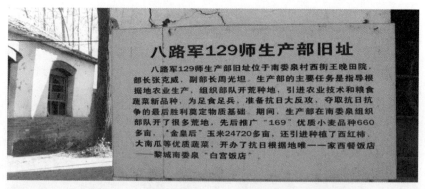

图 11　129 师生产部简介　作者田野考察时拍摄

民国三十三年（1944）冬天，遵照太行区党委将"大生产运动"作为重要工作中心的指示。黎北抗日民主政府与 129 师生产部一起在南委泉村办了两期县、区干部农业生产技术培训班。培训内容为改进落后生产方式，推广先进技术与优良品种。当时生产部部长张克威同志首次将美国良种"金皇后"玉米、西红柿在此推广种植，改变了传统种植方式，收到良好成效。

（七）南委泉主席台

主席台坐北朝南，东西 5.85 米，南北 1.75 米，占地面积 10 平方米。下砌高台，上建八字影壁墙，顶呈"山"字形，中塑有"红太阳光芒照耀"装饰，后墙原绘有毛主席像，现新绘山水画。

图 12　主席台　黎城县工作人员提供

该主席台时代特征明显，为典型"文化大革命"时期建筑。1966年在"文化大革命"期间，由村革命委员会组织，村民所建，是当时村民进行集会、批判、辩论的主要舞台。

（八）南委泉烈士碑

民国三十七年（1948）南委泉村全体村民为在抗日战争和解放战争中牺牲的贾进喜等烈士而立。该亭坐北朝南，石质悬山顶，高 2.5 米，宽 0.78 米，厚 0.5 米，占地面积 0.39 平方米。碑青石质，嵌于石质碑亭内，高 2.14 米，宽 0.68 米，厚 0.18 米。额题"民族气节"，碑文楷书，8 行 465 字。此碑为研究黎城县近现代革命史提供了实物资料。

图 13　烈士碑　作者田野考察时拍摄

（九）南委泉井泉

东西 10.7 米，南北 13.4 米，占地面积 143.3 平方米。创建年代不详，为清代遗构。

图 14 井口 作者田野考察时拍摄

图 15 村民们在洗衣服 作者田野考察时拍摄

图 16 井泉全貌 作者田野考察时拍摄

井泉由泉井、洗池、拱桥组成。井泉为圆形沙石井口，方形井壁四周为木板砌筑，内为天然泉眼，泉水长流不断，与南侧洗池相连。据村民介绍，井泉水四季常温。洗池为石筑方形池，东西两池相连，池岸设栏杆、栏板。东为漂洗池，西为初洗池，池东侧为小拱桥一座。该池设计科学合理，精巧自然，保存较好。

（十）南委泉关帝阁

关帝阁，当地人又称桥上阁。坐西朝东，东西 6.04 米，南北 6.8 米，占地面积 41 平方米。创建年代不详，现存建筑为清代遗构。

图 17　关帝阁　作者田野考察时拍摄

上图为关帝阁，此阁由上下两部分组成，下层石砌基座，中设拱券过道；上建关帝殿，面宽三间，进深五椽，单檐硬山顶，板瓦屋面，梁架结构为六檩前后廊，前檐下设有斗拱七攒，柱头科四攒，平身科三攒，均为一斗二升，墙体青砖砌筑，原置门窗缺失。此阁为研究当地清代寺庙建筑提供了实物资料。

（十一）太行区第一届群英大会旧址

太行区第一届群英大会旧址位于黎城县西井镇南委泉村中。

图18　太行区第一届群英大会旧址　作者田野考察时拍摄

　　1944年国际反法西斯战争形势好转，根据中央军委指示准备大反攻。根据地军民为做好反攻前的准备和动员，全面落实毛主席关于当前敌后的"战争、生产、教育"三大任务指示精神，激发根据地军民抗战大反攻士气。八路军总部及北方局于1944年11月20日至12月7日，在黎城县南委泉召开了盛况空前的"太行第一届杀敌英雄、劳动英雄暨战绩生产展览联合大会"，简称"太行第一届群英大会"。会场设在南委泉村河滩地上，主席台用木杆搭成，展览馆设在民房和临时帐篷里。大会选举毛泽东、朱德、彭德怀、刘伯承、邓小平为主席团名誉主席。主席团由李达、戎伍胜等13人组成。会议由晋冀豫边区政府副主席戎伍胜向全体英雄致欢迎词，太行军区司令员李达做总结讲话。会后中共中央北方局、八路军总部、129师师部联合设宴招待英雄。邓小平政委、滕代远参谋长出席招待会，并做重要讲话。该会场已由村委会占用，现仅存遗址，遗址上有新立纪念石1块。遗址坐北朝南，东西约200米，南北约150米，占地面积30000平方米。太行区第一届群英大会是抗战以来一次历史性的总结大会。这次大会为足食足兵，准备抗日大反攻，夺取抗日战争的最后胜利奠定了基础，是太行人民革命斗争史上的光辉里程碑。该会场遗址具有重要的历史意义。

"纸上得来终觉浅"，通过实地走访，有助于了解南委泉的发展脉络，更真切地体会农村发展状况，增加对传统建筑的感性认识；同时也能不断完善自己的知识结构和理论体系，增强动手能力。

三、南委泉村碑刻分析与解读

经调研，与南委泉村相关的碑刻现存 15 通，其中 13 通可整理，2 通不可辨认。

表1　与南委泉村相关的碑刻情况一览表

序号	碑名（题记）	年代	位置	备注
1	烈士碑（民族气节）	民国三十七年（1948）十月十五日	水池旁	有碑亭
2	南委泉社坊珉记	民国十七年（1928）	社房	壁碑
3	王发越捐置祭田碑	咸丰六年（1856）十月二十日	西阁	壁碑
4	重修观音阁大佛殿碑文序	公元2003年六月二十三日	东阁	庙前
5	重修东阁碑记	康熙五十五年（1716）	东阁	庙内
6	重修三宫殿兼龙潭河乐楼碑记	道光三十年（1850）	东阁	庙内、有遮挡
7	重修暖岩寺碑记	民国九年（1920）	暖岩寺	新庄村
8	南委泉为城隍庙施地碑	大清道光七年（1827）	城隍庙	庙内壁碑
9	布施碑	大清嘉庆十三年（1808）三月	城隍庙	庙前
10	城隍庙碑文序	公元2003年四月初一日	城隍庙	庙前
11	南委泉禁止开垦东山碑记	嘉庆六年（1801）	城隍庙	庙前
12	重修城隍庙碑记	大清同治四年（1865）	城隍庙	庙前
13	禁赌碑	不清	城隍庙	庙前、漫漶不清
14	残碑一通	不清	城隍庙	庙前、漫漶不清
15	修路碑记	万历三十三年（1605）	龙洞前山坡	

资料来源：上表系作者田野考察后整理所得。

碑刻具有历久弥新、辐射长远的作用，村规民约及对村落影响深远的事情大多采用勒石立碑的方式呈现。据笔者目力所及，与南委泉村相关的碑刻共 16 通，其中 7 通位于城隍庙，约占到碑刻总数的一半。城隍庙作为村中大庙，是村里人处理日常生活事务的重要场所，许多关乎村规民约的条款由村里有威望的人在此刻立，用于警醒百姓，起到约束百姓，维持村里正常社会生活的作用。除城隍庙外，其余碑刻也刻立于村里较显眼处，碑刻内容丰富，涉及修路、禁赌、创建及重修庙宇、村里有名望的人捐置祭田、禁止开垦等内容，还有纪念革命战争年代牺牲烈士的碑刻，几乎涵盖了村里的重要事项，可分为制定规则的碑刻、记录村中大事的碑刻和创建重修碑三种类型。

制定规则的碑刻主要涉及南委泉与外村的联系与矛盾纠纷的解决。龙洞前山坡位于黎城与武乡交界处，此处有碑一通记载了为经商便利，武乡与南委泉在万历三十三年（1605）修路一条，此路经台平、千物、黄塘庄，通至委泉，可见明代时南委泉已经是远近闻名的商业重镇。民国二十五年（1936）的县志中记载，由茶棚滩经南委泉、下黄堂、上黄堂、仟作村三十余里至武乡县，为入武乡县之山径。[①] 可见此条山路自明万历年间开辟后，直到民国年间还有人经此路通往黎城和武乡。除修路外，城隍庙山门前有碑一通，记载了南委泉和桑鲁两村共有的樵牧之地——东山，常被私自租与外人开垦，但历任县太爷秉公执法，惩治不法之徒的故事。据碑文记载，黎北六十里有一座山，名为东山，该山北近桑鲁，南界委泉，自古以来就是两村樵牧之地。乾隆五十二年（1787），樊家窑的樊怀玉将东山租给本县生员李清梓开垦，村人上告。全太爷亲验，断为两村樵牧之地，不准人开垦。嘉庆三年（1798）、嘉庆六年（1801），又有茶棚滩住持心亮将此山租与外人耕种。村人劝阻，心亮反而先为控告。经徐太爷调查后，得知刁僧心亮在双龙山置有地产，现在又妄图侵占此地，于是仍判决东山为两村樵牧之地，不许人开垦。这通碑刻明确了南委泉和桑鲁对东山

① 刘书友：《黎城旧志五种》，北京图书馆出版社，1996。

的共同使用权。新庄村的暖岩寺中有一通民国八年（1919）的碑刻，碑文记载了暖岩寺几经风霜，风雨侵蚀，因牛居村和新庄村财力有限，于是邀请南委泉一起重修暖岩寺的事情，可见民国初年的南委泉仍然是附近村庄中财力雄厚、声望较高的村落。

创建重修碑主要涉及村内主要庙宇的创建和重修。村中大庙城隍庙始建时间不详，据庙内碑文记载，乾隆初年，有武乡县李、赵、张三家在南委泉开设宏盛号，大概是神灵保佑，该商号一直生意兴隆。他们感念神灵，于道光七年（1827）为城隍庙置地七亩，并捐钱五千文用于庙宇的重建。所以笔者推测城隍庙现存建筑大抵为清代遗构。同治四年（1865），经历风吹雨打的城隍庙亟待修葺。在维首王庶善的倡议下，村人踊跃出资，因工程浩大，又募化四方，共得钱一千余缗，历经十月而工竣。修整后的城隍庙神圣庄严，香客不断。改革开放后，人民生活富足。此时城隍庙年久失修，墙倾脊损，亟待修缮。刘冬狗、王三堂等人身体力行，村民踊跃集资捐款，于1991至1995年修缮城隍庙，使文物古庙、群英会址、黎北县府驻地焕然一新，恢复往日庄严、肃穆气氛。此外，东阁也是村中的主要庙宇之一，其内碑文记载，东阁创自万历年间，年代久远，风雨侵蚀，亟待修整。康熙五十五年（1716），皇上免除赋税，百姓生活安乐。于是村人商量重修东阁，募化四方，众志成城，经三个多月而修葺完成，使古阁重修焕发生机。2003年，佛殿濒临坍塌，贾进贤经峨眉高僧指点，慷慨解囊。石改英等人积极支持，自觉投工，使佛殿彻底重修。此后每月初一、十五，经声悠扬，烧香人络绎不绝。社坊廊下西墙嵌有民国七年（1918）碣一方，记述了村中元宵节时，要请剧团来唱戏，因条件简陋，戏班无定居之所，因此村人出资筹建社房一座，以供戏班休息。除创建重修碑外，南委泉的主要庙宇中还记载了村中有名望之人为村庄做出贡献之事。王发越是南委泉人，自中进士后，屡任要职，清光绪《黎城县续志》中记载：

王发越，字英斋，道光乙酉（1825）举人，明年成进士，释褐，任清平知县，累官至云南迤西兵备道。擢广东盐运使，引疾归。性警敏，习吏治，尝令钜野、历城，刺胶州，高唐州，守大理、曲靖兵备。贵西多冲剧边要地，处之裕如，所至并有政绩。家居遇地方利弊，必力陈于当事，邑人感焉。①

西阁有咸丰六年（1856）碣一方，记述了本村魏鼎臣先生为黎城县的望族做出了很大贡献，但其没有祠堂，墓田也无人祭扫。原广东盐运使司王发越见此情形，十分同情，急忙将魏姓用于贷款的十亩地赎回，交给魏姓族人魏辛酉、魏鲁锁兄弟耕种。每年所获除完粮外，用于修墓种树及春秋祭奠。此地报官批示立案，不准买卖，显示了王发越感念乡里之情。此外，南委泉村中还有烈士碑，其中记载了七七事变以后，人们踊跃报名参军，贾进喜、李丑孩、胡金生、王玉升在抗日战争中光荣牺牲；何小娃、贾金文、王先堂在解放临汾战役中牺牲。胡金生、王玉升年仅 18 岁，年龄最大的贾进喜也只有 29 岁。他们为民族解放和独立做出的贡献值得我们永远铭记。

结语

南委泉村是太行山深处的一个小山村，拥有得天独厚的自然资源和历史资源，在明清之际发挥了其商业重镇的作用。在革命战争年代，南委泉作为八路军 129 师生产部和黎北县抗日民主政府所在地，曾经召开过太行区第一届群英会，为共产党取得战争胜利发挥了后勤和堡垒作用。革命战争年代共产党取得的成就离不开人民群众的支持和拥护，当下的社会主义建设也离不开社会主义新农村和新农民。

笔者田野调查时发现，南委泉村自 1945 年黎北县撤销后一直处于衰落的状态，现在只是一个行政村，村里人口流失严重，空心化、

① 刘书友：《黎城旧志五种》，1996。

老龄化趋势日渐明显，因人口减少，房屋大多闲置起来，丝毫不见往日商业重镇和黎北县抗日政府所在地的繁华景象。此外，村里有许多有历史意义的建筑亟待修缮，南委泉村的传统文化资源和红色文化资源的价值也急需被发掘。笔者曾多次访谈，村民都因此处曾是黎北县政府驻地，且召开过第一届群英大会而感到光荣和骄傲，群英会旧址及与此有关的八路军129师生产部旧址都保存较好。这一个个历史事件唤醒了老百姓对于文化传承的信心，也使政府在对村落古建筑和古遗址的保护中更加有的放矢。社会主义新农村的建设需要政府、社会、百姓三方共同努力，把文化的传承纳入社会主义市场经济的发展范畴，真正激发乡村社会发展的内生力量。

文化景观背后的历史透视

——风洞山娲皇宫调查报告

郭鹏杰　　贾雁翔

位于潞城区辛安泉镇南马村的风洞山因其特殊的地理景观成为娲皇信仰的重要地点。在风洞山民间信仰的发展过程中，风洞山周围的信仰和建筑景观在不断发生变化。这种变化既受周围地理环境的强烈影响，同时人为因素也不可忽视。自然环境的复杂多变和风洞山特殊的地理景观使得人们赋予了此山神性，而人们因为需求的变化不断对此山的神性进行"构建"，形成了丰富多样的信仰，最直接的反映就是文化景观的不断变化。

1925 年，美国著名地理学家索尔发表了《地理景观形态论》，首次提出"文化景观"的概念，索尔认为"文化景观"是特定时间内形成，具有基本的区域特征，在自然和世间的共同作用下形成的综合产物。也就是说，通过对"文化景观"的考察可以探究历史的进程。山西省东南部向来为古代民间信仰保存较为丰富的地区。该地民间信仰保存种类之丰富、保存数量之多、保存现状之完好均令人叹为观止，而作为民间信仰主要载体的庙宇数量也非常丰富。自明清以来，娲皇（即女娲）信仰普遍存在于以太行山为中心的晋东南和冀西南地区，其中以涉县最为著名，与涉县娲皇相关的研究也较为丰富，而对于仅一山之隔的山西省晋东南地区的娲皇信仰研究则相对落寞。2019 年 1 月 14 日至 1 月 16 日本中心两名研究生和一名博士生对潞城区风洞山及其附近区域，如南马村、东社和正社进行了重点田野调查。希图通过对风洞山庙宇景观的考察探索当地历史发展的脉络。

本次调查选择风洞山娲皇宫的原因在于：1. 风洞山娲皇宫与涉县东顶娲皇宫、黎城县凤凰山及黎侯镇李庄村共同构成了太行山地区娲皇信仰的四大圣地，即当地通称的南顶、东顶、西顶及北顶，具有女娲信仰的普遍性和代表性。2. 风洞山又有其特殊性，在风洞山上不只有以娲皇宫为代表的女娲信仰，还有道教信仰的玉皇庙、三清殿、财神庙、药王庙、山神庙，等等，另外，还有本地特色的"风洞爷"。令人疑惑的是风洞之中还有大量佛教的塑像浮雕。因此，这样一个佛教、道教和本地民间信仰兼有的地方，正是本次调查以风洞山为样本的根本原因所在。

一、风洞山周边地理情况及景观

风洞山位于山西省长治市潞城区北部的辛安泉镇南马村，地处潞城、黎城、襄垣、平顺四县交界处，海拔大约 1000 米，山腰北侧有一天然形成的石洞，现已为娲皇宫所掩盖。其周围为河谷平原，山的北侧浊漳河自西北向东南穿流而过，沿着浊漳河南岸为 659 县道。关于"风洞"这个名字的由来，据此山上娲皇宫遗存的清代乾隆二十五年的《风洞山碑记》载："风洞山者，取山有洞，洞生风，又有神能驱狂布和而名之者也。"[①] 作为娲皇宫所在地和娲皇信仰的重要地点，风洞山现有大小庙宇 9 座，分别为山脚的玉皇庙，山腰的娲皇宫、龙王庙、山神庙、财神庙、药王庙、土地庙、梳妆楼，山顶的三清殿，均为 2018 年南马村陈姓商人捐资重修。现存新旧碑刻八通，年代最远的为乾隆二十五年的《风洞山碑记》，年代最近的为 2015 年的《娲皇宫记》。每年农历正月初一和三月十五（据民间传说是女娲的生日），

---

① 此碑碑文为乾隆年间黎城县令"西蜀人段成功"所撰，内容为祈求风洞神保佑风调雨顺，现立于风洞山娲皇宫。

周围的村民和外地的香客便会上山朝拜，并且于农历三月十五在风洞山脚下的南马村还会举行庙会。

风洞山南侧为南马村，村庄呈南北狭长格局，村内现有居民两千多人，耕地三千多亩，是风洞山周围规模最大的一个村庄。村内现有龙王庙一座，大部分已经坍塌成为危庙，具体修建年代不明。由大门进入龙王庙，正对庙宇大殿，是祭祀玉皇的地方。大殿一侧供奉龙王，另一侧已经全部毁灭。正殿左侧为二层建筑，用途不明。右侧毁坏严重。正殿正对面为一座戏台，戏台下面为龙王庙的大门。龙王庙外有一座戏台，据戏台横梁上的文字记载可知此戏台建于20世纪80年代，这座戏台是农历三月十五庙会时为女娲娘娘唱戏的，是该村庙会的重要建筑，但由于资金缺乏已经很少利用。另外，村里在每个月的初四、十四、二十四会有集市，每年三月十五时会举办庙会。南马村的庙会也会影响到附近的几个村子。风洞山西北侧沿浊漳河南岸分别为黎城县上遥镇的东社村和正社村。东社村现有居民1400人，耕地1000多亩。村内现有龙王庙、关帝庙、五道庙等庙宇，均为清代建筑。据碑刻显示关帝庙曾于清道光三年和当代两次重修。在村中现有蓄水池两个，但是已废弃。村中以前有自己的剧团，每年正月十五、春种、秋收、七月十五唱戏一次，每年三月十五南马村庙会时也会前往参加。同时，到风洞山拜祭神明。正社村位于东社村西部，与该村相距不远。现有居民1000余人，耕地1000多亩。村内现有蓄水池一个，目前还在使用且状态良好[①]。在村庄内部分布着文庙、三义阁、关帝庙、土地庙、申家宅院、申家祠堂、韩家宅院等古建。其中文庙为黎城县重点文物保护单位，抗战期间曾经作为八路军129师随营学校。庙内奉祀孔子，庙内存碑刻三通，其中两通为壁碑，分别位于正殿两侧墙壁之内。另一通碑刻位于庙宇中心空地。风洞山隔浊漳河与黎城县上遥镇北马村相望。北马村现有居民1000多人，耕地1700亩。村内有关帝庙、龙王庙、五道庙、河神庙等古建，村内每年四月二十四有庙会。

---

① 数百米外即为浊漳河。

图 1　风洞山周边村落图

在风洞山的山脚，穿过写着"风洞山"字样的牌坊和一个小型广场便是风洞山庄。风洞山庄为坐西朝东格局，为 2018 年重修。玉皇殿原来建于风洞山顶，据守庙人陈大爷叙述，风洞山周围的居民认为风洞山顶面积太小，不便于玉皇殿的扩建，所以在山脚的开阔地带重建风洞山庄，玉皇殿碑因为不方便运送，至今依然留在山上。在神话体系中地位最高的神仙反而被安排在山的最下面。现存的风洞山庄为一进院落，门的两侧墙壁上画着秦琼、尉迟敬德两位门神的画像，秦琼赤面长须、手执宝剑，尉迟敬德黑面虬髯、手握钢鞭。院子正中为一小型水池，池子上架着一座石桥，桥上刻有"遇仙桥"三个字，寓意着人们走过这道桥便可以与仙人相遇。院子南北两庑为居士住所。院子西侧高台上建有玉皇殿一座，单檐歇山顶，面阔五间。玉皇殿正中龙椅上端坐着头戴冕旒、身着黄袍的玉皇大帝神像，面前立着"供奉玉皇爷之位"的牌位，左右托塔天王和太白金星侍立。玉皇神像两侧各有两尊头戴进贤冠、手执笏板、身着朝服的神像，应该是"四御"①。左右壁画中，云头上站立着二十八位身着朝服、手执笏板、神态各异的神像，应为二十八星宿。就这样，在玉皇殿中，构成了以玉皇大帝为首的神界"官僚体系"。

图 2　风洞山庄

资料来源：作者拍摄。

从玉皇庙北侧沿山路向上为一"风洞仙境"的牌坊，牌坊之后便是娲皇宫。娲皇宫原为天然裸露的石洞，2018 年重修的时候，外面新修了两层仿古楼阁式的建筑，高约 18 米。娲皇宫可分为前后两厅。前厅正中立着道教的护法神王灵官的神像，紫袍金甲，虎目虬髯，手

①"四御"为道教神统中辅佐玉帝的四位尊神，又称"四辅"，他们分别是：北极紫微大帝、南极长生大帝、勾陈上宫天皇大帝、后土皇地祇。然而后土皇地祇是一位女神，此殿四御皆为男神，估计当时建造并未注意到这一点。

执钢鞭，左脚踩风火轮。左右两侧壁画为哼哈二将，左右两个神龛里为神农和药王两位神仙的塑像，神农手握嘉禾[1]，药王身披朝服。前厅往后拾级而上便进入"风洞"之中，也就是娲皇宫的后厅。后厅为娲皇宫的主体，正中间立着女娲神像，头戴凤冠、身披黄袍、手执笏板，面容庄严慈祥。女娲神像身旁是两位侍女的塑像，一个手持莲花（莲花一方面代表着圣洁；另一方面莲蓬多子，也代表着祈求女娲保佑人们多子），一个捧宝盒（寓意和合二仙）。女娲神像右侧立着《风洞山碑记》。女娲神像的后侧有一小洞，其形状类似于女性的产道，这或许就是女娲信仰在此山兴起的一个重要原因。小洞中供着几方牌位，分别是"供奉风洞爷真人尊位""供奉五谷神之尊位""供奉浊漳龙王之尊位""供奉关帝圣君之尊位"，牌位后面是三个披袍的草人神像，据当地村民讲，因为建了新庙，塑了新的神像，所以原来的神像牌位就不用了，但也不能随意抛弃，所以放在此处，时常还有人供奉。另外，此处还有很多神像及牌位，如"供奉白衣观音神位""供奉天王爷、天王奶奶尊神之位"、观音像、弥勒像、关帝像、土地像。这里仿佛一个众仙聚会的场所。所以《娲皇宫记》说娲皇宫是"娲皇会仙之南行宫"。

从娲皇宫往上不远处又是一处建筑群，从南往北依次为山神庙、土地庙、药王庙、碑亭、财神庙、龙王庙、梳妆楼。这几座庙宇规模都较小，大多面阔只有一间。山神庙中的神像为一将军模样，手持利斧。土地庙神像为一老者形象。药王庙神像为一中年人形象。碑亭中现有四通碑，记载了风洞山重修庙宇和山路的事迹和捐款人的名单。财神庙供奉着文财神比干，武财神赵公明、关羽的神像。最北侧的梳妆楼位于高台之上。梳妆楼原为天然裸露的洞穴，据当地人说此洞深不可测，当年生产队一只羊走进此洞，几天后从几里外的马鞍山一洞穴中走出来，这就使得此洞在人们心目中更具"神秘性"，如今洞口已经封闭，在外面建有二层仿古式楼阁。梳妆楼门口墙壁上画着古代女子

---

[1] 据清光绪《潞城县志》记载，南马村嘉禾堂，县令王某建。现在南马村已不见嘉禾堂的踪迹，估计此处供奉神农与此有关。

画像。梳妆楼一层供奉着女娲神像，与娲皇宫的女娲神像相比，此像少了些严肃，面容更为慈祥。女娲像的两侧挂满了朝拜者的锦旗，如"有求必应""有求必应，妙手回春""有求必应，福德无量"。在梳妆楼的二层是送生奶奶的神像，送生奶奶应该就是送子娘娘，旁边也挂满了锦旗，送子娘娘身旁红布包里还放着许多布偶娃娃。送子娘娘是与女娲不同的掌管生育的女神，为何在一座梳妆楼里会出现两位掌管生育的神祇分庭抗礼，这有待日后的考察。

自风洞山梳妆台出来，沿着山路就会到达三清殿，处于整个风洞山的制高点。三清殿仅有一间正殿，为单檐歇山顶建筑。殿内供奉元始天尊、灵宝天尊、道德天尊，皆头戴莲花冠，身披道衣。三尊塑像前有一牌位"供奉元始天尊之神位"。殿内右侧为关于封神演义的壁画，左侧为老子西出函谷关的壁画。殿外右侧为碑刻《玉皇殿碑记》，立于 2018 年。自风洞山顶往下俯瞰，南马村、东社村、正社村、北马村尽在眼底，仿佛众星捧月。

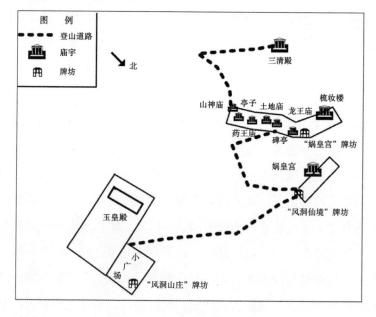

图 3　风洞山建筑景观分布图

资料来源：作者绘制。

二、因地造神：从佛教石窟到风洞神的塑造

北魏至唐代的石窟造像群位于风洞山山腰的娲皇宫内，前面已经提到，此处原来为一天然石洞，2018 年才在外面建设仿古式的娲皇宫建筑。此洞洞口坐南朝北，呈三角形，洞穴内部呈圆锥形，最高处有 20 米左右，进深十几米，洞内面积 200 平方米。洞壁上现存大小石刻佛像 20 余尊，最大的佛像大约 40 厘米，余者多不足 20 厘米。

图 4　未建娲皇宫的风洞

资料来源：《国家文物局第三次全国文物普查不可移动文物登记表·东社风洞山石窟》，编号：140426—0251。

佛像面目大多模糊不清，但依稀可见服饰的纹路。其中保存较为完整的是洞内右侧石壁上的一组群像，中间佛像结跏趺坐，身披袈裟，头有肉髻，两侧立着两位侍者，这组群像应该是当时石窟的核心。据当地人说，当年文物考察队来此调查时，曾发现"显庆年"字样的题记，怀疑该石窟为唐高宗显庆年间开凿。然而根据国家文物局第三次全国文物普查对风洞山的调查可知，在洞中留有一处"大魏世永……"字样的题记①，细细查看可以发现"永"字下的字露出一点，笔者查阅史

---

① 《国家文物局第三次全国文物普查不可移动文物登记表·东社风洞山石窟》，编号：140426—0251。

料，曹魏时期并没有以"永"字开头的年号，而之后占领山西的东魏也无此年号，只有北魏有明元帝拓跋嗣的永兴（409—414）、宣武帝元恪的永平（508—512）、孝庄帝元子攸的永安（528—530）、孝武帝元修的永兴（532）和永熙（532—534），故笔者猜想这些佛像应为北魏孝庄帝永安年间开凿。

图5 风洞内佛像
资料来源：作者拍摄。

明清以前，中国的民间信仰和民间宗教发展的并不充分，当时社会上占主流的是佛教和道教，而山西历来是佛教发展的重镇。北朝至隋唐是中国佛教发展史上的一个重要时期，上至天子众臣，下至黎民百姓，无不崇佛尊佛，著名的云冈石窟、天龙山石窟便是北朝开凿的。晋东南地区由于地处平城、晋阳通往洛阳、邺城的必经之路上，所以在当地发现了数量较多的佛教造像和佛教石窟。比如沁县的南涅水村于1959年陆续出土了大量北朝时期的造像。武乡县的良侯店石窟、屯留区的广泉寺石窟、上党区的交顶山石窟、高平市的羊头山石窟，包括临近晋东南的河北涉县娲皇宫石窟、林旺石窟、艾叶岭石窟，峰峰矿区的响堂山石窟，河南林州的千佛洞石窟。而在与南马村相邻的黎城县，至今也保留着赵店石窟、凤凰山石窟等这个时期的石窟造型。关于唐代的题记，笔者在考察中并未找到，只是当地流传这种说法。无论在北魏还是唐代，山西都是佛教兴盛的重要区域。所以，风洞山周围的百姓也不能免俗，就在此山开凿石窟，一方面祈求神灵保佑；另一方面寄托心中的信仰。可见最迟到唐代，风洞山已经作为一个神圣的地方在当地百姓心目中产生了一定影响。

明清时期可以说是风洞山信仰发展的第二个时期。在风洞山娲皇宫的石壁上发现一处明代的题记"任良琮，山东濮州人到此，嘉靖十三年闰二月见景"，任良琮何人已不可考，但是可以说明风洞山在明代依然是当地的一个重要景观，乃至于引得一个山东人千里而来。在娲皇宫内还保存有一块年代为乾隆二十五年（1760）的碑刻，即《风洞山碑记》，碑文如下：

风洞山者，取山有洞，洞生风，又有神能驱狂布和而名之者也。故凡有所求，虔则应，慢则否。予于乾隆庚辰春三月莅治黎阳，闻诸兹邑三年以来雨泽稀少，黎民疾苦莫可告语。正拟祈神祷稔，乃夏四月壬寅日暴风骤至，卷括田禾，农民计迫。予蹙额而相慰曰："尔民勿虞，吾闻风洞有神，能庇尔民。"随致斋减从，亲诣崇山，见漳水悠悠，松荫密密，岩壑豁开，不禁望之凛然而生敬曰："是真神居之所也。"于是搴衣而登，再跪而祈："予守兹僻邑，无一事兴革，堪质素心，然执□临民，清操自信，实非矫语鸣高，前此之久旱，小民已属不堪，今又何巽王之不收，损我禾稼，窘我黎民耶？"神乎，神乎，其有窥予微者？祷毕下崖，又见断碑残碣，漫漶不可辨识，洗濯拂拭，仅得知其为万历年间邑令毛君撰也。予因慨然而叹曰："神功之应也，验于此矣。"殆归未匝日，不觉天朗气清，惠风和畅，而又油然作云，沛然下雨，真所谓野□时雨润，绿已遍桑麻。自后暴风不作，甘雨常来，至秋后大获有年之庆。於戏！吾知他年之丰稔，当如今日也。无惑乎其祀典，直具山川社稷而并隆。予因解橐修其栋楹，整其栏楯，不事雕饰，取可久也。告成而绅士请予曰："感应如此，盍立片言，以志神功。"予曰："唯唯，否否，若谓予有格天之学，予又何敢？

第不过秉心致敬，求之有应云尔。"是为记。

龙飞乾隆廿五年岁在庚辰秋九月谷旦

西蜀段成功撰立

从此碑可以得知以下几点信息：1. 此山之神可以驱狂布和，能够保佑风调雨顺；2. 明代万历年间曾有一位毛姓县令[1]来此参拜并留有石碣，说明对于此神的信仰在明代已经盛行。另据光绪《潞城县志》记载，风洞庙在南马村。[2]《黎城旧志五种》也记载风洞山在县西南三十里漳水之阴，洞山坐潞城地，而洞口则在黎城界，洞神能驱狂布和，居民受赐，岁祀焉。[3]风吹入洞中呼呼作响，加之洞中光线较暗，难免会引起人们的灵异之感，以为洞中有神仙。而娲皇宫中至今仍供奉着风洞爷的牌位，所以当时此山供奉的应为风洞神，当地人称之为"风洞爷"。

图 6　风洞神牌位

资料来源：作者拍摄。

---

① 据《黎城旧志五种》记载，毛学会，陕西阶州举人，（万历）四十年任。碑文中提到的"毛县令"应该就是此人。（见刘书友主编：《黎城旧志五种》，北京图书馆出版社，1996:406。）
② 崔晓然，杨笃：《潞城县志》卷二《祀典考》，光绪十一年。
③ 刘书友主编：《黎城旧志五种》，1996:92。

在风洞山的山脚便是浊漳河，河的两岸是河谷平原地带，土壤肥沃、适宜耕种。费孝通在《乡土中国》中提道："农业和游牧业或工业不同，它是直接取资于土地的。"[1]从古到今，土地是农民的命根子，而水对于农业发展来说是一个决定性的因素。尽管浊漳河灌溉了两岸的农田，使得农田的产量相对较高，然而历史上浊漳河两岸的自然灾害也比较频繁。这主要由于山西省典型的温带大陆性气候，夏秋之时多有暴雨且集中，导致河流暴涨，极易导致洪涝灾害。而春冬时节降水稀少，常常导致河流流量减少乃至断流，出现旱情。《潞城县志》就记载道："（浊漳河）旱则滴水不存，每逢六七月间，天降大雨，城北山水陡发，沿城一带多被浸淹。"[2]光绪版《潞城县志》记载，元代延祐六年（1319）、至顺二年（1331）、至正十九年（1359）漳河发大水，冲毁两岸民田，明代成化十九年（1483）、隆庆二年（1568）、万历十四年（1586）、万历三十七年（1609）、崇祯十三年（1640），清代乾隆二十四年（1759）、光绪年间潞城皆有大旱，尤其是崇祯十三年二月、乾隆二十四年三月漳河因为大旱几乎断流，此外，明清时期潞城县经常发生风灾、雹灾、蝗灾、地震等其他灾害。[3]而与潞城交界的浊漳河北岸的黎城县明清两代官方记载的严重水旱灾害有14次。对于农民来说，无论是水灾还是旱灾都是致命的。在古代乃至近代，人力有限、灾害无情的情况下，百姓便将希望寄托在了神灵的身上。前面已经提到，风洞山独特的地貌（山有洞，洞生风）使人们认为这是神灵的所在，在碑文之中，人们认为风洞山的地理位置："吉地诸脉聚于风洞，山壁巍峨壮丽，浊漳穿流而过，山高谷深。是崖绝壁奇峰迭起，自然风光所取。民之意感神之灵，救善惩恶，日月清明、天下和顺、风雨及时，可谓人杰地灵所感也。"[4]关于历史上风洞神祭祀的仪式，现在已不得而知。目前人们对其祭祀也仅限于烧香叩头，但

---

[1] 费孝通：《乡土中国》，人民出版社，2015:3。
[2] 崔晓然，杨笃：《潞城县志》卷三《山水记》，光绪十一年刻本。
[3] 崔晓然，杨笃：《潞城县志》卷三《大事记》，光绪十一年刻本。
[4] 《风洞山碑记》碑阴，碑存风洞山娲皇宫。

是从《潞城县志》中关于卢山（又名卢医山）风洞的记载似乎可以看到一些端倪："府志山顶有风洞，深不可测。土人旱则往祈风，夏秋旱则祈西北风，冬春旱则祈东南风。向洞拜祷，取其方之土而供之，风至雨亦随至。"① 以此，可以猜想风洞山的祈祷仪式大致与此相同。从这个仪式中我们可以发现，水和土对于农民的重要性。前面已经提到，位于浊漳河河谷的风洞山周围的村庄大多拥有较为广阔肥沃的耕地，对于他们来说，风调雨顺、水源丰沛是十分重要的。因此，在风洞山周边的村庄乃至整个浊漳河沿岸大多供奉龙王。② 无论是供奉风洞神还是龙王都是祈求不旱不涝，年年丰收。

三、鸠占鹊巢：近世以来风洞山娲皇信仰的兴起

明代中后期，南太行地区女娲信仰开始盛行起来，并且形成了几个中心地，即上文提到的几个重要的女娲信仰遗迹。赵世瑜先生认为："道教系统中的绝大部分与民间信仰相互重叠——前者吸纳各种民间神祇进入自己的神统，后者采用道教仪式以完成信仰实践的过程……因此道教本身就具有极强的世俗性与民间性。"③ 与其他民间信仰一样，娲皇信仰在发展过程中与其他宗教融合，形成了一定的仪式，并且不断扩大自己的信仰范围。

太行山自古以来便被认为是女娲补天造人的地方，所以又称"皇母山"。明代中后期，南太行地区女娲信仰开始盛行起来，并且形成了几个中心地，即上文提到的几个重要的女娲信仰遗迹，其中最重要的就是广志山娲皇宫和涉县娲皇宫，甚至离风洞山不远的魏家庄村也建有娲皇宫，这对当地社会产生了重要影响。风洞山的风洞因其类似女性产道的独特形状，而被人们认为在此祈祷可以保佑生育，无形中

---

① 崔晓然，杨笃：《潞城县志》卷三《山水记》，光绪十一年刻本。
② 如南马村龙王庙、南马庄昭泽龙王庙、东社村龙王庙、正社村龙王庙。
③ 赵世瑜：《狂欢与日常——明清以来的庙会与民间社会》，生活·读书·新知三联书店，2002：54—55。

为娲皇信仰的传播提供了地理条件。同时，还有一个重要的原因，风洞山地处女娲信仰盛行的广志山前往黎城县城的必经之路，广志山的女娲信仰极为繁盛，对周围地区产生了极大的影响。相比于信众广泛、从古至今为人熟知且为官方正祀的女娲信仰，风洞神这个地方小神显然是微不足道的，所以其被女娲取代是必然的。这个在碑刻中亦有体现，在山腰梳妆楼前的牌坊旁的一通《紫云洞娲皇圣母开光捐资积德碑》记载道："吉地诸脉聚于风洞，山壁巍峨壮丽，浊漳穿流而过，山高谷深。是崖绝壁奇峰迭起，自然风光所取。民之意感神之灵，救善惩恶，日月清明、天下和顺、风雨及时，可谓人杰地灵所感也。"①前面已经提到，这是祭祀风洞神的原因，如今原封不动地被照搬过来成为祭祀娲皇的原因。另外，在娲皇宫旁的石壁上刻着这样一段话："风洞山娲皇宫是女娲炼石补天取风之洞，是娲皇会仙之南行宫，俗称南顶，系我华夏文化遗产之瑰宝。"②显然是当地民众通过借助女娲的名气和将风洞山塑造成娲皇信仰中的南顶来提升自身在该信仰中的地位。

关于风洞山祭祀娲皇的时间，无论是山上的碑刻还是潞城、黎城两地的地方志均无明确记载，但是村中老人说风洞山很早就开始祭祀女娲了。人们为了感激女娲的赐福，会在传说中女娲的生日三月十五这天举行庙会，拜祭女娲。在三月十五庙会的时候，风洞山下浊漳河两岸村庄的村民便会来南马村"赶会"。他们在这里除了朝拜女娲之外，还有物资交易、走亲访友等活动，这无疑加强了人们之间的交流与联系。这种交流与联系大多时候是和平的，但有时也免不了矛盾。在浊漳河大桥没有修建以前，河两岸的居民联系主要是夏天坐船（在黎城县东水洋村和潞城区石梁村有古渡口），冬天架桥。1924 年，河南岸的东社、正社、西社和河北岸的北马村就因为架桥问题产生了争执，最后由县里出面，事情才得到了解决。③

---

① 《紫云洞娲皇圣母开光捐资积德碑》，碑存梳妆楼前牌坊旁。
② 《娲皇宫记》，碑存娲皇宫左侧石壁上。
③ 关于此事见《移桥碑记》。（王苏陵：《三晋石刻大全·长治黎城县卷》，三晋出版社，2012:447。）

图 7　娲皇宫

资料来源：作者拍摄。

　　随着时代的发展和人们心理的变化，风洞山的神祇职能和体系也在发生着变化。原来人们祈求风调雨顺、多子多福，所以供奉了风洞神和女娲，而且就简单地在洞中竖立一道牌位进行祭祀。到后来社会大发展，尤其是改革开放后，生产力得到了极大提高，人们抵御自然灾害的能力逐渐加强，对于风调雨顺的祈求逐渐减弱，由于计划生育的政策，所以大多民众希望自己能有一个儿子，女娲的崇拜更加强烈，而风洞神逐渐"退居二线"，乃至于他的牌位被置于女娲神像后面一个不起眼的角落，原来并不是此处神灵的女娲终于"鸠占鹊巢"，成为此地的主导性神灵。从 20 世纪 90 年代开始，随着时代的发展，周边民众在风洞山上开始营建各种神庙，前面已经提到，山上除了娲皇宫之外，又兴建了玉皇庙、三清殿、山神庙、土地庙、财神庙、药王庙、龙王庙等庙宇，使得风洞山成为融合佛教、道教、民间信仰的地方。现在的百姓与古人一样，都是从实用主义出发，为了各自的需求来山上求不同的神仙，求子的拜女娲，求财的拜财神，求雨的拜龙王，求治病的拜药王。如今的风洞山已经建成了以娲皇宫为主体，多种神庙共存的建筑体系。2018 年，南马村陈姓商人捐资重修了风洞山娲皇宫建筑群，并且将山路全部铺了水泥，方便人们登山。除此之外，周边村庄的民众也积极响应，在山上竖立的碑刻中详细地保留了这些捐款人的姓名与捐款数额。通过走访，笔者发现捐款人员包括普通农民、商贩、教师等各行各业的人，甚至有些村干部也参与了这次捐款。对于普通民众来说，为神庙的修建捐款捐物是积德的善事。笔者在调查采访的时候，发现很多人来风洞山并不是朝拜神灵，祈求福运，而是把它当作一个旅游景点和休闲场所，因为山下便是河谷平原和浊漳河，视野较为开阔。在新的时代背景下，风洞山娲皇宫的功能已经不再局限于宗教信仰了，而是增加了旅游休闲和运动的功能。

人们除了求子外，还祈求神灵能保佑他们驱病消灾、发家致富、出入平安。原来掌管生育的女娲就"兼任"了这么多职能。[1] 比如在梳妆楼前的牌坊上就镶嵌着一块石碑，碑文提道："河南尉氏人士马银刚于一九九八年与娲皇圣母结缘，今捐款贰万元建此圣母殿门以感圣恩，宣示圣德。铭文志。"这种"结缘"很难说是与生育有关，很有可能是祈求他事。[2]

图8　风洞山鸟瞰周边风光

资料来源：作者拍摄。

四、余论

通过对风洞山娲皇宫的考察，我们可以发现在传统社会中，当地的地理环境对风洞山的神祇演变产生了重要影响。因为风洞山所处的独特区域以及自身的独特地貌，使得人们认为风洞山是神灵的所在，于是就以为此山有风洞神可以保佑风调雨顺，女娲在此送子赐福。通过这种信仰使周围居民有了更多的交流和联系，尽管有时这种联系是

---

[1] 这种现象在很多地区很普遍，即只要一处地方或一件事物被人们认为具有神意，那这种神意将是覆盖所有方面的，只要人们虔诚祈祷，可以实现人们的一切愿望。
[2] 《殿门修记》，碑存梳妆楼前牌坊。

紧张的。在新时代中，人们基于使用功能通过大量的造神建庙赋予了此山更多的功能。

　　著名的历史学家顾颉刚先生曾经提出"层累地造成中国古史说"，而民间信仰的发展其实也是在不断地"层累"，从北魏到唐代的佛教石窟造像，到之后的嘉禾堂、风洞神、女娲乃至其他神灵，风洞山周围的神灵信仰愈发丰富。风洞山特殊的地形地貌影响着周围百姓对它的印象，通过人们不断地建构，使越来越多的神性加诸此山，最直观的体现就是此山建筑景观的不断变迁。周边居民历代在此留下的各种各样的人文景观也反映了历史时期人们的信仰变迁情况。

附录

风洞山碑刻

一、积德碑

【碑阳】

碑额：积德碑　塑佛金身

碑名：无

河北省邯郸市郊区李伟平先生为南马村风洞山南鼎紫云洞圣仙造像

南马村风洞山南鼎紫云洞黎潞城信士弟子赠

公元二〇〇五年夏历乙酉年三月十三日立

【碑阴】无

二、风洞山财神庙简介碑记

【碑阳】

碑额：流芳百世

碑名：风洞山财神庙简介碑记

惟愿

国泰民安　平等互利　积德扬善　强不凌弱

正当取材　身得其所　以策开放　八方进宝

在各界人士和潞黎两县人民大力支持和援助下，有陈天其带领南马群众千余人所建而成。为了发展文化古迹传统，还望各界人士大力支持。

中华盛世

投工二百八十六个，折款一千五百元。搬运费五百五十元，原料费一千二百四十七元。共计三千一百九十七元。

　　布施行善十元以上者刻石纪念

　　南马村

　　岳普宏　二十元　　　王秋林　十元　　　陈志庆　十元

　　正社村

　　马金胜　□□□

　　北马村

　　赵赶财　十元

　　【碑阴】无

三、风洞山娲皇圣母梳妆楼碑记

　　【碑阳】

　　碑名：风洞山娲皇圣母梳妆楼碑记

　　该庙□修于何时无以查也。今有非常之人起造非常之事，感民之意、感神之灵、扬善惩恶、普度众生，黎民集资重修此庙，不过秉心政敬求志有应云尔□□□。

　　修造物资：南马村供树三株，瓦一千六百块；东社村供树十二株，砖五千块；正社供树三株。

　　集资款并列如后：

　　南马村

王宝林　六十元	齐里存　二十元	申才喜　壹拾元
申□王　壹拾元	史松会　六十元	王明亮　壹拾元
□联忠　壹拾元	王栓贞　五十元	王四亩　十五元
□仁栓　壹拾元	石国安　壹拾元	程水北　三十元
王□光　壹拾元	刘永生　四十元	岳三红　壹拾元
马和忠　壹拾元	谷奇贞　壹拾元	程小培　三十元

□乃贤 壹拾元　　王贵□ 三十五元　　齐□□ 壹拾元

焦春生 壹拾元　　申小何 二十元　　申良何 壹拾元

□何□ 三十二元　　郭保堂 壹拾元　　焦保平 壹拾元

刘苏北 二十元　　刘乃良 壹拾元　　焦天来 三十元

王□林 壹拾元　　陈□旦 壹拾元　　程乃友 二十元

□□□ 壹拾元　　陈天其 三十元　　岳文青 壹拾元

石□书 壹拾元　　李美英 十五元　　陈爱江 壹拾元

任永生 三十元　　□□□ 壹拾元　　焦长珍 壹拾伍元

陈月果 壹拾元　　齐春友 二十五元　　岳连洪 壹拾元

郭德宏 壹拾元　　王小巧 十五元　　□廷良 壹拾元

□来□ 二十元　　岳□□ 二十元　　杨父□ 壹拾元

贾根堂 壹拾元　　王福仙 壹拾元

正社村

焦树平 二十五元　　韩旭红 壹拾元

西社村

韩文兵 六十元

上遥镇

王海生 十元

靳曲村

杨红庆 十元

□□人

李长存 十元　　　　张羊 十元

北马村

徐海州 十元

天津

润泽奇 十元　　　　□马策 五十元

合计总收入两千八百零一块

创世人　齐耒贞　程根全　石合栓　焦天来　秦生才　岳贤□

代笔人　申天宝

公元一九九二年夏历壬申三月十三日竣工立

【碑阴】无

四、玉皇殿碑记

【碑阳】

碑额：灵光普照

碑名：玉皇殿碑记

天下太平，风调雨顺，生态和谐，百废俱兴。玉皇殿座风洞山脉，悬崖峭壁，高□云霄，气势非凡，灵脉有应。何时起建，无存记载，不可考也。今有非常之人唤起民众，统领各界名士在广大信士及民众的大力支持下重新建造殿宇，雄伟壮观，上合天意，下得民心。在仙圣开光之日，民众欢庆之时，立碑存照，撰文刻石以记之。

工程总费用三万两千六百七十元。为感厚爱，特将积德布施捐款名字在五十元以上者刻石署名于后，流芳千古。

发起人：秦生才带工人李存山

协助人：马何旺　王正强　石工：周付民　王培贤　□□□□□

木工：程根全　泥塑：韩志辰　油画：中苏红　石刻：谷奇锁　付永刚

本山主持人：秦生财　李根旺　王秋林　张巧连

公元二〇一〇年农历庚寅年四月三日立

【碑阴】

玉皇爷开光捐款名单

无名氏　两千	岳□红　一千六	杨翠娥　一千
张文庆　五百	王爱富　三百	马成话　一百五
岳连红　一百	马双梅　一百	段仁书　一百

岳买良　一百　　李根旺　一百　　秦云建　一百
郭云红　一百　　岳东旭　一百　　陈晋翔　一百
张巧连　一百　　申仓女　一百　　谷奇琐　一百
岳晚雯　一百　　岳丽雯　一百　　白晚英　一百
白秦英　一百　　白向英　一百　　秦云平　一百
秦云丽　一百　　郭喜苗　一百　　郭晚苗　一百
郭存苗　一百　　郭秋苗　一百　　王秋林　一百
杨华　一百　　岳长胜　一百　　马云岗　一百
刘云慧　一百　　刘天吉　一百　　王长青　五十
郑来英　五十　　白月英　五十　　白开英　五十
白旭日　五十　　马成军　五十　　李云波　五十
陈志庆　五十　　魏向旺　五十　　芦月娥　六十
焦存琐　七十　　马何旺　五十　　王小春　五十

东社

王玉娟　一百　　程思贤　一百　　郭乃红　一百
王云东　五十　　江联忠　五十　　张林红　五十
李存山　二百

上遥

王海北　三百　　白喜菊　六十

襄垣

连江华　一百

林州

郭启昌　一百

马岩

申苏红　一百

南马庄

路晓亮　一百

西柏峪

李海芳 一百

上村

王远飞 五十

潞城市

高天 五十

屯留县

刑民宝 五十

辛福庄

王晓思 五十

愿意施舍□□□回向法界普真情，人间福慧皆圆满，金报即□□□□父贤子孝家和乐，夫妻和合同修道，行者远离诸魔障，善道有情增□□成就□满□□□究意证悟白性果。

五、风洞山碑记

【碑阳】

碑名：风洞山碑记

风洞山者，取山有洞，洞生风，又有神能驱狂布和而名之者也。故凡有所求，虔则应，慢则否。予于乾隆庚辰春三月莅治黎阳，闻诸兹邑三年以来雨泽稀少，黎民疾苦莫可告语。正拟祈神祷稔，乃夏四月壬寅日暴风骤至，卷括田禾，农民计迫。予蹙额而相慰曰："尔民勿虞，吾闻风洞有神，能庇尔民。"随致斋减从，亲诣崇山，见漳水悠悠，松荫密密，岩壑谺开，不禁望之凛然而生敬曰："是真神居之所也。"于是搴衣而登，再跪而祈："予守兹僻邑，无一事兴革，堪质素心，然执□临民，清操自信，实非矫语鸣高，前此之久旱，小民已属不堪，今又何巽王之不收，损我禾稼，窘我黎民耶？"神乎，神乎，其有窥予微者？祷毕下崖，又见断碑残碣，漫漶不可辨识，洗濯拂拭，仅得知其为万历年间邑令毛君撰也。予因慨然而叹曰："神功之应也，验于此矣。"殆归未匝日，不觉天朗气清，惠风和畅，而又油然作云，沛然下雨，真所谓野□时雨润，绿已遍桑麻。自后暴风不作，甘雨常来，至秋后大获有年之庆。於戏！吾知他年之丰稔，当如今日也。无惑乎其祀典，直具山川社稷而并隆。予因解橐修其栋楹，整其栏楯，不事雕饰，取可久也。告成而绅士请予曰："感应如此，盍立片言，以志神功。"予曰："唯唯，否否，若谓予有格天之学，予又何敢？第不过秉心致敬，求之有应云尔。"是为记。

【碑阴】

吉地诸脉聚于风洞，山壁巍峨壮丽，浊漳穿流而过，山高谷深。是崖绝壁奇峰迭起，自然风光所取。民之意感神之灵，救善惩恶，日月清明、天下和顺、风雨及时，可谓人杰地灵所感也。

六、娲皇宫记

【碑阳】

碑额：娲皇宫记

碑名：无

风洞山娲皇宫是女娲炼石补天取风之洞，是娲皇会仙之南行宫，俗称南顶。系我华夏文化遗产之瑰宝，经历史战乱之劫损毁。今逢盛世必将重振，愿吾华夏子民共奋同资，使之光辉再显。铭文永志。

常村任阿庆撰文　谷奇锁刻

公元二〇一五年七月

【碑阴】

碑额：殿门修记

碑名：无

河南尉氏人士马银刚于一九九八年与娲皇圣母结缘，今捐款贰万元建此圣母殿门以感圣恩，宣示圣德。铭文志。

监造：任阿庆　工匠：谷奇锁

农历乙未年六月

七、紫云洞娲皇圣母开光捐资积德碑

【碑阳】

碑额：永铭

碑名：紫云洞娲皇圣母开光捐资积德碑

吉地诸脉聚于风洞，山壁巍峨壮丽，浊漳穿流而过，山高谷深。是崖绝壁奇峰迭起，自然风光所取。民之意感神之灵，救善惩恶、日月清明、天下和顺、风雨及时，可谓人杰地灵所感也。

南马风洞山圣母庙筹建组

秦生财	王秋林	崔春先	江联忠	马金胜
陈天其	焦天来	张邦吉	粟小平	程根全
马和忠	李根旺	陈发家	张巧连	申天保
齐来锁	岳书台	石田则	王宝贝	

泥水：王海新　书写：申天宝　刻石：付永明

公元二〇〇五年乙酉八月中秋立

捐款人名单

南马村

南马村民 300元	陈志斌 600元	岳晋红 500元
郭建林 300元	郭晚苗 100元	申安基 100元
魏金良 100元	杨保忠 100元	段仁书 100元
王存明 100元	郭二红 100元	魏栋梁 100元
陈金毕 100元	杨五生 50元	王秋林 50元
岳来文 50元	程保富 50元	秦生财 50元

申忠秀 50 元　　　马乃红 50 元　　　岳云鹤 50 元

马爱连 50 元　　　葛新选 50 元　　　魏志斌 50 元

李云波 50 元　　　郭全林 50 元　　　张金书 50 元

王小春 50 元　　　常国强 50 元　　　常国建 50 元

郭三林 50 元　　　陈宏斌 50 元　　　宋伟斌 50 元

申路彪 50 元　　　杨软拼 50 元　　　郭仁书 50 元

张多德 50 元　　　郭春堂 50 元　　　刘小斌 50 元

靳松山 50 元　　　杨新红 50 元　　　陈志庆 50 元

王国良 50 元　　　齐春友 50 元　　　陈天其 40 元

晋城

王晚苗 100 元

石梁砖厂

张春和 100 元　　　计□平 100 元　　　申向军 100 元

上村

秦运福 50 元

南马庄

路软文 50 元

东社村

程水北 50 元　　　程红伟 50 元　　　江联忠 50 元

西社村

李端正 100 元

正社村

崔春仙 50 元

坑西村

杨联红 50 元

中学

马□生 50 元　　　王建国 50 元

靳曲村

杨孝忠 100元　　　杨春林 100元

河北省

刘仁堂 100元　　　李伟平 100元

南马村

魏河旺 30元　　　陈忠兵 50元　　　秦志□ 50元

【碑阴】

碑额：无

碑名：捐款人名单

南马村

马安□ 30元　　　马爱娥 30元　　　申向华 30元

王福贤 30元　　　李纪兰 30元　　　申元宝 30元

程文秀 30元　　　石章书 30元　　　申安斌 30元

刘黑苟 30元　　　申立新 30元　　　马安贤 30元

申文和 30元　　　何永明 30元　　　魏志强 30元

申仓女 30元　　　杨七红 30元　　　焦天来 3元

程文志 30元　　　王红 30元　　　马河旺 20元

马巧红 20元　　　岳四红 20元　　　马三□ 20元

原福林 20元　　　申国良 20元　　　陈贵斌 20元

陈富斌 20元　　　申起□ 20元　　　王培□ 20元

李根旺 20元　　　马和忠 20元　　　常金明 20元

陈巧花 20元　　　王栓贵 20元　　　陈富春 20元

杨富成 20元　　　石国红 20元　　　靳龙斌 20元

马连红 20元　　　马根柱 20元　　　范双明 20元

张保山 20元　　　王成林 20元　　　陈爱良 20元

陈三喜 20元　　　原玉江 20元　　　马树安 20元

申廷□ 20元　　　王海平 20元　　　岳胖孩 20元

石丽波 20元　　　张文庆 20元　　　王丽青 20元

马江红 20元　　　程乃红 20元　　　马国强 20元

陈红良 20元	高建生 20元	岳连红 20元
王爱锁 20元	王爱富 20元	张奂拴 20元
申全红 20元	岳联习 20元	陈三红 20元
白艳青 20元	王长青 20元	马城军 20元
马从贤 20元	杨卫生 20元	程红伟 20元
杨高生 20元	陈云芳 20元	常安勤 20元
王玉斌 20元	张邦吉 20元	马志岗 20元
岳高峰 20元	岳国庆 20元	焦春生 20元
申云岗 20元	王保红 20元	雷廷良 20元
陈永生 20元	焦小军 20元	常金红 20元
郭保堂 20元	□彦军 20元	马海岗 20元
马云岗 20元	□长胜 20元	陈金忠 20元
马胜连 20元	申玉斌 20元	齐里存 20元
陈发家 20元	王思吉 20元	岳三红 20元
陈金贵 20元	马虎顺 20元	□东生 20元
王青春 20元	张利斌 20元	陈富强 20元

东社村

张杉红 25元	刘月芹 20元	陈月果 20元
王小巧 20元	任联花 20元	申小平 20元
王米成 20元	王焕奇 20元	刘志波 20元
程路生 20元	申长河 20元	刘苏北 20元
张国亚 20元	申小河 20元	马艳东 20元
程利福 20元	程满红 20元	常晚英 20元
张乃平 20元	王金枝 20元	宋长珍 20元
李美英 20元		

西社村

高文芳 30元

正社村

韩宪苏 30元　　马金胜 30元

上遥村

白喜菊 20元　　李苏花 20元　　程美秀 20元

李爱英 20元　　程巧连 20元　　高恩香 20元

任爱苏 20元　　宋新芹 20元　　常邦花 20元

马彦红 20元

鱼洼村

申庆彪 20元

大寺村

史庆北 20元

寺底村

原绍飞 20元

北马村

彪双计 20元

靳曲村

栗恩荣 30元　　杨鲜林 20元　　杨利飞 20元

岳三旦 20元　　焦爱霞 20元

坑东村

王土乐 30元

桥沟村

李彩民 20元　　杨彦红 20元

圪道村

张喜从 20元

长景背村

张秀兰 20元

黎城东关

高红章 20元　　李月娥 20元　　靳爱平 20元

西关村

李东仙 20 元

七里店村

郑伶艺 20 元

石梁村

范中英 30 元　　　　石海松 25 元　　　　石立岗 20 元

石东岗 20 元　　　　李二拴 20 元　　　　甘海顺 20 元

米宣凤 20 元　　　　赵建军 20 元　　　　侯苏红 20 元

南马庄

李秋花 20 元　　　　郭玫香 20 元　　　　冯兰兰 20 元

王麦花 20 元　　　　孙全凤 20 元　　　　申红梅 20 元

张文奂 20 元　　　　路兰兰 20 元　　　　李爱玲 20 元

杨喜奂 20 元　　　　岳双虎 20 元

上村

任树新 20 元　　　　石爱奂 20 元　　　　孟建国 20 元

申海岗 20 元

续村

赵建德 30 元

常村

任乃虎 20 元　　　　王苗芳 20 元

南马煤厂

孟冬生 20 元

以往布施款

南马村

岳晋红 50 元　　　　陈从安、陈志庆、焦金保 30 元

黎城

无名氏 100 元

五里店

郭新文 50 元

坑西

高会成 60 元

东社

张国方 20 元

八、南顶风洞山修路碑记

【碑阳】

碑额：碑志

碑名：南顶风洞山修路碑记

风洞盘山石阶庙路，前所未有。今有开明人士李卫平捐重资和黎潞两县人民的支持，从二〇〇五年冬到二〇〇七年春完工，全长二百米，台阶四百零五个，共投资三万一千元。捐款人名列如下：

河北省邯郸市李卫平 一万五千元　　　　西坡底张春和 五百元

西仵李贵宝 二百元　　　林州郭其昌 一百元

东社陈明兵 一百元　　　东社李翠山 五十元

西社韩飞 五十元　　　　西社韩贵娥 二十元

七里店杨子荣 三十元　　南马任永生 一百元

马成华 五十元　　　　　李学令 五十元

马双梅 九十元　　　　　付永明 五十元

谷二锁 五十元　　　　　常书庆 五十元

马何旺 五十元　　　　　白海生 五十元

王秋林 五十元　　　　　秦生财 五十元

魏何旺 三十元

本山主持：秦生财　王秋林　李根旺

石工：曹庄　王庆海

公元二〇〇九己丑年三月十日吉时立

【碑阴】无

明代大同镇堡寨及其内部运行机制调查报告

徐冉

笔者有幸参加了山西大学历史文化学院 2017 年暑期社会实践活动，调研对象为晋北长城沿线堡寨。调研人员包括 4 名老师，3 名 2016 级研究生与 15 名 2015 级本科生，分为东线、西线两队。西线队伍由杨永康老师、刘卫国老师带队，考察点为大同市平鲁区、左云县、右玉县。东线队伍由周亚老师、李嘎老师带队，考察点为大同市天镇县、阳高县、新荣区三地，笔者为东线考察队队员。考察于 2017 年 7 月 7 日开始，历时一周，13 日结束返回。本调查报告以笔者考察的天镇县、阳高县、新荣区三地为主要对象。

大同古称平城，又号云中。今大同市位于山西省最北端，地理坐标为东经 112° 34′ 至 114° 33′，北纬 39° 03′ 至 40° 44′。由于其处于游牧民族与农耕民族交界地带，又位于太行山腹里，故"自秦汉以来，开设云中郡，控驭边陲，藩篱燕赵，屹为重镇"。[1] 明朝在大同设府，"屯聚雄兵，尤为天下要塞"。[2] 永乐年间定都燕京后，大同更成为京都的肩背之地，镇守攸重，以至于敌人一旦"专制大同，北塞紫荆，东据临清，决高邮之地，以绝饷道"，[3] 京师就会受到围困。

---

① （清）黎中辅纂，许殿玺校注：《大同县志》，山西人民出版社，1992。
② 同上。
③ 陆岩司，程秀龙，吕福利：《读史方舆纪要选译》，山西人民出版社，1978。

大同作为屏藩京师的"天下之脊"，其地屏全晋、拱神京的重要地位由此可见一斑。为了防止北方游牧民族南下，明王朝在大同设卫所、修边墙、置城堡，形成一个"点、线、面"相结合的防御体系。官堡修建始终是明朝边防的重要任务之一，作为冷兵器时代一种特殊的军事防御建筑，堡寨在晋北极其普遍。

我们的田野点在今大同市天镇县、阳高县和新荣区。三地皆处于大同市最北端，北与内蒙古自治区接壤，堡寨分布极为丰富。我们两天考察一个县域，到达一堡首先将堡寨遗址与文献记载相印证，同时走访堡寨中的老人，收集口述史料和地方文献。通过历史文献的解读和田野调查相结合，本报告试图解决以下问题：一是梳理天镇县、阳高县、新荣区堡寨的历史沿革及现存状况；二是以历史文献为依据探讨作为冷兵器时代的军事防御设施的堡寨在明代的内部运行机制；三是理解当前堡寨内部的信仰、婚姻、教育等日常生活。

早期针对山西北部长城堡寨的研究，大多数都是从单一学科视角出发，以传统文献为研究文本，将研究视角放在堡寨本身的建制、遗存和长城沿线的军事、政治事件上，且多以平面、静态的研究为主，缺乏"修建背景和防御体系""全面、系统的考古田野调查"和"史料与现存遗迹"[1]相结合的研究。近年来，赵世瑜主编的《长城内外：社会史视野下的制度、族群与区域开发》"尽可能地从生活在长城这个巨大的墙体两侧的人群出发，观察历史上与长城有关的制度、事件如何影响到这些人群的生活，也注意这些人群的生活如何与上述制度、时间一起，共同构成了地方社会结构"[2]，是以"小地方"与"大历史"的互动关系研究长城沿线社会发展的一个范本。本调查报告也力争对前辈学人的治学方法有所借鉴。

---

① 尚珩：《明大同镇长城防御体系研究》，山西大学硕士学位论文，2010。
② 赵世瑜主编：《长城内外：社会史视野下的制度、族群与区域开发》，北京大学出版社，2016。

一、天镇县、阳高县、新荣区现存堡寨的考察

天镇县位于山西省大同市东北部，东与河北省怀安县、阳原县相邻，南和阳原县毗连，西同阳高县接壤，北与内蒙古自治区兴和县及河北省怀安县相楔，地理坐标为东经 113° 53′ 30″ 至 114° 32′ 30″，北纬 40° 9′ 8″ 至 40° 44′ 35″。阳高县位于东经 113° 28′ 36″ 至 114° 6′ 15″，北纬 39° 49′ 50″ 至 40° 31′ 10″，东与天镇县接壤，西与新荣区毗连。新荣区位于山西省最北端，位于东经 112° 52′ 至 113° 31′，北纬 40° 07′ 至 40° 24′，北与内蒙古丰镇、凉城县接壤，东与阳高县相邻。天镇"介燕云间，居晋极边，前代尝为兵卫"[①]，处于边塞的地理位置使得该地军事地位极为重要，阳高"旧戎马地,自前明洪武定鼎始建城垣,置官属,设卫而屯军"，"武备是修，未遑文事"[②]，充满了军事色彩，而新荣区作为古大同县的一部分，其藩篱燕赵的重要性更是不言而喻。我们的调查点之所以选在天镇县、阳高县、新荣区三地，正是因为在该地区长城遗存及堡寨聚落分布较为集中——天镇县的保平堡和新平堡为明代阳和道所辖新平路参将分属，瓦窑口堡、永嘉堡和镇门堡为阳和道所辖东路参将分属；阳高县的镇边堡、得胜堡、镇河堡为分巡冀北道所辖北东路参将分属，破虏堡和助马堡为左卫道所辖北西路参将分属；新荣区内还有著名的"边墙五堡"遗址。由于调查地点长城文化较为丰富，开展集中的田野调查条件更加便利。本节试结合明清及当代的志书、专著梳理所调查堡寨的历史沿革及现存状况。

（一）天镇县

1. 保平堡

我们于 2017 年 7 月 8 日上午 8 点 30 分到达天镇县保平堡。今天

---

① （清）洪汝霖等：《天镇县志》，成文出版社，1968。
② （清）苏之芬等：《阳高县志》，成文出版社，1976。

的保平堡位于县治北 23 公里，东经 114° 03′ 45″，北纬 40° 37′ 30″交会处。北接北黄家湾，南依杏园窑，东临杏园窑沟，西距长城 1.5公里与内蒙古接壤。① 有明一代，保平堡分属大同阳和道辖新平路，是新平堡直属戍堡。堡设于嘉靖二十五年（1546），隆庆六年（1572）包砖，嘉靖四十四年（1565）设守备，城墙高三丈五尺，周长一里六分，②占地面积 41 亩。堡只有一个东门，门上石额依稀可见"镇云"二字。据《宣大山西三镇图说》，嘉靖年间保平堡设旗军三百二十一名，有马十八匹，分管长城七厘五分，分管边墩十八座，火路墩十一座。嘉靖三十七年（1558）蒙古游牧部落首领俺答汗由此入侵，形势危急，在新平堡和平远堡的应援下才得以抵抗。③ 因此宣大总督对保平堡的防守地位格外重视。

现在的保平堡已经成为一个荒堡，堡内无居民居住。由于保平堡内没有水井，堡内原居民只能人畜驼用堡东约 0.5 公里的杏园窑沟底溪水。20 世纪 80 年代后，因饮水困难堡内居民多举家迁至大南沟就水。80 年代，村民由堡东南依坡向杏园窑沟发展房舍，90 年代向沟南畔发展，乃至形成沿沟一条线，跨沟又一片的民居格局。④1994 年最后一户迁至堡外，保平堡遂废弃。在笔者田野考察之际尚可见堡内窑洞、菜窖遗址，堡中也留存有居民所用的磨盘等大型生活器具。

经考察，我们在靠近堡墙处发现数个地道，其宽度大致容一人通过。地道这一设施在堡寨中是常见的。当外敌围城时，首当其冲的就是在壕墙内的守将。设置地道，一来可以为那些"瞻寒失措"的将士准备后路，使守将"心志定，勇敢决"⑤，起到振奋人心的作用；二来可以使战备物资、人员转移更为灵活，不至于围城而死。地道多设置在紧邻敌台的地方，"于堡垣内下窑丈余，其大容人，次横穿之。至

① 天镇史志办公室编：《天镇县村镇简志下》，内蒙古人民出版社，2005。
② （明）王士琦：《三云筹俎考》卷三《险隘考》，长城小站校勘版。
③ （明）杨时宁：《宣大山西三镇图说·大同镇总图说》，万历癸卯刊本影印版。
④ 天镇史志办公室编：《天镇县村镇简志下》，2005。
⑤ 尹耕：《商务印书馆旧书集成初编·乡约》，1936。

垣外，复窑而上，窑皆直穿，旁剧七坎为阶"[1]，地道在非战争期间，则派堡内余丁和身体强健的妇人把守。

图1　保平堡地道　东线调查队员2017年7月8日摄于保平堡内

保平堡海拔1245—1255米，地势较高。从《三云筹俎考》之保平堡地图可以看到，保平堡位于一处高地，依山而建，南高北低，居高临下。这样的地势既有利于设险，又有利于排水。尹耕的《乡约》也将"依高"作为堡寨建置的首要条件，强调地势的重要性，即好的堡址不仅要居高临下，易于设险，还要有屏障，便于屯兵，不至于让敌人一眼便探清虚实。但处于高地的堡寨都有一个限制其发展的重要因素——水源。"土脉亢燥、水汲艰难"[2]是保平堡在失去其军事功能后，堡内居民不断外迁的重要原因。同保平堡一样坐落于高地的柏杨岭堡原设于柏杨岭，"后因山高缺水，改移于窑儿堰，仍存故名，而新堡亦复无水，军士取汲于塌崖沟中"[3]，也是因为缺水限制了堡寨的发展。

① 尹耕：《商务印书馆旧书集成初编·乡约》，1936。
② 尹耕：《商务印书馆旧书集成初编·乡约》，1936。
③ 转引自李贞娥：《长城山西镇段沿线明代城堡建筑研究》，清华大学硕士学位论文，2005。

2. 新平堡

考察完保平堡后我们直奔新平堡。途中，我们登上晋蒙长城分界线的一座墩台，站在南面北望，即是内蒙古自治区。站在北面南望，西面是内蒙古古城村，东面是当年设在新平堡的西马市口。据光绪《天镇县志》记载，马市口"在新平堡西北，至县六十三里，今新平营千总驻守，案《明史·鞑靼传》，嘉靖中，开马市以中敌，兵部郎中杨继盛上疏争之不得。明年春以侍郎史道莅其事，开市大同。此其始也。"[1] 且该市乃一处大市，每年进行一次贸易。[2] 由于其毗邻内蒙古的特殊地理位置，马市口现在也是通往内蒙古的交通要道。

图2　新平堡内玉皇阁　笔者于2017年7月8日摄于新平堡内

今新平堡镇即明大同七十二堡之新平堡，属阳和道。其地理坐标为东经114°04′20″，北纬40°39′25″。新平堡地势整体南高北低，海拔1200米左右，西洋河从村北向东南绵延，河北是双山，向东是

① （清）洪汝霖等：《天镇县志》，1968。
② 同上。

一川平坦的土地。[1]新平堡位于山前冲积扇地区，"在善后出山口，若鹰嘴然"[2]，自然条件优越。据《宣大山西三镇图说》记载，新平堡设于嘉靖二十五年（1546），隆庆六年（1572）包砖，高三丈五尺，周三里六分。除援兵外，堡内旗军六百二十三名，马骡五十七匹，分管边墙十八里、市口一处、边墩二十六座、火路墩十六座。[3]无论是堡的形制还是规模，新平堡都是保平堡的两倍有余。新平堡北门曰镇房门，东门曰迎恩门。据堡内居民介绍，堡内的人习惯视东门为喜门，北门为丧门。堡内十字街中心的玉皇阁，建于明万历二十一年（1593），在清朝三次重修。阁一层有极为精致的壁画。据当地分管旅游的刘镇长介绍，壁画在"文化大革命"时期被当地老百姓糊住，因此现在很不清晰。从目前的遗存来看，壁画造诣水平极高，在人物的衣服和帽冠上都有镶嵌装饰物的痕迹。总兵马芳府邸在堡东南部，清末民国乃至今日，转为孙氏所有。马芳府作为大户人家的代表，体现着一种大气和精致。在大门口两边有着精致的石雕，一进大门也可看到一处大型石雕，历经百年仍显精巧。甚至屋檐的瓦下也有雕花，可显出与一般人家不同的气概。在东大街的进士府中，我们又看到了另一种"雅致"的建筑风格。屋内门上用竹子作装饰，这在北方是少见的。府邸的外围背面有一面圆形石刻的墙，刻有花瓶、飞鸟等形象。总体来说，新平堡目前是一个较为兴旺的堡。新平堡由于毗邻马市，有经商的传统。据《天镇县村镇简志》记载：明代村民尚武好勇，勤耕守土为荣，多习染经商贸易。清代渐至重商薄耕。一堡之户，七成经商，以上取利，为村至上之道。[4]

3. 瓦窑口堡

现在的天镇县逯家湾镇宣家塔乡瓦窑口村即明朝时瓦窑口堡。其

---

[1] 新平堡公社新平大队：《新平堡村史》，天镇县档案馆藏，1966。
[2] （明）杨时宁：《宣大山西三镇图说·大同镇总图说》，万历癸卯刊本影印版。
[3] 同上。
[4] 天镇史志办公室编：《天镇县村镇简志下》，2005。

位于东经 114° 07′ 16″ 和北纬 40° 32′ 56″ 的交会处。瓦窑口地处大梁山与二郎山之间的瓦窑沟出口处，东至胡家洼 5 里，西去张仲口 5 里，距县城 30 里，是本县前后川的交通通道，天兴公路经村纵穿南北，沿大梁山盘旋北上。瓦窑口堡设于嘉靖三十七年（1558），隆庆六年（1572）包砖，堡周长一里六分，堡高三丈五尺，内设守备、把总各一员。领旗军四百五十二名，马二十匹，分管边长七里九分，边墩十八座，火路墩八座。"堡当咽喉，为新平孔道"。[①] 我们于 9 日上午 9 点 40 分到达瓦窑口堡附近，堡址现已消失，卡车、挖土机正在此地作业，堡内居民大多外迁形成新的村庄。

4. 李家寨堡

现在的天镇县逯家湾镇李家寨村即明李家寨堡。李家寨村在北纬 400° 30′ 37″ 与东经 114° 10′ 39″ 相交处，北临南洋河，村南为洪积扇区，地势南高北低。[②] 李家寨于明永乐年间（1403—1424）筑堡，起初具有民屯的特点，该堡距离长城较远，需要涉河才可到达。《宣大山西三镇图说》和《三云筹俎考》都未对李家寨堡予以详细记载。整个堡内地势相对低平，堡中仅存的一户人家居住着一位 70 岁的大爷和他 67 岁的妻子。老人自家有几亩地，吃自家种的粮食，家中有一口水井可供生活用水和食用水。堡内也已通电，老人家中有冰箱、电视等电器。

5. 永嘉堡

现在的天镇县逯家湾镇永嘉堡村就是明永嘉堡，属阳和道东路。其地理坐标为北纬 40° 31′ 27″ 和东经 114° 15′ 30″ 的交会处。据光绪《天镇县志》记载，永嘉堡在县东北四十里，设于嘉靖三十七年（1558），万历十九年（1591）包砖，与宣镇李信屯相犄角，设有操

---

① （清）洪汝霖等：《天镇县志》，1968。
② 天镇史志办公室编：《天镇县村镇简志下》，2005。

守一名。[1] 堡周二里五分，高三丈六尺，内驻操守一名，领旗军三百零七名，马十八匹，无分管边墙，管火路墩十座。[2] 堡现有东北西三门，但没有南门。据采访的 66 岁任大爷说，该地的南门是由于发大水冲掉了，之后便开了东北西三门。该地的粮食作物以玉米、红薯、土豆为主，但今年由于天大旱，收成不好。任大爷还说，该地在日本人统治时被称为"永络村"。[3] 村中有数处至少有百年历史的古屋，现已废弃。村东偏北 1.5 公里的孤岗上有一烽火墩，烽火墩中空，可以攀爬进入墩上瞭望。永嘉堡明清以降就是天镇城东商品集散地之一，传统有五月十三的庙会，商贾云集，是沟通蒙汉物资交流的重要市场。[4]

（二）阳高县

1. 镇门堡

今阳高县罗文皂镇镇门堡村即明镇门堡。该堡设于嘉靖二十五年（1546），隆庆六年（1672）包砖，堡高三丈五尺，周长一里五分，原设操守，万历二十七年（1599）改设守备，领旗军五百一十名，马四十八匹，分管边墙十三里五分，边墩二十一座，火路墩两座。该堡只有一个南门，堡内南北道为交通道。该堡的水源为一口有山泉水的水井，堡墙的最高处正对南门，堡墙的北面约 200 米就是长城。堡内曾有一座玄武庙。

通过与村口老人攀谈，我们得知堡外南边的房子比西边的早建设，南门外有的房子是清末民初建造的，至少有上百年历史。而西门外的房子是 20 世纪 70 年代以后建造的，规划比较整齐。堡内有居民居住，但村落范围有外扩的趋势。

---

① （清）洪汝霖等：《天镇县志》，1968。
② （明）杨时宁：《宣大山西三镇图说·大同镇总图说》，万历癸卯刊本影印版。
③ 访谈对象：逯家湾永嘉堡村民任某（男，66 岁）；访谈地点：永嘉堡内；访谈时间：2017 年 7 月 9 日。
④ 天镇史志办公室编：《天镇县村镇简志下》，2005。

2. 守口堡

今阳高县龙泉镇守口堡村即明守口堡。守口堡在阳和城西北，距城十五里。明嘉靖二十五年（1546）土筑，隆庆六年（1572）包砖。[①]守口堡原设操守，万历二年改设守备，领旗军四百六十六名，马四十五匹，市口一处，分管边墙一十二里二分，边墩二十三座，火路墩四座。[②]由于其险要的地理位置，明朝该地设有官方马市，每年固定六、九月开市。因时间关系，我们没有深入守口堡内进行考察。

3. 镇边堡

今阳高县长城乡正边堡村即明镇边堡，该堡原是一个名为镇胡堡的民堡。嘉靖十八年（1539）设为官堡，万历十一年（1583）包砖，属分巡冀北道北东路。堡周三里八十步，高四丈一尺，内驻守备一员，官军六百九十九员，马骡八十二匹，分边二十一里，边墩三十座，火路墩六座。据《创立五堡以严防边事》记载，镇胡堡四周多沟岔，道路崎岖，如遭遇围攻，救援的士兵和粮草一时不可到达，故需置他堡以配合。而镇胡堡西部的南车房地势高、土地肥沃，故在此设一堡。红寺堡在镇城正北，原是一个狭小逼仄的小堡，且年久失修，已经荒废，经此修缮之后在堡内增设军马、派遣兵将，如大敌将至，则起到通报消息、一呼百应的作用。护堡村西五十里地有一沙河旧堡，坐落于沙河北岸，因为周围皆为淤泥，所以将沙河堡移至河南岸好女村。为避免红寺堡孤立无援，遂又在红寺堡西二十五里设一护堡村，起到援应红寺堡的作用。最后，嘉靖十八年（1539）红寺改为宏赐堡、南车房改为镇远堡、护村改为镇房堡、沙河堡改为镇河堡，这四堡与镇胡堡共同构成了"边墙五堡"。[③]边墙五堡在嘉靖年间的战略地位极为重要。《皇明九边考》记载："五堡务要推心置人，正巳率下，抚恤得益，操

---

① （明）王士琦：《三云筹俎考》卷三《险隘考》，长城小站校勘版。
② （明）杨时宁：《宣大山西三镇图说·大同镇总图说》》，万历癸卯刊本影印版。
③ 《创立五堡以严边防事》，载自（明）陈子龙：《皇朝经世文编》卷一百六十六。

练有法，固保城垣，防御虏寇，地无横占，家有乐业。"[1] 镇边堡现有一条经过商业改造的街道。据一位牵着毛驴的大爷说，村里没有学校，水井多被废弃。

图3　镇边堡商业街　东线调查队员2017年10月摄于镇边堡

（三）新荣区

1. 镇河堡

今新荣区西村乡沙河村即为明镇河堡。镇河堡设于嘉靖十八年（1539），万历十四年（1587）包砖，无边墙分管。原设有守备，万历十四年将拒墙堡操守移至此处，堡周二里十八分，高四丈，内驻操守一员，领官军三百五十八名，马骡七匹，只管火路墩八十座。[2] 由于它较得胜堡、拒墙堡来说距边墙远，形势不那么险峻，因此是作为拒墙堡、得胜堡的后援，和拒墙堡、得胜堡安危与共。[3] 该堡的坐落方位很特别，以"四角为正"，即堡的四个角对应东、南、西、北四个方位。因此堡里也流传着这么一句谚语："斜堡圪嶚街，说谁谁出来。"堡外城墙依稀可见，但包砖大面积脱落。东北门上的"镇河堡"

---

① （明）魏焕：《皇明九边考》，台湾华文书局，1969。
② （明）杨时宁：《宣大山西三镇图说·大同镇总图说》，万历癸卯刊本影印版。
③ （明）王士琦：《三云筹俎考》卷三《险隘考》，长城小站校勘版。

三字已经被凿毁，据说是 20 世纪 60 年代破旧立新时，派人专门把额上三字凿掉。[①] 堡内以十字街划分，分为上头街、下头街和东西南街，地势西南高东北低。村里主要种植高粱、山药、土豆。以前村里庙有很多，像城隍庙、奶奶庙、观音庙、龙神庙都有，村民介绍说他们小的时候还在庙里踢毽子。城隍庙里有奶奶庙，庙里有金水桥那样的桥。而镇河堡镇的河是淤泥河，河流到浙家姚水库。[②]

2. 破虏堡

今新荣区破虏乡破鲁堡村即明破虏堡。破虏堡位于新荣区西 15 公里处，地处马头山脚下，淤泥河源头，破鲁盆地中心，西与左云县接壤。[③] 堡只有一个南门。破虏堡设于嘉靖二十二年（1543），万历元年（1573）包砖，堡周长三里二分有余，高四丈二尺，原设有守备一名，万历十四年因堡设腹里，改设操守，领旗军三百二十名，马二十九匹，分管火路墩五座。破虏堡所在地区地势平坦且无险可依，蒙古游牧部落易长驱直入。但因该地土壤肥沃，粮食可以满足军士月粮供给和百姓生活，因此堡内少有居民外徙。

据村民说，村里以前有观音庙、奶奶庙、城隍庙、火神庙等庙。村中主要靠关井吃水。杜姓是村中大姓。20 世纪 40 年代末村中有 700 多人，以前村子是归左云管理，1977 年归新荣区管理。总体上，破虏堡是考察所见当前居民较多、与外界沟通较频繁的一个堡。这与它处在交通线上的优越地理位置和宁靖寺对信众的吸引力有密切的关系。

---

① 《明朝大同镇七十二城堡之镇河堡》，http://blog.sina.com.cn/s/blog_d83f10520102vq5r.html.
② 采访对象：村民（男，75 岁）；采访地点：镇河堡内；采访时间：2017 年 7 月 11 日。
③ 《明朝大同镇七十二城堡之破虏堡》，http://blog.sina.com.cn/s/blog_d83f10520102vqeal.html.

图4　得胜堡东门题记　笔者2017年7月12日摄于得胜堡

3. 得胜堡

今新荣区堡子湾乡得胜堡村即明得胜堡。得胜堡位于堡子湾北5.5公里处。西、南靠京包铁路，东临饮马河，东北距镇羌堡0.5公里。[①]得胜堡设于嘉靖二十七年（1548），初名"绥虏堡"。万历二年（1574）包砖，堡周三里四分有余，高三丈八尺。得胜堡为明代隆庆年间大同所开的三所官市之一，与歹成台吉等部通商。我们于11日上午9点35分到达得胜堡。得胜堡开南门，入南门为月城，东进瓮城，入瓮城后便是现在保存的堡门，即当年得胜堡须转三道门才可进入。[②]可见其作为统领北东路八堡的大堡地位。今堡门门洞上方有精美砖雕，并镶有一块万历丙午年立的门额，曰"保障"。门洞东西两侧皆有一碑记，都在"文化大革命"时期被写上了毛主席语录。门洞东侧题记尚可辨认，试读：

① 大同市地名办公室：《山西省大同市地名志》，内部发行，1987。
② 《得胜堡》，大同市新荣区人民政府网2016年11月30日发布，www.xr.gov.cn/plus/view.php?aid=1.

为丙治理，宜□□□□，非计等事，照得奉文展筑得胜系□准，月城二，为共护保市口，实乃大同一镇封……实极卫要地，因其人稠地狭，原议添筑关城一座，东西南三面大墙，延长二百二十八丈，城楼二座，敌台、角楼七座，俱各调动本路镇羌等七堡军役匠役，共计一千一百八十八名，原议城工俱用砖石包砌，于万历三十二年十月内起三十五年八月终止，所有原议土筑砖包，关城、大墙开，城楼敌台等项，俱各通完。仍有原议新军营台三百间，今亦盖完，其原议军夫匠役口粮米五千四百四十三石，已支过口粮米三千七百六十九石一斗，节者口粮米一千六百七十三石九斗。原议军夫匠役监筑并烧造砖灰炭、脚赀及营房木植物料，共银二千九百五十三两七钱，已支用过银二千五百零二两三钱，节省盐菜料四百五十一两三钱，今将管工人员姓名勒此于后。

该碑记载了万历三十二年重修得胜堡之原因、添筑设施以及开销。门洞西侧碑记现已模糊不清，无法认读，但据推测应该是列出督修人员的姓名。

登上堡门可见堡内有一条南北大街，东西各有六条小巷。堡正中还保存有一座砖碹拱形四门相通的玉皇阁基座，基座上部原为木楼。门洞四方皆有石刻门额，东为护国，西为保武，南为雄藩，北为镇朔。据当地旅游局工作人员介绍，玉皇阁南部20步有一木牌楼，高8.3米，宽16.6米，上铺琉璃瓦，十分壮观。1964年为了解决学习教育场所问题，该牌楼被拆除，在原地点盖了一座前为礼堂后为戏台的建筑。2006年戏台拆除。目前在玉皇阁基座前大约10米处依稀可见地表建筑物遗迹。该玉皇阁在明朝为行政区与居民区的分界线，以南为居民住地，以北为官衙。老百姓基本不往北面迁移。得胜堡东南方不远处曾是一片水域，是得胜、镇羌二堡驻军牧马的地方，至今还保存着当时的地名，如营盘、教场等。

4. 市场堡

市场堡是一个保存完整的马市，并不见于史料记载，是近年来考察所发现的位于得胜堡北一里处的一个小堡。[①] 在此设马市，不仅是乘此地在嘉靖年间已开马市之便，也是因其有得胜、宏赐、镇羌三堡守卫，较为安全。

5. 助马堡

今新荣区郭家窑乡助马堡村即为明助马堡。助马堡建于嘉靖二十四年（1545），万历元年（1573）包砖。堡周长二里四分，高三丈八尺，原设守备员一名，内驻扎本路参将，领骑兵六百三十四名，马三十匹，分管边墙二十里三分，边墩二十五座，火路墩八座。[②] 助马堡与镇羌堡、拒门堡、拒墙堡被称为"塞外四堡"，保安堡建成后，与保安堡合称"塞外五堡"。隆庆五年（1571），明朝在大同镇设置得胜堡、守口堡、新平堡马市，次年在助马堡设马市，"银助马"一称即可想见当时助马堡马市的繁华。李杜有诗可印证："吹笛关山落日隈，几年曾此得登台。天王有道边关静，上相先谋马市开。"[③] 助马堡开东门，出东门为瓮城开南门。助马堡西北角为武衙门，现为供销社房；西南角有五道庙。入堡门右侧当时为文衙门。堡内鼎盛时期有庙宇 26 座，戏台十余座，还有铜人铁马的雕塑一座及一对三丈多高的石雕旗杆，现仅存一只。

以上是对我们所调查的堡寨的历史沿革梳理。在我们所考察的13 个堡中，除了少数堡寨目前仍然人丁兴旺外，其他大多数堡寨要么是已经成为几乎空无一人的荒堡，要么是堡内仅剩下年迈者和病残者。在我们调查中目前堡内较为兴旺的有破虏堡、永嘉堡和新平堡。堡寨

① 杨勇：《得胜堡史话》，《大同长城》，2011（1）。
② （明）杨时宁：《宣大山西三镇图说·大同镇总图说》，万历癸卯刊本影印版。
③ （清）道光《大同县志》卷十四《艺文志》。

的命运与堡寨本身的区位有关，有的堡自建堡起就是一个交通便利、土壤肥沃、产粮丰富之地，如破虏堡；有的堡因为临近蒙汉交易市场，人员流动频繁而给堡寨注入活力，如新平堡。而保平堡则因处于高地，水源短缺而逐渐成为荒堡，村址转移到大南沟乡。

二、明代堡寨内部的运行机制

在考察三地堡寨的历史沿革及现存状况后，我们理清了堡寨的历时性发展沿革。但这仅仅是对堡寨本身发展的探讨，堡寨不仅仅是一座孤立的建筑——堡寨的设置，除了朝廷的一纸命令还应该有个人的总结思考；堡寨的运行，除了朝廷的旨令还应该有士绅自发的组织防卫；虏患当前,除了军官的挥斥方遒还应该有军民的组织防守。以"自下而上"的眼光去探讨堡寨的运行，才能看到堡寨是如何由一座座夯土包砖的冰冷建筑成为如火如荼的守边重地，才能尝试还原堡内居民生活的某个片段。

尹耕的《乡约》为我们还原明代堡寨内的生活片段提供了史料借鉴。尹耕，字子莘，号朔野，大同府蔚州人（今河北蔚县）。嘉靖壬辰（1532）考中进士。嘉靖二十九年（1550）八月，被任命为兵部职方司员外郎中。同年冬，尹耕因得罪权贵被贬，后又罢官。[1] 罢官回乡后，尹耕撰《乡约》《塞语》等书。《乡约》作为私人修撰的堡寨著述,体现出浓厚的地方宗族社会的色彩。《乡约》分十二个部分：堡置，即建堡的地形和环境；堡势，即强调并堡联合；堡制，即堡的规制；保卫，即堡内防御设施及保卫人员；堡器，即堡中军事装备；堡蠹，即危害城堡的因素；堡众，即堡内居民的军事职能分配；堡教，即堡中军事教习；堡符，即堡内类似于身份证的名牌；堡费，即堡内财政管理；堡候，即战时预警。十二条紧密联系，构成一个设施、人员和道德教化三位一体的完整运行机制。《乡约》具有浓厚的传统乡村宗族约法

[1] 特木勒,居蜜：《跋美国国会图书馆藏明刻本<两镇三关通志>》,《史学史研究》,2006(3)。

的特点。尹耕认为"约"是乡中秩序之保障，传诵乡约，则可使乡中赏罚分明、救灾度荒、共同防御。而对于这些设在边防的乡来说，"乡成则畎亩皆险，约举则耒耜皆兵"，乡约是堡寨军事防御的制度保证。[①]本节以《乡约》为主要文本，探讨明代堡寨内部的军事防御设施、人员安排、财政管理等运行机制。

（一）堡寨内部的防御机制

军事防御是保证堡寨内部安全的首要因素，它与堡寨形制相配合，达到拱卫堡寨的作用。根据《乡约》的记述，整个防御机制包括壕墙、地道、雍门、警夜。

第一种军事防御设施是壕墙。壕墙建在壕沟以内，堡器以外。建设壕墙后，墙内之人"钩之以长钩，截之以巨斧，推之以月牙拐"[②]，来犯者皆不可靠近。壕墙一般高六尺，地基二尺余，外逼壕堑，内为夹道。善于射箭之人可以在墙内与敌对射，不善射箭的人则潜伏在壕墙内，以陴上旌旗摇动的方向为指令出击。其次是地道。当外敌围城时，城门紧闭，独留壕墙内的守将在此。设置地道以通往来，一来可以振奋壕墙内守将的勇气，使其不致有孤军之感；二来可以使战备物资、人员转移更为灵活，不至于围城而死。地道多设置于紧邻敌台处，其宽度刚好容一人穿过，平时派余丁和"健妇"把守。再次是雍门。最后便是警夜。警夜人员一般由堡内家境贫寒之人担任，由公家为其在壕墙内地道旁修建房舍，舍中养有数只犬。其警报的方式也颇为丰富，有类似于今天的拉铃铛、投石子、设暗号等方式。警夜人员的任用上有"任人唯亲"之倾向，其人不仅要做事谨慎可靠，而且必须是堡里土生土长之人，在堡中有亲戚朋友，以防奸细。在夜晚若遇到蒙古人入侵，警夜人员则在长三四尺的草束两端点火，投火束于各垣以示警备。

通过壕墙、地道与雍门等防御设施的配合，再辅以警夜人员的巡

①尹耕：《商务印书馆旧书集成初编·乡约》，1936。
②尹耕：《商务印书馆旧书集成初编·乡约》，1936。

逻，提高堡内的安全系数，构成了堡寨内部的防御机制。这种防御机制具有自发性的特点。即堡内居民自发组织、高度联合构成的防御体系，而非官方"自上而下"的安排、统筹。自发的防御对于提高堡内居民的警惕意识，配合官方的军事防御有积极的作用。

（二）堡寨内部的人员安排

虽然堡寨内部设有官兵，但尹耕追求的是畎亩皆险，末耜皆兵，以达到"兵以战境上，而民以战清野"[1]的效果，因此有效利用堡内人员是一个关键的措施。尹耕认为，堡中并非缺少人丁，而是如何人尽其才、合理职能分配。在尹耕的规划中，堡中设置有堡长、费长、队长、壕墙众、弓箭手、火枪手、礧石手、陴众、悬石卫木众、地道众、绝艺人和余众共十三类角色。且在职能分配上，堡中男女老少都被列入了分配范围，从德高望重的长者到涉世未深的少年，从有勇有谋的男丁到身体强健的妇人都参与了堡寨的军事防御。

堡寨中充当管理者的有堡长、费长和队长。其中首要的角色是堡长。堡长是堡寨运行的指挥者，"掌堡之守御方略，以发从指示者也"。[2]堡长一般由堡内德高望重的长者担任，人数根据堡的规格选定，一般小堡选一人，大堡选两人，再大的堡选三人。堡长的日常事务有稽查堡内教习风俗、检阅军事器械、调度人丁、监督外来者以及每月召开三次堡内会议。相较于朝廷在堡内设的守备、操守等官员，堡长作为堡内"年长有器望为堡人信服者"[3]，在堡内的威信更高，其指令执行起来更为顺畅。堡长一方面扮演着宗族族长的角色，一方面扮演着防御指挥者的角色。仅次于堡长的是费长。费长即堡内财务的管理者，一般由堡内家境富裕者担任，一来是因为家富者善于理财，二来是家富者不会"自蹈不义"[4]。一般小堡中设两名费长，大堡设四名费长。

---

① 尹耕：《商务印书馆旧书集成初编·乡约》，1936。
② 尹耕：《商务印书馆旧书集成初编·乡约》，1936。
③ 尹耕：《商务印书馆旧书集成初编·乡约》，1936。
④ 尹耕：《商务印书馆旧书集成初编·乡约》，1936。

费长不直接经手财物，只负责登记收入与支出。而与堡寨的军事防御直接相关的便是队长，队长负责管理城垛上的守卫，一般选择才识仅次于堡长者，小堡设二名，大堡设四名。若是两名队长，则一人为正队长，一人为奇队长。城垛上的守卫分为两队，分别跟随正队长和奇队长。

除管理者外，堡内居民也充当各类防卫人员。壕墙众是在壕墙内的防守人员，挑选有勇者为之。堡内一般配有二十名弓箭手，弓箭手一般从富裕的家庭中挑选，需要自备弓箭。一般在每面壕墙、每个敌台各设四名弓箭手。由堡队长教习弓箭手射箭。火枪手则专门使用枪器火药，一般挑选做事灵活的少年担任，火药和枪械都由费长提供，无须自备。此外还有分守女墙的陴众、用石头和木头攻击敌人的悬石卫木众、看守地道的地道众和随时听从指挥的替补余众。

堡内的妇女并非只事农桑，其在抵御外敌上也发挥着很大的作用。当堡内人丁不足时，妇女常常带头上阵，"择家长妇、有识儿者，一人主之，配以健妇八人，枪棒杂兵随便。"[1]身体强健的妇女往往也担任着守地道的任务。除此以外，专门由妇女组成的"妇众"，是堡长妇女的主要组织。妇众分为两科，身体强健的妇女分为一科，下设四小队，分管堡内四条街巷，一队巡逻一条街。巡逻过程中如遇火灾则击柝，如遇盗贼则振铃。而家境贫寒的妇女另属一科，也分为四队，每队备八釜八瓮、十六只水桶，在堡的四角应援。

以堡长、费长和堡队长为主的管理人员统筹规划、协调各方，壕墙众、弓箭手、火枪手、礌石手、陴众、悬石卫木众、地道众、绝艺人、妇众等人员协同配合，共同构成了堡内的防御人员体系，真正实现了尹耕"耒耜皆兵"的构想。虽然《乡约》中的构思有理想主义的成分，在堡中的实际运行情况不一定有如此周全，但尹耕提供了一个"兵农相资用"的新模式，提高了堡的防御能力。

---

[1] 尹耕：《商务印书馆旧书集成初编·乡约》，1936。

（三）堡寨内部的财政管理

堡寨的日常运行离不开一定的公共财产，财产则来自堡费。原先堡寨中以房屋屋基作为征收堡费的依据，因此那些居无定所、没有房屋的人就免于交税。尹耕要求以田亩数为征税的标准，以增加税收收入。以田亩为征税标准，则"宽乡得百金，上中乡七八十金，狭乡四五十金"[①]，税收能够维持堡寨日常运行。如果税收实在不够运转，则"另征二三金，或请富人特出一二金可也"。[②] 对于堡中极度贫困者，则采取以工抵金的办法，以"添台增垣"之类的工役代替税金。

堡内的稽查事务由费长负责。费长要保证堡内居民按时缴税，如遇到拒不缴税者则交由堡队长办理。费长要保证堡中公共财产的使用做到"笔有实迹"，每一笔收入都要登记。此外，堡队长和堡中一名擅长算术的村民也各做一份收支记录互相印证。对于公共财产购置的武器装备，则要确定规格和价格，"如火药，每一发为一包。每一枪备一二百发，为一总包。矢九枝为一束，每一弓备一二十束，为一巨袋"[③]，日常用的鼓和旌旗，也有固定的存放地点，"鼓必藏屋，旗必投筒，不致损坏以图永久"。[④]

以田亩为征税准则，通过稽查的手段确保财政收入的稳定和支出的透明，同时对于堡内的公共财产进行严格的管理，这一套行之有效的财务管理措施是保障堡寨运行的基本条件。

通过讨论《乡约》中有关堡寨内部的防御机制、人员安排和财务管理的内容，我们得以了解当时的堡寨聚落是如何"兵农相资用"以抵御外敌，也能看到堡寨聚落居民的日常生活方式。堡寨内部的运行体现出一种"全民皆兵"的特点，这也是尹耕"乡成则畎亩皆险，约举则耒耜皆兵"的理想的体现。

---

① 尹耕：《商务印书馆旧书集成初编·乡约》，1936。
② 尹耕：《商务印书馆旧书集成初编·乡约》，1936。
③ 尹耕：《商务印书馆旧书集成初编·乡约》，1936。
④ 尹耕：《商务印书馆旧书集成初编·乡约》，1936。

三、当前堡寨内部空间维度

空间维度是由自然景观与人群的互动而形成的，它强调"社会关系、社会组织、神祇信仰及其仪式的分布"。① 堡寨作为一种聚落形式自然存在着其特有的空间维度。清以降，失去军事防御意义的堡寨逐渐向日常生活功能转变。本节的关注点在于当前堡寨内部存在的神祇信仰、婚圈婚俗以及切关堡寨命运的义务教育问题。通过梳理以上三个方面的资料以尝试理解堡寨内基层民众的社会关系、精神状态。

（一）堡寨内部的传统民间信仰

民间信仰作为一种社会基层的文化，是"根植于普通百姓一代又一代在日常生活经历中的'言传身教'"。② 从民间信仰反映出来的不仅是基层民众的心态，也有乡村社会的运行秩序。在我们调查的堡寨中，几乎所有堡寨在明清时期都有许多庙宇，但在新中国成立后的历次革命运动中庙宇逐渐消失。堡寨中的庙宇一方面反映了堡内居民祈求边境平安的心态，也反映了其祈求风调雨顺、安居乐业、多子多福等生活愿望。

新荣区破房堡乡破鲁堡村中宁靖寺香火仍旺。据村民说，村里以前有观音庙、奶奶庙、城隍庙、火神庙等。宁靖寺是新荣区佛教协会所在地。寺内现有三个殿，正殿外有一座钟，钟上铭文为"万历五年四月吉日造"，据说钟有六百斤。据住持介绍，在祭祀活动时会有一万多人前来朝拜。寺门外发现石碑两通。一通倒地石碑名为"永著"，正面字迹难以辨认。贴地一面的碑阳有凹槽，碑面应该已被破坏。进入宁靖寺内，天王殿有两座碑。左侧为"康熙四十年皇图永固碑"，右侧为"记谕碑"。石碑的上半部分保存较好，但下半部损毁严重，应该是人为凿坏。试读《皇图永固碑》：

---

① 阙岳：《从卫所制度到社会景观——对洮州卫的历史人类学考察》，收录于赵世瑜主编：《长城内外：社会史视野下的制度、族群与区域开发》，2016。
② 郑振满，陈春声：《民间信仰与社会空间》，福建人民出版社，2003。

佛生酉□□光现□□□庙□来父□本堡原奉。敕建……佛殿一座，诚一方之巨观也。兹因年远日久，土木摧残，□光……各捐己资钱粮不等，重新修理，当日名曰：宁靖寺，取义为……国佑民，永镇边疆也。从此庙貌改观，焕然一新，皇哉堂哉，其重……国祈于无疆，更祈物阜民康，地方安堵，风调雨顺，为军民之……佛光普照，福德流祥，是为记。

山西大同助马路破虏堡城守韩威施银二十两

广东雷州府清军厅裴国桢……

大同威远卫学贡生梁开泰大同威远卫武生

康熙四十年岁秋吉日立化缘生持僧

　　碑损毁状况比较严重，但通过现存碑文基本可知该碑记录了宁靖寺重修的原因、宁靖寺寺名的由来以及当地官员士绅捐银数目。碑阴同样是施银者的姓名和施银数目，下半部分损毁严重。宁靖寺的修建与破虏堡位于边塞的重要地理位置有关，取名宁靖以求国泰民安、永镇边疆之意。

　　永嘉堡内曾经分布庙宇较多。至清末，堡内建筑有奶奶庙两处、土地庙、五道庙、罗汉庙、孤魂庙、三官庙、玉帝庙、观音庙、河神庙、八龙庙、乐楼各一处。永嘉堡历史悠久，庙宇齐全，敬神送鬼的传统封建迷信文化场所较多。庙宇20座，乐楼3处。南街有1处在河神庙和昊天阁间的穿心戏台。有时正月十五，在门外宽敞处搞黄河九曲灯；或者，组织人员逐户查灯（地秧歌）。[①] 该堡商业贸易发达，每年阴历五月十三堡内有唱大戏的活动，也有商业贸易，十分热闹。

　　清末新平堡中庙宇云集。城墙上东南角建一幢二层庙宇，二楼南称文昌阁，北称魁星阁，下层为朱衣庵。北门门楼上建关帝庙，东城门楼建三仙庙。城墙上西北角建玄坛庙。北瓮城内有娘娘庙、三贤庙、

① 天镇史志办公室编：《天镇县村镇简志下》，2005。

北岳庙。东瓮城内有龙王庙及乐楼、祠堂庙、三官庙、三英祠、皮草坊，南街路西有财神庙、药王庙、马王庙、火神庙、五道庙、城隍庙、金莲寺、大佛殿、小校场、白衣庵、金佛寺。[1]

堡寨内部最多的是城隍庙和关帝庙。城隍信仰中的"善恶有报"思想一方面起到规范堡内居民行为举止的作用，城隍庙会也丰富了堡内居民的文化娱乐活动以及与外界的物资交流。武雅士将中国民间信仰中的超自然偶像分为"祖先、神灵和鬼魂三种类型，分别与人类社会中的某一类人相对应"，而其中"神灵对应于官员或其他上层人物"。[2]而对关帝的信仰正好符合对上层人物的信仰。关羽由最初的一个普通历史人物，宋以后不断为统治者尊崇，经过《三国演义》等文学作品的渲染逐渐成为忠孝节义的象征，继而化为神灵。堡寨内部修建关帝庙既是为祈雨，也是为了在商业贸易中财源广进。总之，在共时态视野下的"乡村庙宇及其意识行为，是一个复杂的、互动的、长期的历史过程的'结晶'和'缩影'"。[3]

（二）堡寨居民的婚姻圈与婚俗

天镇县、阳高县与新荣区因为位于省份交界处，因此婚姻范围常涉及邻近省市的县域。以新荣区为例，因为该地与内蒙古自治区的丰镇、凉城县交界，旧时新荣区的婚圈通常也局限于此。近年来，随着年轻人外出读书、打工，婚圈逐渐有所扩大。

在新荣区西村乡沙河村我们采访到一位女性村民，她说自己是从凉城县嫁过来的，十七岁结的婚。膝下有三个孩子，两个男孩一个女孩。当时赶着马车嫁过来，没花上五百块钱。嫁妆是花袄子、花裤子。当时时兴的是的确良、缝纫机、手表这"三转一滴流"，但夫家穷，没钱准备这些。她说边墙那边（内蒙古自治区）的生活很不好，很多人

① 天镇史志办公室编：《天镇县村镇简志下》，2005。
② （美）罗威廉著，李里峰等译：《红雨：一个中国县域七个世纪的暴力史》，中国人民大学出版社，2014。
③ 郑振满，陈春声：《民间信仰与社会空间》，福建人民出版社，2003。

都生得瘦骨嶙峋，因此许多内蒙古的人都过来谋生活了。现在她和老汉两口人种一百亩地。她还介绍说以前村里戏台上经常唱二人台戏、晋剧，现在的年轻人都爱"听荤听素"，听流行歌。据介绍，堡内目前只有三十多人居住，且大都是老人。① 我们考察时发现堡内居民逐渐外迁到堡外北边，堡外东北方向既有一百多年前的老房子，也有近四十年建的房子。

旧时天镇的婚俗包括下定（下茶）、铺堂（铺床）、迎娶、回门和发客②，1949 年以后逐渐移风易俗，精简婚俗。下定指的是在双方定亲后，男方给女方三五套衣服，冬棉秋夹夏单和内衣鞋袜。下定不算在聘礼中。铺堂则是指办婚事办酒席，迎请亲戚朋友。新平堡中的婚俗主要有订婚和迎娶之俗。在迎娶时，男方一般派一对未婚男子领亲，有两个长辈添颜粉。最特殊的是新娘无论冬夏都要穿上棉衣棉裤，预示着婚后生活的殷实幸福。女儿出嫁母亲很少哭送，迎娶之事必走东门。

总体上，当前堡寨内部的婚姻圈仍然以周边县市、乡镇为主。年轻人的择偶范围扩大，传统婚俗仍然存在。

（三）堡寨内的教育情况

目前堡内学校数量较少，许多学校都在教育资源整合中搬迁至堡外。据调查所见和当地县志、区志记载，目前新平堡内现有新平堡小学；新荣区破房乡有小学共计 11 所，学生合计 811 人，专任教师 58 人，代课教师 13 人；拒墙乡有小学 11 所，学生合计 508 人，专职教师 46 人，代课教师 1 人。③ 因为学校的存在，目前在以上地区仍可听到孩子的欢声笑语。

阳高县长城乡乡长告诉我们，全乡常住人口目前是 1700 人，户籍人口为 5600 人。只有两个残障儿童在当地上学。乡长对于教育资

---

① 采访对象：村民（女，72 岁）；采访地点：镇河堡内；采访时间：2017 年 7 月 11 日。
② 《天镇县志》编委会编：《天镇县志（1991—2008）》，山西人民出版社，2009。
③ 《大同市新荣区志》编纂委员会编：《大同市新荣区志》，中华书局，2015。

源的整合失败格外痛心。她认为村里的孩子到镇上、县城上学，对于孩子们的身心发展未必是好事。孩子们的叛逆期过早地到来，耽误了孩子们的健康成长。而乡村再也没有生机与活力。甚至不再有"衣锦还乡"的人们，在这种情况下，乡村再过十几年便会自然消失。镇河堡则是因教育资源缺乏而逐渐老龄化和空心化的代表。堡内目前真正居住的只有三十来户，且多为老人和残疾人。据村民介绍，村里以前还有高中，现在村里没有学校，学校到了公路外，所以人们都往外迁，因为"外面的日子红火"。孩子们要么去市区上学，要么去丰镇上学。

总体上说，堡寨内部的教育情况令人担忧。教育资源的短缺使得大量为了给孩子提供更好教育条件的家长带着孩子搬离堡寨，堡寨内部空心化、人口老龄化趋势日渐明显。随着堡寨内部的空心化和人口老龄化问题日益严重，会出现一系列社会问题：空巢老人的生活何人来照料，日益贫困的堡寨如何满足老年人晚年的精神生活，残疾人的生活如何保障，堡中的单身汉如何解决自身婚姻需求，堡寨的社区功能是否能够维系……这些都是需要我们思考并实际做出决策的问题。

本节基于田野调查和当地志书，以民间信仰、婚姻圈与婚俗和教育为切入点探讨了当前堡寨内部的日常生活情况。总体上堡寨内部的民间信仰内容不断减少，转向单一，婚姻圈逐渐扩大，教育资源较为稀缺。

四、结语

通过探讨天镇县、阳高县和新荣区三地的长城沿线堡寨的历史沿革与现存情况，不仅使我们对于边墙、堡寨等军事防御设施的认识超越了古人"边墙一望景萧条，万里无痕天穴廖"[1]的感性水平，也使我们对于晋北堡寨的形制、内部基层运行机制和堡寨目前的发展情况有了一定的了解。

①道光《大同县志》卷十四《艺文志》。

由于历史上大同"地屏全晋，拱神京"的重要地位，堡寨成为冷兵器时代最有效的防御设施之一，与边墙、墩台一起构成了一个全面的防御体系。在这期间，除了有朝廷委派的官员将领担任着驻守堡寨、防卫外敌的责任，堡人共同制定的《乡约》也在防御机制、人员安排和财务管理上塑造着堡寨内部的运行机制，积极配合官方的防御机制。清以降战事渐少，堡寨的军事功能也日渐减弱，生活功能逐渐增强。堡寨内部的风俗具有蒙汉交融的特点，一方面承袭旧时的风俗习惯，但也在改革开放后新事物的冲击下发生着动态的变化，呈现出新旧交替的面貌。旧时堡内婚姻圈多以本堡为中心，涉及内蒙古交界乡镇，但随着近年来外出求学、打工的人越来越多，婚姻圈的范围不断扩大。当前，不少堡寨面临着新的挑战，一是堡寨的衰落，即堡寨面临空心化、人口老龄化和贫困化的问题，这与堡寨自身区位条件、市场经济的影响、政府政策有密切关系；二是堡寨内部建筑、文物逸损严重，亟须开展抢救性保护。

　　通过开展集中的田野调查，将视角放在生活在长城沿线堡寨的居民及其生活环境上，我们能够了解到栩栩如生的堡寨。堡寨并不只是冰冷的军事防御建筑，它是朝廷意志与地方运作的结晶，是军民同心协力的防御阵地。以"自下而上"的眼光去探讨堡寨的运行，去"同情性地理解"当前堡寨内部生活的人群，对于堡寨的可持续发展、长城文化的发扬有着积极的作用。

附表

调查十堡资料简表

堡名	设置时间	包砖时间	堡高	周长	旗军	马匹	分边	边墩	火路墩	有无市
保平堡	嘉靖二十五年（1546）	隆庆六年（1572）	三丈五尺	一里六分	321名	18匹	七厘五分	18座	11座	无
新平堡	嘉靖二十五年（1546）	隆庆六年（1572）	三丈五尺	三里六分	623名	57匹	十八里	26座	16座	有
瓦窑口堡	嘉靖三十七年（1558）	隆庆六年（1572）	三丈五尺	二里五分	452名	20匹	七里九分	18座	8座	无
永嘉堡	嘉靖三十七年（1558）	万历十九年（1591）	三丈六尺	二里五分	307名	18匹	无	无	10座	无
镇门堡	嘉靖二十五年（1546）	隆庆六年（1572）	三丈五尺	一里五分	510名	18匹	十三里五分	21座	2座	无
镇边堡	嘉靖十八年（1539）	万历十一年（1583）	四丈一尺	三里八十步	699名	82匹	二十一里	30座	6座	无
镇河堡	嘉靖十八年（1539）	万历十四年（1587）	四丈	二里十八分	358名	7匹	无	无	80座	无
得胜堡	嘉靖二十七年（1548）	万历二年（1574）	三丈八尺	三里四分有余	2448名	1189匹	不详	不详	不详	有
破虏堡	嘉靖二十二年（1543）	万历元年（1573）	四丈二尺	三里二分有余	320名	29匹	无	无	5座	无
助马堡	嘉靖二十四年（1545）	万历元年（1573）	三丈八尺	二里四分	630名	30匹	二十里三分	25座	8座	有
守口堡	嘉靖二十五年（1546）	隆庆六年（1572）	三丈五尺	一里一百二十步	466名	15匹	十一里二分	23座	4座	有

田野札记篇

阳泉田野调查札记

董思敏　张　茜　张　玮　李善靖

2019 年 7 月，山西大学历史文化学院组织了一年一度的暑期田野调查活动。本次主要是围绕"太行山传统村落的价值体系与易地扶贫搬迁"进行的专题性调查。9 日起，学院师生共 37 人组成 7 组调查队，分赴山西大同市、忻州市、阳泉市、晋中市、长治市、晋城市和太行山东麓的河北相关地区进行为期两周的田野作业。

阳泉市位于太行山中段、山西中东部地区，现辖三区两县，历史悠久，传统村落众多。

阳泉调查队共有 4 人，领队为学院 2018 级博士研究生张玮，队员有 2016 级硕士研究生李善靖、2017 级本科生董思敏和张茜。

在开始田野调查前，小队成员进行了细致的准备工作。首先，收集了阳泉地区的基本史料，比如历代方志、碑刻、地方文史资料，并制作成电子版，以供调查过程中随时查阅参考。其次，阅读并整理了阳泉传统村落研究的相关著述，帮助成员掌握调查区域与研究对象的学术前沿和热点。第三，准备好调查需要的交通图、行政图、历史地图、文物地图等文献工具。在这些工作的基础上，调查小队制作了《阳泉传统村落调查资料集》（参见附录 1），成为田野调查过程中的必备读物。此外，小队还围绕本次田野调查的主要目标、科研任务、调查区域、调查分工、必备工具、工作流程、生活用品、准备工作、注意事项等方面进行了深入探讨（参见附录 2），达成共识。

7月9日，阳泉小队正式开启了为期两周的田野调查之旅。

当天的考察地点为阳泉市博物馆。博物馆是保留了一个地方自然和人类文化遗产实物的场所，通过对阳泉博物馆进行考察，我们可以对这里的地理特征和历史文化脉络有进一步的了解。在安排住宿并简单休整后，小队于下午3点出发，前往目的地进行考察。

阳泉市博物馆位于市文化中心主楼1~2层，分为五大展厅，分别为：阳泉古代历史、阳泉近代史、阳泉古代佛教造像艺术展、阳泉宋金元生活展和平定砂器专题展。每一展厅都汇聚了阳泉不同时代极具代表性的历史遗产，生动地展示了阳泉历史文化特色。

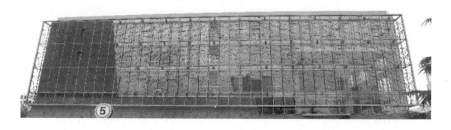

图1　阳泉市博物馆（本文附图均由队员拍摄）

第一展厅主要向我们展示了阳泉从上古直到明清时期的文化遗存，其中最具代表性的有春秋战国时期的青铜器、阳泉古代的城防情况以及理学传播和文化教育。在教育方面尤其介绍了程颐与程颢二位理学大家对阳泉儒学发展的贡献。

第二展厅集中展现

图2　二程简介

了近代阳泉儿女为了抵抗外侮进行的不屈的抗争历程，主要介绍了以张士林、胡聘之、黄守渊等人为代表发起的保矿运动和保晋公司的建立及发展历程；并介绍了八路军在阳泉敌后抗日根据地进行的一系列斗争。

图3　保矿运动代表人物

图4　阳泉地道战模型

第三展厅为阳泉古代佛教造像艺术展，这一部分主要展示了历朝历代的佛教造像，体现了不同时期佛教的发展状况，其中较有特色的有开河寺石窟。石窟位于平定县乱流村，开凿于北魏永平三年（510），分东西两院，东院依山而建三龛，共有大小佛像88尊，对研究这一时期的石窟造像具有重要的参考价值，为第四批省级重点文物保护单位。

图 5　开河寺石窟模型

第四展厅是阳泉宋金元生活展，展现了当时的饮食、作息等生活习惯和以"孝道"为代表的传统文化观念。

第五展厅为平定砂器专题展，主要向我们展示了平定砂器的制作工艺和发展历程。

图 6　砂器制作过程 1：采坩

图 7　砂器制作过程 2：粉碎

图 8　砂器制作过程 3：过筛

图 9　砂器制作过程 4：踩泥

图 10　砂器制作过程 5：烘干

图 11　砂器制作过程 6：制坯

图 12　砂器制作过程 7：烧制

图 13　砂器制作过程 8：熏烤

在当天的考察中，调查小队对阳泉整体的历史文化情况有了进一步了解，为日后两周的调查工作打下坚实基础。

二

7 月 10—11 日，调查小队开始了对平定县柏井镇寨马岭村整村易地扶贫搬迁的考察。

在之前与负责交接的地方人员交流中，我们了解到阳泉市过去由于煤炭等资源的开采，已经整体搬迁了大部分村庄。现在留下的村落基本是"插花式"搬迁，需要易地扶贫搬迁的村落较少，而寨马岭村则是阳泉目前较为符合我们考察条件的村落。

10 日上午 9 点 40 分，我们抵达柏井镇镇政府，与柏井镇副镇长苏丽芬、寨马岭村帮扶第一书记、寨马岭村村委书记李千柱、村主任李大海等会合。随后，一行人到达了考察的目的地——寨马岭村。

首先，我们向苏镇长、李书记和李主任等了解了寨马岭村的历史情况以及易地扶贫搬迁的状况。

　　寨马岭村位于平定县东部，隶属于柏井镇，距县城 45 公里，周边旅游景点众多，固关、娘子关、大梁江古村等距其不远，307 国道直通村口。从地理位置来看并无明显劣势，村庄沿崎岖山路自下而上散落分布 7 个自然村：八亩坪庄、桃树凹庄、寨马岭庄、东寨马岭庄、黄岩庄、程家凹庄、大青岩庄。聚落相对分散。各村庄的历史较短，均系移民村，其中寨马岭、大青岩人口相对较多，其余 5 个村庄人口较少。目前 7 个村以寨马岭为行政中心，现有耕地 1137 亩，228 户，512 人，全村贫困户 65 户，贫困人口 119 人，多以中老年为主。

图 14　寨马岭村 GPS 定位图

　　寨马岭村鲜有记载，历史资源较少。曾建有龙王庙、藏山大王庙等，据村民反映庙中原有道光年间修建碑，现已不存。该村民居均以石砌为主，形成四合院布局的横式窑洞。

图15 寨马岭村四合院式窑洞民居

关于寨马岭村易地扶贫搬迁的原因，主要在于两个方面。首先，从自然环境来看，寨马岭村自然条件较差，资源匮乏；以农业生产为主，但受野兽侵扰，农作物受损严重；水资源急缺，生产生活用水严重不足；夏季暴雨期极易发生泥石流，山体滑坡等自然灾害。其次，从社会环境来看，当地的交通不便，村内沟通极为不便；基础设施不配套，人口外流严重。这些因素导致村中年轻人大多外出上学、打工，村内劳动力不足，严重制约了当地经济的发展。

图16 寨马岭村梯田多样化经营

为了尽快脱贫致富，增加农民收入，改善农民生活，村支两委带领群众，在结合本村实际的基础上，开荒种植，养殖肉驴，种植花椒树、中药材、核桃树等作物，逐步调整了产业结构，实现了贫困摘帽。但在恶劣的生存环境下，村民生活难有本质提高。

随着国家精准扶贫政策的推行，寨马岭贫困人口基本实现了立档建卡，经平定县政府研讨，确定寨马岭为整村易地扶贫搬迁的示范村庄。2016年10月，在平定县政府和柏井镇政府的指导下，寨马岭村进行了整村易地搬迁，共165户378人搬迁到冠山镇鹊山村，其中贫困户54户，人口103人。现在仍在村庄居住的村民有50余人，经我们了解，未进行搬迁的村民主要有三种原因：第一种是村民已在县城有房，不愿再购移民新房。第二种是由于村里的老人更加留恋乡土，不愿离开祖辈生活的村落。第三种是由于村内单户，不符合国家政策，无法搬迁。

政府对易地扶贫搬迁的配套政策主要分两块：一是搬迁人口的就业和生活保障问题，县里专门成立了科技创新产业园，为搬迁人口提供就业岗位；二是对村庄遗留土地和房屋的流转问题，寨马岭村通过对村庄土地进行集体化经营和土地流转，成立了顺发合作社，主要用于养猪、养驴和种植柴胡等，年底对村民进行分红。

在当天的考察中，队员们通过对寨马岭村的考察，了解了当地的问题以及易地扶贫搬迁政策具体实施的情况，积累了村庄易地扶贫搬迁方面的调查经验；也暴露出一些田野调查的不足，比如考察前对寨马岭村基础性的背景工作没做到位；口述访谈缺乏系统性和条理性；本次调查主要以旧村为主，需要后续对新村搬迁民众进行补充性的专题访谈；本次调查口述对象主要以政府官员为主，村庄百姓未进行深入调研了解，等等。

由于10日的工作强度较大，再加上成员大多为新人，因此11日小队并未安排田野现场考察。上午兵分两路，分别由张玮、李善靖带队前往阳泉市图书馆和平定县图书馆收集资料。

上午9点，李善靖组到达阳泉市图书馆，受到了阳泉市图书馆馆长与其他工作人员的热情接待。在馆长的带领下，小组成员前往地方文献资料室查阅，对部分书籍进行了拍摄。

张玮组首先到达平定县志办，在李主任的协助与带领下，小组前往县志办查阅资料，李主任慷慨赠予调查队《娘子关志》《平定览胜》与《平定庙会文化》等书籍，为我们的后续调研提供了极大帮助。对资料进行拍摄后，小组随即前往平定县图书馆继续查阅地方文献资料，收集到了如《平定县志》《阳泉古碑刻集萃》等诸多有价值的资料。

下午的工作主要围绕上午收集到的文献资料进行整理，编辑成《阳泉地方文献收录》与《阳泉碑刻辑录》两类目录。

晚上，调查队成员就昨日围绕"易地扶贫搬迁村庄"的调查工作展开热烈的交流，分析了此类村庄的调研框架，回顾了考察过程的得失，最终总结出一套较为完善的调查模式和经验。这为小组进行接下来的同类型课题调查打下坚实基础。

三

7月12日，阳泉调查队继续围绕"村落易地扶贫搬迁"开展调查。在地方政府的安排下，当天的调查地点是盂县梁家寨乡猫铺村。

上午8点30分，小队乘车从市区出发，沿阳五高速公路前往盂县梁家寨乡猫铺村。路旁山脉连绵起伏、重岩叠嶂、绿荫成趣，使大家对盂县的地形地貌特点有了进一步认识。10点左右，调查队抵达猫铺新村，得到了村委史宝成书记的热情接待。大家依据先前准备的调查提纲与史书记积极交流，对猫铺村的村庄历史、搬迁历程、发展现状及今后规划等方面有了更为全面和深刻的认识。

猫铺村位于盂县梁家寨乡滹沱河南岸的猫铺沟内，由猫铺、猫沟、桃园、东沟、土泉5个自然村组成，现有67户124人。以前由于道路不畅，经济落后，是梁家寨乡精准扶贫村之一。修建阳五高速公路时征用了旧村的土地，2012 年在该村"村支两委"的带领下，建起了包括 21 套小二楼以及 13 套平房的猫铺新村，陆续开展五村的整体搬迁，基本实现了各村的资源整合，改善了村民的生活环境。

图 17　猫铺五村 GPS 卫星分布图

了解完基本情况后，小队开始了对猫铺五村的实地考察。

首先考察的是桃园村。桃园村处于猫铺村南部的深沟之中，山路曲径通幽，溪流潺潺。取名"桃园"者，一取陶渊明"世外桃源"之意；二仿"刘关张"三英聚义之情。村庄现存古庙三座，由外而内依次为奶奶庙、关帝（观音）阁和五道庙，均无碑存。村中现居三四户人家，均为高龄老人，时逢盛夏回村避暑。调查小组前往村民张计成家中探访，了解到村民搬迁后的生活状况。

问：咱这里面住着几户，三户？

答：四户。

问：在咱们新村有房吗？是夏天回来冬天住？

答：嗯。

问：咱们回来做饭吃水怎么办？

答：我自己弄，在那里住不惯，在那里憋得不行。

问：进咱们村那个阁是什么阁？

答：奶奶庙，就是娃儿们过去生下孩子没有奶，就在庙里求奶奶老人家给送药了。

图18　桃园村山路

问：咱们村还有几个庙啊？

答：一进来那个阁洞是个观音庙和老爷庙。

问：现在那阁上还有旧碑吗？

答：没有啦，羊全给糟蹋啦。

问：村里还有自己养的羊？

答：养的几只羊，不敢多养，老了不能养，养了找麻烦，羊吃不上。

午饭后，史书记带领我们探访了村集体企业——盂县得心生态农业有限公司。该公司成立于2016年，采取股份制经营，依托本村固有资源优先发展农副产品，在核桃、花椒、黑枣、柿子等经济作物上已形成品牌优势，进行规模化生产和多渠道销售。公司年营业额达到500万元以上，村民人均收入达到5500元以上，农村集体化经营成为猫铺村迅速脱贫的经济来源。

　　下午 2 点，我们开始对分布于猫铺沟的猫铺旧村与猫沟村进行调研。猫铺旧村处于阳五高速路东，与路西的新村隔道相望。村民已基本搬入新居，唯余石屋数座。

图 19　猫铺旧村

图 20　猫铺新村

　　继续向东四五里，即抵达处于沟岭的猫沟村。该村受限于地形，南北俱为高陵，村庄布局为东西向。村庄规模较大，现存古庙两座。

　　1. 全神庙，位于村北，坐北朝南，单殿规模。正殿西侧墙内砌有施银碑一通，碑阳砌入墙内。

　　2. 观音堂，位于村南，坐南朝北，与全神庙隔谷相望。二进院落，现存旧碑三通。根据碑文内容可知，该村观音堂建于乾隆五十五年（1790），为一进院落，山门、正殿、东西厢房布局。清中后期（碑阳砌入墙内，待考）历经重修。民国十九年（1930）重修，扩大为二进院落，成为今日规模。由村庄修建庙宇历程可推得，猫沟村大致成形于清中期，于民国年间发展至一定规模，其村史有二百余年。

总的来看，盂县梁家寨乡猫铺村的整村搬迁与平定县柏井镇寨马岭的整村扶贫搬迁相比，有相似之处。从村庄构成看，二者均为复合式村庄，由多个自然村构成，依地形分布，距离较远，这是调查中发现的太行山区村落的典型特征之一；从村庄条件看，二者均处大山深处，交通不便，与世隔绝，这是太行山区村落的又一典型特征；从村庄发展看，二者均寄托于农村集体化道路。二者也存在明显不同，首先，搬迁性质不同，猫铺村属于基建搬迁，寨马岭则属于较为纯粹的扶贫搬迁；其次，村庄的自然条件不同，猫铺村依山傍水，水资源丰富，而缺水是限制寨马岭村发展的关键因素。因此，对于不同地域不同村庄的易地搬迁，我们应当在实践考察的基础上进行类型化研究以区别。

四

随着对阳泉两个易地扶贫搬迁典型案例村庄考察的结束，7月13—14日，调查小队也进行了中期总结。

田野调查是一个综合性的系统过程，既要注重田野现场考察，也应重视对田野资料的及时整理。尤其在专题调查的形式下，既不同于探路式调查，强调对区域特点的宏观把握，也异于普查式调查，注重对考察地域的明察秋毫，它以鲜明的特定问题为导向，进行与之相关的专门调查。因此，阳泉小组在充分借鉴过往调查经验的基础上，又有所侧重，以田野现场和驻扎基地为基本工作区域，现场考察与资料整理双线并重，田野发现与资料解读双管齐下，以考察发现资料，以资料聚焦问题，以问题推动调查。

13 日，队员们围绕之前田野调查收集到的各项资料进行汇总、整理以及电子化归档工作，依次整理了盂县猫铺村现存的碑文四通，输录了平定县寨马岭村和盂县猫铺村口述的录音十一段，完成了村庄情况调查表、庙宇情况调查表等表格的电子化归档。

14 日上午，调查小队召开了本次考察的中期总结会议，分别从"调查村庄的定位""调查村庄的发展变迁"和"易地扶贫搬迁细节"等方面进行了热烈讨论和总结，撰写了《阳泉组暑期田野调查中期总结》。（全文详见附录 1）

依据此前的既定安排，今后小队的调研将以"传统村落的价值体系建构"为重点，具体考察以娘子关村为中心的温河流域（井陉岩崖古道段）传统村落群。

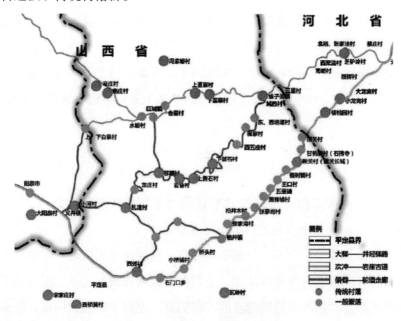

图 21　井陉古道沿线传统村落分布

资料来源：张杰平：《晋商"平定帮"影响下的井陉古道（平定段）沿线传统聚落营建特征研究》，中国矿业大学 2019 年硕士学位论文。

五

7月15日起，阳泉调查小队转战平定县娘子关镇，将围绕以"娘子关村"为中心的岩崖古道传统村落群进行专题调研。15—16日的考察对象主要是镇政府所在的磨河滩村，入选第五批传统村落的河北村，以及历史文化底蕴深厚的城西村。

15日上午7点，调查小队从驻地出发，首先对磨河滩村进行了相关调研。磨河滩村地处娘子关腹地，是全镇的政治、经济、文化、商业中心，阳井公路、石太铁路穿村而过，交通十分便利，全村总面积1.8平方公里，辖三区两片（绿苑小区、集贸小区、粮站小区、上河滩片、下河滩片），全村375户，现有人口1062人。

磨河滩村为典型的铁路带来的村庄。正太铁路修建以前，该村仅为以数家水磨坊为中心形成的狭小聚落，位于今村庄西部，以刘姓为主。村东亦有少数人居住，以段姓为主。正太铁路修建以后，该村凭借地理优势，迅速兴起，受山脉走向影响，村庄由西向东拓展。村庄旧居主要集中在西部。新中国成立后，该村成为娘子关镇政府所在地。1994年起，该村北部田地被规划为新型住宅区，奠定了"北新南旧"的村庄格局。

该村现存庙宇主要为观音阁。其位于娘子关镇磨河滩村西上河滩街口，坐西朝东，建筑时间待考。原建筑已毁，1994年村民在原址重修，为清代遗构。占地面积约20平方米。阁下单孔石券结构台基为清代遗构，新建庙宇面宽三间，进深五椽，歇山顶。廊檐左侧立碑一通，漫漶严重。

上午9点左右，调查小组前往娘子关镇政府，受到相关负责人邵主任的热情接待，并为小组接下来的调查工作提供了诸多建议和安排。

上午9点30分，调查小组到达了河北村。河北村位于娘子关镇北 1.5 公里处，依山傍水，风光秀丽，与天下第九关隔河相望。该村历史悠久，人文厚重，曾为隋朝苇泽县县治，已有 1400 多年历史。全村现有 259 户，1200 余人，土地 388 亩，种植业和养殖业为河北村的主要产业，村里有养鱼场 3 个、鸭场 1 个、猪场 1 个；种植业以玉米，小麦种植为主，60% 劳动力外出务工。

村内现存庙宇有：观音阁（南阁）、大王庙、关帝庙（老爷庙）、玉皇观音阁（东阁）和山神庙。

观音阁，位于村南，坐西朝东，始建于明崇祯十五年（1642），现存为清代遗构。阁建于一座单孔拱券洞上，原有题字，"文化大革命"时被毁。正殿面宽三间，进深六椽，前后插廊，硬山顶，筒板瓦覆盖。现存《新建观音阁记》《重修观音阁记》碑各一通。

老爷庙（关帝庙），位于村南，坐北朝南。创建年代不详，原为清代建筑，一进院落布局，现已废弃。庙中存有无题名施银碑一通，有碑首无碑座，嵌入墙内。

大王庙，位于村南，坐西朝东，为一进院落。创建年代不详，现仅存正殿，有民国十一年重修碑一通，后改建为村小学。正殿面宽四间，进深五椽，前插廊，硬山顶。

玉皇观音阁，位于村东，坐西朝东，现已不存。创建年代待考，阁上仁立嘉庆二年《重修玉皇观音阁》碑一通。该阁为明清商队出平定、进河北的必经之地，其路线大致为"南峪村—娘子关村—河北村—董寨村"。遗憾的是这条古商路随着正太铁路、阳井公路的开通已人迹罕至，荒草杂生。其路径仅大致可断，具体线路已无迹可寻。

图22　河北村玉皇观音阁

图23　河北村古商路

　　该村庙宇主要分布在南北方向，尤其在村南形成了庙宇群，在村东和村南建有阁门，可见有1400余年的河北村，南北向为村庄主体，东西向为村庄拓展方向。

　　经过中午短暂的休整，下午3点30分，调查小队来到了城西村。城西村位于娘子关镇西1公里处，面积14.8平方公里，耕地850亩，全村辖4个村民小组，450户，1470人，东临桃河与娘子关接壤，北抵坡底村，交通便利、土地肥沃、资源丰富。该村的老君庙、城西乐楼、历史遗址承天军城、西兵营遗址等显示出城西村悠久的历史文化底蕴。

城西村历史文化资源深厚，调查小组仅在考察的第一站——观音阁（东阁）即发现了 10 通碑刻，其中 8 通旧碑。在完成这数通碑的清理、拍摄和记录后，已近黄昏。在村主任的建议下，我们先去了距村西五六里，建于紫金山的老君庙。庙中不仅有 7 通旧碑，庙后还有大量摩崖石刻，最早可追溯到唐大历元年（766），是唐建承天寨的重要历史见证。

考虑到时间因素，调查小队在考察和记录完东阁和老君庙的历史文物后，决定明早再赴城西村继续调研。城西村虽未入选住建部公布的传统村落名录，但其历史文化底蕴之深、历史文物价值之高、历史现存资源之丰，丝毫不逊色于温河流域入选传统村落名录的村庄。我们为其着迷的同时，也不由反思，历史研究视域中的"传统村落"与官方定义的"传统村落"的异同与关系。

7 月 16 日上午 8 点 30 分，调查小队继续围绕城西村的西阁和西兵营进行考察。

西阁，又名"云楼阁"，位于娘子关镇城西村西口，坐西朝东。西阁建筑群始建于清康熙三十三年，康熙三十九年（1700）又续修抱厦。清雍正十二年（1735），创建西庙戏楼一座，同时对西阁进行部分补修。乾隆、道光、咸丰时期都有过补修记载。西阁原有钟楼，庙前有古槐，大钟在 1958 年被毁，槐树在 20 世纪 80 年代枯死。原建筑已毁，2007 年在原址新建。阁内保存碑刻较

图 24　城西村云楼阁

多，共有十通，其中九通旧碑，分别是清康熙三十三年《新修建云楼阁碑记》、清康熙三十三年《圣人阁碑记》、清康熙三十九年《八仙堂记》、清乾隆癸酉年《重修碑记》、清乾隆四十二年《重修五道神祠及禅房戏楼碑记》、清乾隆四十九年《补修禀厦钟楼记》、清道光二十一年《补修西庙碑记》、清咸丰三年《重修道室碑记》、清《创建戏楼并创建西阁庙堂钟鼓二楼□房统志》。

乐楼，位于村东，坐北朝南。创建年代不详，2008 年维修。现存为清代遗构。戏台台基由块石砌筑，高 0.6 米。戏台分前后台，前台面阔三间，后台面阔三间，进深六椽，硬山顶，筒板瓦覆盖。

西兵营，位于城西村河西街石板坪，坐西北朝东南。民国二十三年（1934），山西省政府主席、太原绥靖公署主任阎锡山为加强山西周边关隘的防御，在娘子关地区征用当地工匠修筑，将城西村会湾骆驼店改筑为兵营，历时三年修成。占地面积 292 平方米，周围全是石砌墙，高约 4 米，主体建筑为正中的四排两行兵营，均为石砌窑洞，每座 13 孔，前开门，后开窗。四周筑有碉堡，靠河的后墙筑有防水坝。营房正前另有"品"字形排列的窑洞 3 座，营房后为军事训练使用的工事，营房西侧有水池 1 座，排房 6 座。整个兵营围墙四角有 3 座岗楼。日军占领时曾拆毁部分营房，新中国成立后修复。西兵营建成后一直驻有军队，抗战前东北军曾驻防于此，将东北秧歌、花灯传入城西村，并一直流传了下来，成为城西村的一项非物质文化遗产。

图 25　城西村西兵营

对西兵营进行考察后，由于天气原因，只能提前结束了当天的调查。

城西村虽未入选传统村落，但其碑刻、庙宇等历史遗存十分丰富，其数量与价值均不亚于入选传统村落名录的河北村，这不禁让我们重新思考传统村落的价值体系与其在地方具体实践的情况。在与主任交流的过程中，我们了解到城西村是阳泉市重要的水源地之一，由于村内的发电厂、混凝土厂、石墨厂等工厂对水源污染严重，为了长远的发展，对其进行关停，并升级改造，这对村内短期的发展造成了一定的影响。但是城西村临近娘子关景区的优势和优美的自然风景使我们对其未来的发展充满信心！

六

7月17日上午8点，阳泉小队开始了新一天的调查。当天我们主要对娘子关镇坡底村展开了考察。

坡底村位于平定县城东部43公里处，地处晋、冀两省交界处，是山西省的东大门。有省道315（阳井公路）从西向东穿村而过，距307国道、太旧高速公路12公里，向东1公里为石太铁路线娘子关车站，该村地理位置险要，交通极为便利。村内现有人口1750人，701户，村域面积8.4平方公里，其中村庄及公共设施占地面积1100多亩，耕地面积850亩。村民主要从事农业种植、水产、生猪养殖，村里现有鱼塘130余亩，净水面75亩，主要养殖有罗非鱼、鲟鱼等品种，年产量达100余万斤，水产品销往周边省、市及北京、天津等地。

唐代名将张奉璋、裴度曾在此驻兵，且留下了大量的历史文化遗存。历史时期曾作为岩崖古道重要的歇脚站，留下了大量商业活动的记载。该村主要由高曹李赵四大家族组成，他们在庙宇修建、村庄发展过程中发挥了重要作用。我们对坡底村的大王庙、龙王庙、关帝庙、河神庙进行了细致的考察。

8 点 30 分，阳泉小队冒着烈日徒步到达了坡底村村委会，队员们受到了村委会领导的热情接待。随后在赵主任的带领下，我们对大王庙和龙王庙分别进行了调研。在上午的考察中，我们还搜集到了高氏、李氏家谱，并向家谱的拥有者了解了其家族的有关情况。

藏山大王庙位于村西，坐北朝南，对面存有一座戏台。据明万历三十五年（1607）碑载，创建于明正德十六年（1521）。2000 年到 2002 年村民在原址新建正殿、大门、围墙等建筑。大王庙左右偏殿分别供奉三官神和圣母娘娘，庙内正殿面阔五间，悬山顶。庙内现存碑 7 通，新碑 2 通，旧碑 5 通。赵主任告诉我们，藏山大王庙现在主要由赵家人进行修缮维护。

之后，我们又前往龙王庙。龙王庙位于村西，坐北朝南。正殿面宽三间，进深三椽，悬山顶。据《重修龙王庙山门记》碑载，龙王庙重修于清康熙五年（1666），补修于嘉庆八年（1803）。1993 年村民在原址新建龙王庙。庙内现存碑刻 3 通，其中新碑 1 通，旧碑 2 通。

经过中午的短暂修整，下午 3 点，阳泉小队再次徒步到达坡底村。下午我们主要对村内的关帝庙和河神庙进行了考察。

关帝庙位于村东，坐北朝南，中轴线上从南到北建有乐楼、山门、正殿，轴线两侧有钟鼓楼、东西配殿和东西耳殿。庙内正殿面宽三间，进深四椽，悬山顶，奉祀神灵为关帝。左右厢房面宽一间，进深四椽，悬山顶，奉祀神灵分别为观音和送子娘娘。钟鼓楼面宽一间，进深三椽，悬山顶。据寺内现存碑刻记载，始建于明崇祯十年（1637），清康熙十二年（1673）、康熙十六年（1677）、乾隆十六年（1751）、乾隆十九年（1754）、同治二年（1863）、民国四年（1914）屡有重修及补葺。庙内现存碑刻 13 通，其中新碑 2 通，旧碑 11 通。庙宇规模较大，碑刻遗存丰富，其中刊立于嘉庆二十年（1815）和同治二年（1863）的施银碑记载了大量过往商号信息，是研究晚清井陉商业古道的重要材料，具有较大的研究价值。

图 26　坡底村关帝庙

图 27　同治二年施银碑

　　离开关帝庙后，我们前往村内的河神庙。河神庙位于娘子关镇坡底村西东胜街西，坐南朝北。庙内现存碑刻 3 通，其中新碑 1 通，旧碑 2 通。依据碑文记载，该庙创建于清康熙五年（1666），重修于清咸丰元年（1851）。

　　最后，我们前往村内《曹氏家谱》的编修人曹希旺老人家，适逢大爷傍晚外出，小组成员便在院内等候。大爷回来后，热情地招待了我们，为队员们展示了《曹氏家谱》，还详细讲述了其家谱编修的过程。在与老人进行亲切的交谈后，我们结束了当天的考察。

坡底村地理位置优越，资源丰富，历史文化遗存较多，历史时期作为岩崖古道重要的歇脚地，留下了大量商业活动的记载，为我们研究井陉古道上的商业状况提供了重要的史料，具有极大的参考价值。城西村、坡底村由于经济发展，村落的原貌遭到破坏，而被评选为传统村落的河北村、上下董寨由于经济发展水平较低，村落的原貌得到较好的保存，这不禁让我们思考经济发展与传统村落的判定和保护之间的联系。

七

7月18日上午8点30分，阳泉小组驱车前往上下董寨，开始了新一天的调查。当天小组主要围绕上下董寨展开调查。

上董寨村位于娘子关镇西北部，北接岔口乡，南与背峪接壤，西接巨城镇会里村，东靠下董寨村，距镇中心10公里，阳井线从村前经过，交通十分便利。全村有农户320户，788人，其中农业人口773人，非农业人口15人。下董寨村位于娘子关西6公里处，温河流域的下游，村总面积为12.11平方公里，平均海拔380米，村庄占地256.5亩，耕地面积1763亩，其中水地300亩。现有住户389户，989人。下董寨村内古庙成群，更有被列为重点保护对象的300米古街道，下董寨元宵节跑马活动作为山西省非物质文化遗产为这座村落增添了更多神秘色彩。上下董寨均为住建部、文化部等七部联合公布的第二批中国传统村落和第七批中国历史文化名镇名村。两座村落历史悠久，古貌保存完好，是岩崖古道的必经之地，小组利用一天的时间对这两个村落的历史遗迹和碑刻等进行了考察，收获颇丰。

小队于上午9点到达上董寨村，受到了村委赵书记的热情接待。他向队员们介绍了村庄的主要产业、耕地情况、人口情况以及其传统村落申报的相关情况，等等，并赠予我们《上董寨村志》一部。随后在当地看庙人苏大爷的带领下，对全神庙、关帝祠、下寿圣寺、上寿圣寺、西阁、王家大院进行了调查。

全神庙位于娘子关镇上董寨村中心，坐北朝南。始建年代不详，庙西墙有清康熙元年（1662）重修碑记，是清末民初村里六股老汉（赵姓前股、后股；王姓西股、西二股；张姓上股、下股）议事之地。正殿面阔五间，为单檐悬山顶廊柱式结构，高出横贯东西古街道1.5米。庙内是典型的明代横窑主体，同时分为两间，大间有一米高的神台，小间用窗棂与大间隔开，修有土炕，现存碑刻两通。全神庙对面为乐楼，该戏台创修于康熙十年（1671），道光十年（1830）被河水冲垮重修，1982年村民在原址重建戏台。乐楼石柱有楹联一副：得意忘倦细腰舞落三竿月；随心唱道古调声传万世文。

对全神庙进行考察后，我们前往关帝祠。该祠系平定县保单位，位于上董寨村东20米处，坐北朝南。据庙内现存碑刻记载，始建于明洪武九年（1376），清雍正十二年（1734）重修，1996年维修。该庙一进院落布局，东西16.7米，南北34.15米，分布面积约201平方米。中轴线上建有乐楼、山门、正殿，轴线两侧建有东西配殿，东偏殿供奉马王，西偏殿供奉龙王和牛王。正殿面宽三间，进深五椽，前插廊，悬山顶。关圣祠中现存碑刻9通，其中旧碑8通，分别是：嘉靖二十六年《重建龙王行祠记》、嘉靖二十七年经幢、万历四十八年《重修龙天水草牛王龙王行祠并治道路记》、雍正十二年《重修关圣祠序》、乾隆十七年《建修关帝龙王马王三庙碑记》、道光元年《补修乐楼二座碑记》、咸丰十年《重修石桥碑记》、同治十年《补修乐楼耳房碑记》。

图 28 上董寨村下寿圣寺正殿

在苏大爷的带领下，我们又前往下寿圣寺。下寿圣寺位于上董寨村寺坪街北卧龙岗上寿圣寺旁 90 米，坐北朝南。始建年代不详，据现存碑刻载，明嘉靖二十九年（1550）该寺已存在。现存寺院为上下院落布局，上院由正殿和东西配殿组成，下院建有倒坐和东耳房。其中正殿为明代建筑，其余为清代遗构。现存碑刻 10 通，其中新碑 4 通，旧碑 6 通，分别是明弘治十七年经幢、大明庚戌年《重修寿圣寺记》、隆庆六年《重修寿圣寺记》、万历二年《重修藏山大王关圣祠神庙记》、丙戌年《上董寨寿圣寺记》、民国二十六年《建修茶棚膳房施工碑记》。庙宇修缮程度较好，碑刻保存较为完整。

随后我们前往寿圣寺，上寿圣寺位于上董寨村寺坪街北卧龙岗，坐北朝南。始建年代不详，明嘉靖，清乾隆、嘉庆时期皆有重修碑。1992 年被平定县政府定为县级文物保护单位，2013 年又列为山西省重点文物保护单位。该寺东西 41.67 米，南北 30.6 米，占地面积 1275 平方米。该寺除正殿为大雄宝殿外，还建有东西配殿、倒坐及钟鼓楼，其中南殿为元代遗构。庙宇共有五进院落，规模宏大，现存旧碑 8 通，分别是：明嘉靖二十二年《重修寿圣寺记》、清乾隆三十八年《重修寿圣寺捐修碑》和《重修寿圣寺序》、乾隆四十四年《新建圣母行祠序》、嘉庆二十一年《补修圣母行祠序》和《寿圣寺东西殿金妆圣像增修照壁道路碑记》、道光十六年《固关营免娘子关税务碑记》和同治十年无题名碑。苏大爷向我们介绍了庙内各个殿曾供奉的神灵，并为我们介绍了禅房、藏经阁等殿。记录完毕后，我们前往上董寨的西阁、王家大院进行了考察。

西阁又称凌云阁，阁门今已不存，是上董寨旧村的出口，也是岩崖古道的必经之地，我们对其进行简单记录后，前往王家大院。王家大院是上董寨四大姓中王姓的家族产业，始建于清末民初，共有 7 所院落，80 多间房间组成，占地 30 多亩。主宅由 3 处院落组成。王家祖上以经商为业，晚清创堂号"魁盛德"，其家族兴旺，在村中有较大影响。

中午简短休整后，阳泉小队又驱车前往下董寨村。在下董寨，我们主要对全神庙、东西阁、龙王庙进行了考察，并在村民的带领下，一同探步于村内古道。

全神庙，位于娘子关镇下董寨村北马峪口，坐北朝南。此庙始建年代不详。根据庙内现存明万历二十一年重修碑记所载，大元至正九年（1349）重修显泽大王鹤山圣母二神行祠，后遭焚烧被毁。明嘉靖乙丑年（1565）重修圣母行祠。万历二十一年（1593）整修大王庙。此后，清康熙二十七年（1688）、雍正十二年（1734）两次修缮。乾隆五十年，修正殿一脊九间，列东西钟鼓二楼，塑像安神成全神庙，达到今日规模。次年春，

图 29　下董寨村全神庙山门

村民敬献"神赐永福"牌匾。民国六年（1917）六月初八日大雨，洪水从马峪直冲而下，将庙内西殿冲倒，西禅房和鼓楼冲去，村民再次重修。

　　该庙现为清代遗构，二进院落。中轴线上由南向北建有戏台、山门、过殿，轴线两侧建钟鼓楼和东西配殿。正殿为窑洞建筑，面阔三孔，一明二暗。该庙原为大王庙，后尊奉鹤山圣母，最后演变为全神庙，主要供奉有三清、孔子、关圣、三元、大王、圣母等诸多神灵，庙内现存碑刻22通，是本次考察最大收获，其中旧碑20通，新碑2通。具体参看下表。

碑铭	刊立时间	碑刻数据	保存情况
《补修大王庙志》	民国六年	120*51*14	
无题名	待考	118*53*14	
待考	待考	21*54*10	残碑
待考	待考	22*54*10	残碑
《重修大王庙并建牛王庙记》	万历二十一年	117*56	碑座：64*42
无题名	道光十五年	33*44	无碑阴
《重修古庙碑记》	乾隆五十□年	165*78	无碑阴
施地碑	同治五年	53*59	无碑阴
置地碑	同治三年	55*40	无碑阴
施银碑	待考	134*63	碑阳入墙，碑座：56*36
施银碑	民国	118*61	碑阳入墙，碑座：52*36
无题名	万历四十二年	41*32	无碑阴
无题名	□□二十二年	41*49	无碑阴
施银碑	待考	127*59	碑阳入墙
《重修圣母大王庙碑记》	康熙二十七年	128*60	无碑阴
《重修显泽王碑记》	雍正十二年	130*63	无碑阴
施银碑	待考	132*62	碑座：72*30

续表

碑铭	刊立时间	碑刻数据	保存情况
施银碑	清	128*48	碑座：61*26
无题名	大清光绪□□年	80*48	无碑阴
《全神庙重修碑》	2013年		无碑阴
《全神庙重修施银碑》	2013年		无碑阴
《创建灯楼石记》	乾隆三十六年	108*43	无碑阴

随后小队又前往东阁（又名"朝阳阁"），该阁位于娘子关镇下董寨村东约 30 米，坐东朝西。此庙始建年代不详。根据庙内现存《重修朝阳阁碑记》所载，清道光二年（1823）重修。原建筑在 1939 年被侵华日军拆毁，仅存下部石砌拱券结构台基。1990 年村民在原址重建。朝阳阁现存碑刻 2 通，阁门面宽三间，奉祀神灵为观音。

下董寨西阁位于村西（平安阁），上供奉关帝，坐西朝东。此庙始建年代不详。阁西额有明万历三十四年（1606）的题额。根据庙内现存《重修西阁记》所载，清乾隆二十七年（1762）重修。该庙现为清代建筑，宽 5.7 米，长 24.55 米，占地面积约 140 平方米。现存正殿和乐楼。正殿面阔三间，进深四椽，前插廊，悬山顶，筒板瓦覆盖。现存碑刻 4 通。

最后我们前往龙王庙，龙王庙位于娘子关镇下董寨村东南约 10 米，坐东朝西，此庙始建年代不详，2006 年重修。该庙现为清代遗构，单殿，东西 4.3 米，南北 8.75 米，占地面积 37.63 平方米，面阔三间，进深三椽，四檩前廊式，悬山顶，筒板瓦覆盖。龙王庙现存碑刻 2 通，其中新旧碑刻各 1 通。考察结束后，小队于下午 6 点返回娘子关镇。

上下董寨保存的历史遗存均极为丰富，建筑保存完好，而且保留了大量的碑刻，极具研究价值。上下董寨在历史时期作为井陉商路必经之地，不仅对于平定商人具有重要的意义，对于来往商路的外地商人亦有重要意义。

八

7月19日上午8点整，阳泉小队抵达了本次暑期田野调查的最后一个考察地——娘子关村。娘子关村扼晋冀之咽喉，位于平定县东北部45公里处，与河北省井陉县接壤，石太铁路、高速公路和省道阳井线穿镇而过，是山西对外开放的东大门。娘子关被称作"天下第九关"，地势险要，自古为太行山重要通道，既是自秦汉以来的重要商路，也是战略要地，有"雄关百二谁为最，要路三千此并名"的美誉。

娘子关入选首批中国历史文化名镇，下辖24个行政村。娘子关得名于平阳公主率娘子军在此驻守，历史悠久，自古就是兵家必争之地，历代留下了"董卓垒""承天寨""固关长城""娘子关关城"等丰富的历史文化遗存。

娘子关村由大口村、小口村和娘子关村三个自然村组成。调查小队到达大口村后，进入娘子关关城，对关帝庙进行了考察。关帝庙现存10通碑，详见下表。

碑铭	刊立时间	碑刻数据	保存情况
《关帝庙碑记》	大清康熙十年	130*62*20	碑首：62*62*62 碑座：83*42*41
《重修关帝庙东西禅房碑记》	道光二十四年	137*51*15	碑座：63*40*34
《重修关帝庙钟楼戏台禅房碑记》	嘉庆二十一年	155*60*17	碑座：73*38*37
《重修钟楼西庙南楼记》	雍正三年	130*60*20	碑座：72*38*40
《创建财神庙重修钟楼碑记》	咸丰三年	158*63*15	碑座：89*45*44
《补修关圣庙碑记》	民国三十二年	166*63*13	碑座：72*44*40
《补修关帝庙财神庙戏楼院落碑记》	光绪十二年	58*49	无碑阴
《重修山门禅房碑记》	嘉庆五年	47*49	无碑阴
无题名	明崇祯元年	65*47	
《重修宿将楼关帝庙碑记》	1993年	170*66*16	碑座：79*42*33

记录完毕之后，小组动身出发前往小口村。小口村现存一座铁佛寺，庙会为农历四月初八。铁佛寺建筑时间待考，相传为唐尉迟恭所建。庙内现存明清石碑 4 通：分别为明成化十年（1468）、成化十二年（1476）、泰昌元年（1620）及清康熙四十二年（1703）刊立。由于管理铁佛寺大门钥匙的村民外出，小组成员未能前往。

紧接着调查小队考察了真武观音阁，该阁位于兴隆街西头，坐西朝东。其建筑时间待考，据现存碑刻记载，明隆庆年间（1567—1572）已建，分别在清康熙五十五年（1716）和 20 世纪 90 年代重修。庙会在每年农历六月十九。此阁东西走向，砖石木瓦结构，东西 10.3 米，南北 7 米，占地面积约 72.1 平方米。

穿行于兴隆古街，到处弥漫着古朴的气息。兴隆古街是村中主街，横贯东西，呈东西走向。街长约 510 米，宽 5—6 米，街道由青石铺成。居民共有 100 余户，约 300 人。主体为明清建筑风格。兴隆街东西两头有两处阁楼，东阁为文昌财神阁，西阁为真武观音阁。在明清时期，商贸繁盛，街旁各种店铺近百家，经营种类有客栈、货栈、书店、药店、当铺、照相、邮政、理发、刻字、肉铺、绸缎、布匹、杂货、煤炭、粮食、缝纫、铁货等，其中有集成店、德顺成、和盛魁、万和堂、吉和铺等商号，为娘子关地区经济文化中心。兴隆古街现还有岩崖围墙的遗存。岩崖围墙是一种军事防御建筑。围墙呈东西走向，石灰石砌筑，墙高 2.5 米，宽 0.6 米，长 200 多米。墙体上部筑为堞墙状，建筑时间待考。现存碑刻记载，清道光二十五年（1845）重修。2003 年村民集资维修。现存《重修岩崖周墙记》碑，光绪二十五年刊立。

图30　娘子关村兴隆古街

穿过兴隆街，小组到达位于东口的文昌财神阁。其位于兴隆街东端，坐东朝西。建筑时间待考，根据庙内《建修阁序》所载，乾隆四年（1739）重修。底层为块石砌筑的拱形洞，东面拱洞上额题"财神阁"，西面拱洞上额题"文昌阁"。现存旧碑2通。

最后小组成员考察了位于娘子关镇娘子关村东的白衣庵。白衣庵坐北朝南，建筑时间待考。据现存碑碣记载，清光绪二十年（1894）重修，1999年村民集资维修。现存正殿一座，为清代遗构。正殿为窑洞式建筑，面宽一间，前出廊，卷棚顶。现存碑刻3通。

九

2019年7月9—22日，山西大学历史文化学院环太行山田野调查阳泉小队在盂县、平定县展开了为期两周的田野调查。

（一）考察区域

考察对象：阳泉市平定县以娘子关村为中心的古商道传统村落群

考察问题：传统村落的价值体系与保护

A.传统村落的定义与内涵；

B.价值体系的元素与要素；

C.易地搬迁的类型与保护。

考察目的：廓清传统村落易地扶贫搬迁类型，构建历史固有资源，丰富村庄价值体系

考察方法：田野专题调查

（二）考察行程

第一阶段：易地扶贫搬迁专题调查

2019年7月9日，抵达阳泉市区，参观阳泉市博物馆；

2019年7月10日，考察调研平定县柏井镇寨马岭村易地扶贫搬迁情况；

2019年7月11日，小组总结，拜访平定县史志办、图书馆、扶贫办和阳泉市图书馆；

2019年7月12日，考察调研盂县梁家寨乡猫铺村整村搬迁情况；

2019年7月13日，调整休息，整理考察资料并电子化归档；

2019年7月14日，中期总结，抵达平定县娘子关镇。

第二阶段：传统村落价值体系专题调查

2019年7月15日，考察调研平定县娘子关镇磨河滩村、河北村、城西村历史文化资源；

2019年7月16日，考察调研平定县娘子关镇城西村历史文化资源；

2019年7月17日，考察调研平定县娘子关镇坡底村历史文化资源；

2019年7月18日，考察调研平定县娘子关镇上董寨村、下董寨村历史文化资源；

2019年7月19日，考察调研平定县娘子关镇娘子关村历史文化资源；

2019 年 7 月 20 日，返回阳泉市区，整理考察资料并电子化归档；

2019 年 7 月 21 日，终期总结，分配后续撰写任务；

2019 年 7 月 22 日，拜访阳泉市图书馆拍摄相关资料，返回学校。

（三）考察成果

在为期两周的田野考察中，阳泉小队共考察了 2 县 9 村 28 座庙；收集到碑刻 139 通，整理出阳泉金石目录 523 通（均有全文内容），占到阳泉地区已知碑碣总量（依据《三晋石刻总目·阳泉卷》，共收录 1431 通）的 36.5%。还收集到地方文史书籍 55 部（其中纸质版 4 部，电子版 51 部）、村志 2 部、家谱 5 部、中国传统村落申报材料 5 份等多种资料。此外，还整理录音 18 段，口述内容 2 万余字。这些丰硕的成果为小组后续调研与写作打下坚实基础。

（四）考察收获

田野考察虽然非常辛苦，但收获也很多。"易地扶贫搬迁的传统村落"是我们本次专题调查的对象，其"价值体系"和"搬迁保护"是本次调查的重点内容。

鉴于阳泉传统村落鲜有易地扶贫搬迁的实际情况，阳泉小组随之进行调整，在第一阶段的考察中，将调查对象改为"易地扶贫搬迁的典型村庄"，把"易地扶贫搬迁的系统过程"视为调查重点。在市政府的帮助联系下，分别对平定县柏井镇寨马岭村和盂县梁家寨乡猫铺村的整村搬迁进行了细致的考察调研，收集到大量翔实的村庄一手材料，并系统了解了各级政府在易地扶贫搬迁工程中的相关文件和政策。第一阶段的考察，使我们对"易地扶贫搬迁"这一之前从未涉足的命题有了一个较为系统、准确和完整的基础认知，为我们课题后续的应用性研究与开展奠定了良好的基础。

第二阶段的考察对象为"以娘子关为中心的古商道传统村落群"，其"价值体系构成"与"古村保护"是我们的调查重点内容。

井陉是自古出入山西的"太行八陉"之中最为重要的古道之一。

井陉古道在平定境内主要有三条线路，一条为官道驿路，即今从测石—赛鱼—黑沙岭—州城—柏井—固驿铺—甘桃驿—固关达河北井陉，能通车队，为官马大路，是秦晋冀三省通衢。另外两条则为羊肠小径，只能骑骡马：一条为从平潭镇顺桃河而下到岩会—上盘石—下盘石—西武庄—东武庄—程家—娘子关达河北井陉；另一条为由水峪沿温河向东到巨城—会里—上董寨—下董寨—坡底—河北—娘子关达河北井陉。

我们小队主要围绕温河流域的岩崖古道，分别对娘子关、磨河滩、坡底、城西、上董寨和下董寨等六村进行了历史文化资源的考察。通过调查，我们可以感受到该区域内村落的历史演进过程与主导因素。

元以前中国的政治版图中心主要在西边的长安、洛阳等地，无论是汉代设立的董卓垒、隋代设立的苇泽关，还是唐代设立的承天军寨，其防御方向均为东方，以屏障京师。元以后随着中国政治中心定鼎北京，娘子关的防御重心也随之改为西北方向。长久的金戈铁马不仅为这片区域带来诸多军事堡寨遗存，还塑造了当地劲勇尚武的民风，更有甚者模仿军队探马疾驰而过，举行"跑马排"等民俗活动，军事文化在娘子关地区的村庄中非常深厚。

及至明清时期，尤其是入清后随着西北蒙古边患的消失，军事第一性渐次让位于经济贸易，街道两旁商号林立，乡村庙宇大量创修，商业文化开始与军事文化共同建构了娘子关的乡村形态与社会生活。

附录1

阳泉组暑期田野调查中期总结

调查时间：2019 年 7 月 9—14 日

调查区域：平定县柏井镇寨马岭村和盂县梁家寨乡猫铺村

调查成员：领队：张玮　口述、测量：李善靖　记录：张茜、董思敏　司机：鄙师傅

时间飞逝，不知不觉阳泉小组已经在扶贫第一线奋战了一周。本周按照出发前既定的第一个主题，小组已对平定和盂县的两个易地扶贫搬迁典型村庄进行了详细的调研。临近中期，有必要对此前的工作做一定的总结，对此类易地扶贫搬迁的原因、过程、结果和影响得出初步的结论，希望能对日后的研究有所参考。

一、从调查村庄的定位问题说起

本周调查小组采用以问题为导向的专题式调查，旨在探求易地扶贫搬迁下的传统村落保护问题。但实际情况是，无论是平定县的寨马岭村还是盂县的猫铺村，均非典型的传统村落，至少村庄的历史都没有达到住建部规划的传统村落年限，这就决定了村庄没有太多可供追溯的历史文化遗存遗迹，此类村庄拆迁还是保护，应该有基于现实的考量。小组在出发前详细比对过阳泉地区的传统村落和易地扶贫搬迁村落名单，发现几乎没有重合。两者的不匹配促使我们对传统村落概念进行重新界定，是否应该直接搬照住建部发布名单进行调查？一个悖论是：被评为传统村落的村庄往往因为国家补贴和政府援助，大多非贫困村庄。这些村庄大多已经开始规划自身的开发和保护，也不需要进行易地搬迁；而实际需要迁移的村庄，大多为非人为因素的贫困，

村庄呈现一种不可逆化的自然消亡。整村易地扶贫搬迁和传统村落保护两个主题的兼容度并不高，如何开展下一步的研究工作？

就本次考察的两个村落来看，寨马岭村是典型的易地扶贫搬迁村落，该村于 2016 年 10 月到 2017 年陆续完成了整村易地搬迁；猫铺村虽然也属于贫困村，但究其类型，并非易地搬迁，仅是在离村庄原址不远处新建，其搬迁的动力也非国家政策支持，而是机缘下的基建搬迁，利用村庄土地被征用的补偿款于 2012 年建立了新村。两者都是整村搬迁，都存在扶贫的问题，此类整村搬迁的村落与零散插花搬迁的村户可以分为两种类型。

二、调查村落的发展变迁（简略推测）

仔细比对两个村庄的历史和发展，会发现有许多相似之处。两者同属于沿太行山区沟谷地带分布，由多个自然聚落构成的复合式结构村庄。各聚落间互相联系不强，可以概括成对内独立的特点；而这些聚落又同属于一片山谷的缘故，同外界相对封闭，交通不便。直到现在，寨马岭的发展仍受到交通的影响，而猫铺村则相对好很多。

两村均由四五个自然村构成，这些村多以单姓村为主，从中能看出其移民特征。事实上太行山区聚落的形成与非常态化的灾害、战争等息息相关，很多村落都形成于清中后期。本组考察的两个村庄均强调本村有 200 余年的历史，基本符合这一事实，不同之处在于寨马岭并未有可见的文字资料记载，而猫铺旧村则找到了从清乾隆五十五年到民国十九年的观音堂碑记，猫铺有 200 多年历史应该是可靠的。从历史遗存状况来看，寨马岭村古建和庙宇碑刻留存不多，值得关注的是石制横窑建筑的留存，这在其他地方比较少见，猫铺村则有观音堂、全神庙、关帝庙等多处庙宇留存，传世文献相对较多。

从历史演变来看，对两个村庄的形成和发展最重要的影响因素有二：水源和交通。寨马岭各村严重缺水，主要依靠储蓄自然降水来解决生产、生活用水问题，这决定了虽然寨马岭开辟出千亩土地，但产量不高，村民的赤贫问题也多由此来；猫铺因为地形狭窄的缘故，土地较少，但地处山谷的优势使其村庄有泉水经过，这决定了村庄的未来走向优于前者。此外，交通是决定村庄发展的又一核心因素，历史时期两个村庄与外界交流较少，村庄长期处于静态发展，规模有限。随着时代进步，寨马岭和猫铺的对外交通条件有所改善，均有公路修到了村口。但寨马岭各村沿沟分布的特点决定了村子难以进一步享受到这一便利，这也是后来整村易地搬迁的原因之一。猫铺村在旧村附近另辟新村，把各自然村村民集中起来，公路直通新村，极大地便利了村庄的对外交流。

三、易地扶贫搬迁的细节

易地扶贫搬迁是国家既定政策，属于自上而下的国家精准扶贫的重要组成部分。但在地方实地操作中，因各种原因会呈现出不同的特点。从历史学角度来看各村易地扶贫搬迁的前因后果可以做精细的个案研究，这有待后续完成。此处先探究一些重要的部分。

新旧村之间的关系：理想状况是村民搬迁到新村，旧村拆迁复垦；但实践过程中旧村往往难以拆除，有诸多原因（略）；新村如果位于旧村附近，就不属于易地搬迁，猫铺即属此类，新村与旧村完全没有联系，是远距离的迁移，则属于易地搬迁，寨马岭问题更加棘手。

村民与旧村之间的联系：

1.情感上的纽带，生活习惯问题。

2.经济因素：不需要搬迁；买不起房子；不满足条件。

3.政策因素：村民户籍、学生学籍、村委会的存续问题。

4.资产分配：村庄的土地和资产分配。

由此带来的脱贫与返贫问题：劳力稀少、交通不便、水源奇缺的寨马岭村只能采取易地扶贫搬迁，国家配套相应的扶持力度，在新房修建补贴、住房补贴、就业机会等方面均有相应的政策；猫铺村则通过乡村自主创业，自力更生，成为新农村建设的典范。

政策的缺失部分：

1. 享受不到易地扶贫搬迁政策的人群何去何从。

2. 易地搬迁后村民户籍和儿童学籍等归属问题。

3. 对于村民的财产分割和利益分配并无具体政策性指导。

村民搬迁过程中遇到的问题与利益诉求：

1. 旧村建筑处理问题（拆迁与保护）。

2. 旧村财产的归属问题（土地与公共财产）。

3. 村庄既得利益者的保障问题，搬迁后旧的村委会存续还是解散？

从寨马岭来看，旧村村委和农村合作社有相当程度的转换，村委书记、村主任扮演起了村中共有财产集体经营法人的身份，这种纽带发生了从政治到经济的细微变化；猫铺村则不存在村委会解散问题，但集体经济的法人也以村委干部担任，体现了当下村庄经济发展的共同特点。

结论：传统村落是我国易地扶贫搬迁村落大潮中的一种类型，如何处理"易地扶贫搬迁的进行"与"传统村落保护的开展"是一对非常棘手且紧迫的问题。在阳泉的相关调研中，我们发现传统村落保护与易地扶贫搬迁基本上是两类互不相干的事业。因此，我们将调查重点放到"易地扶贫搬迁典型村庄"的原理探析与模式结构，希望总结出易地扶贫的一般性规律，以实现从一般到特殊的类型化案例研究。此外，本组的实践调研主要围绕"整村搬迁"这一类型展开，结合各组调查情况，传统村落往往以个别民户的"插花搬迁"为主，这是我们在后续对传统村落调研时应该关注的重要问题。

大课题的落地与推动，应当建立在田野实践基础上，太行山广泛区域内的地域化、类型化、模式化的类型学研究。

附录2

《阳泉传统村落调查资料集》（部分）

一、阳泉传统村落名单

序号	地级市	县域	乡镇	村名	入选批次	入选时间（年）	合计（个）
5	阳泉市	郊区	义井镇	小河村	第一批	2012	45
			义井镇	大阳泉村	第一批	2012	
			平坦镇	官沟村	第二批	2013	
			荫营镇	辛庄村	第三批	2014	
			荫营镇	三都村	第五批	2019	
			西南舁乡	大洼村	第五批	2019	
		平定县	冠山镇	西锁簧村	第二批	2013	
			冠山镇	宋家庄村	第三批	2014	
			东回镇	瓦岭村	第二批	2013	
			东回镇	马山村	第五批	2019	
			东回镇	七亘村	第五批	2019	
			东回镇	南峪村	第五批	2019	
			娘子关镇	娘子关村	第二批	2013	
			娘子关镇	上董寨村	第二批	2013	
			娘子关镇	下董寨村	第二批	2013	
			娘子关镇	新关村	第四批	2015	
			娘子关镇	河北村	第五批	2019	
			娘子关镇	旧关村	第五批	2019	
			冶西镇	苇池村	第三批	2014	
			石门口乡	乱流村	第三批	2014	
			石门口乡	西郊村	第四批	2015	
			石门口乡	大石门村	第五批	2019	

序号	地级市	县域	乡镇	村名	入选批次	入选时间（年）	合计（个）
5	阳泉市	平定县	巨城镇	南庄村	第三批	2014	
				上盘石村	第三批	2014	
				下盘石村	第四批	2015	
				岩会村	第四批	2015	
				移穰村	第四批	2015	
				会里村	第五批	2019	
				西岭村	第五批	2019	
			张庄镇	桃叶坡村	第三批	2014	
				张庄村	第五批	2019	
				土岭头村	第五批	2019	
				下马郡头村	第五批	2019	
				宁艾村	第五批	2019	
			岔口乡	冯家峪村	第四批	2015	
				大前村	第四批	2015	
			锁簧镇	东锁簧村	第五批	2019	
			柏井镇	柏井四村	第五批	2019	
				柏井一村	第五批	2019	
				白灰村	第五批	2019	
		盂县	孙家庄镇	乌玉村	第三批	2014	
			梁家寨乡	大宗村	第二批	2013	
				骆驼道村	第五批	2019	
				石家塔村	第五批	2019	
				黄树岩村	第五批	2019	

二、平定县传统村落分布

（一）平定县传统村落分布特点

"三河一关一盆地"。

1. "三河"

温河：南庄村、会里村、冯家峪村、上董寨村、下董寨村、河北村（6）。

桃河：乱流村、西岭村、移穰村、岩会村、上盘石村、下盘石村（6）。

南川河：苇池村、宋家庄村、西郊村（3）。

2. "一关"（沿内长城一线设的山寨、隘口之地）

白灰村、新关村、旧关村、娘子关村、大前村（5）。

3. "一盆地"

平定盆地：西锁簧村、前锁簧村、宁艾村、张庄村、上马郡头村、土岭村、桃叶坡（7）。

（二）其余部分

大石门村、瓦岭村、马山村、南峪村、七亘村、柏井一村、柏井四村（7）。

三、平定县传统村落特点

1. 建村历史久远。

2. 寺庙规模较大。

3. 民居院落精品。

4. 商号字号众多。

5. 历史人文鼎盛。

6. 生产方式多样。（土窑洞、石拱窑、梯田灌溉、矿产资源丰富）

7. 古碑遗迹遍布。

四、温河流域传统村落概况

（一）娘子关村

1. 村庄概况

娘子关村位于晋冀两省交会处的平定县，古称"苇泽村"，因与长流不息的绵水相伴，两岸树木茂密，河边苇叶丛生，而得名"苇泽"。娘子关村扼晋冀之咽喉，有"三晋之门户，京都之咽喉"之称，是古代由晋出冀的主要关口之一，历来为兵家必争之地，具有极为重要的军事和地理地位。隋代以后娘子关开通商道，娘子关村便成了人口密集、商旅往来的交通要驿。今天的娘子关村由娘子关村和大口村、小口村三个自然村组成，三个村落从上而下，首尾相连，分布在长约2公里的沿河岸边，俨然一派江南水乡的景色。

村内现存庙宇有：

（1）娘子关关城，位于村西；（2）关帝庙，位于大口村南部，坐北朝南；（3）真武阁，位于大口村中部，坐南朝北，阁上存有道光年间碑刻一通；（4）铁佛寺，位于小口村；（5）真武观音阁，即娘子关村西阁，坐西朝东，现存旧碑三通；（6）文昌财神阁，即娘子关村东阁，位于村（兴隆街）东北口处，坐东朝西，现存碑刻三通；（7）白衣庵，位于娘子关村东50米左右，坐北朝南，现存碑刻三通。

图 30 娘子关村

现将情况列表于下：

名称	方位	沿革	状况	碑刻
娘子关镇娘子关村关城	位于村庄西部	庙内无碑，待考		
娘子关镇娘子关村文昌财神阁	位于村兴隆街东端，坐东朝西	建筑时间待考，根据庙内《建修阁记》所载，乾隆四年（1739）重修	底层为块石砌筑的拱形洞，东面拱洞上额题"财神阁"，西面拱洞上额题"文昌阁"。观音阁面宽三间，进深六椽，前后插廊，硬山顶，筒板瓦覆盖。前后檐每间均辟六抹隔扇门4扇	阁前现存碑刻两通：一通为《建修阁记》，清乾隆四年刊立；另一通待考
娘子关镇娘子关村龙王庙	位于村东部咕嘟泉西（今提水工程集泉一泵站内），坐北朝南	建筑时间待考。建筑面积3000平方米。此庙一排三殿，东殿为子孙殿，西殿为龙王殿。求雨时从藏山洞"灵灵大王"供奉。中殿供奉为汉云台功臣邳彤之庙，中、西殿间的小夹殿为虫王殿，中、东殿间是过道，直通东殿背后的小院。每逢年节和农历三月二十三庙会期间，村内都在此组织唱戏	1986年定为平定县文物保护单位	庙内现存记事碑一通，光绪二十七年刊立

附录3

暑期阳泉考察前会议纪要

会议时间：2019 年 7 月 9 日

会议地点：阳泉市区

参会人员：张玮、李善靖、董思敏、张茜

一、暑期田野调查成员目标

本科生：（1）感受山西的传统村落（与普通村落的联系）；（2）调查简报以及日志的撰写；（3）田野调查方法的掌握以及田野调查报告的撰写（重在客观事实的呈现）；（4）专题学术论文的写作尝试。

硕士生：（1）高质量田野调查研究报告的撰写（重在专题的分析）；（2）专题学术论文的写作；（3）硕士论文选题的解决。

博士生：（1）把握好田野调查的方向与进度、经费开销、成员间的职责分工、成员的生活与安全问题等；（2）较高质量田野调查研究报告的撰写；（3）较高水平学术论文的撰写；（4）对于博士学位论文的推进要有收获。

二、暑期田野调查科研任务

田野调查报告——本科生撰写为主，研究生指导为辅。

田野研究咨询报告——研究生撰写为主，本科生从旁协助。

专题学术论文——研究生撰写，本科生感兴趣的话亦可选题自己撰写。

三、调查区域

（一）以平定县柏井镇寨马岭村和盂县梁家寨乡猫铺村为代表的易地扶贫搬迁村落

1. 传统村落定位

未入选住建部传统村落名录。

2. 调查类型定位

易地扶贫搬迁后的典型村落。

3. 重点关注内容

原村落的历史社会环境：村落的前世与今生。

原村落的易地扶贫搬迁历程：村落搬迁诸多细节。

易地扶贫搬迁后的村落保护：新村的生活与旧村的保护。

4. 具体细节

（1）村落的发展变迁

A 村落遗存状况概述。

B 村落发展的历史演变（时间与空间的介绍）。

C 变动的交通方式与传统村落的发展。

（2）易地扶贫搬迁相关问题（以传统村落的体系与保护为主而设计）

A 新旧村之间的关系。

B 村民与旧村之间的联系。

C 村民搬至新村时的一些政策（新房修建补贴、住房补贴等）。

D 村民搬迁过程中遇到哪些问题，有哪些利益诉求？

E 旧村中的房屋所有权问题。

F 为什么有人不愿意搬迁出来？

（二）以娘子关村为中心的温河流域传统村落群

1. 传统村落定位

2013 年，娘子关镇娘子关入选住建部第二批中国传统村落名录。

2013 年，娘子关镇上董寨村入选住建部第二批中国传统村落名录。

2013 年，娘子关镇下董寨村入选住建部第二批中国传统村落名录。

2014 年，巨城镇南庄村入选住建部第三批中国传统村落名录。

2019 年，娘子关镇河北村入选住建部第五批中国传统村落名录。

2019 年，巨城镇会里村入选住建部第五批中国传统村落名录。

2. 调查类型定位

构建典型传统村落价值体系的村庄。

3. 重点关注内容

（1）传统村落的庙宇体系。

（2）不同时期村庄的历史文化要素构建体系（军事—商业）（政治—经济—文化）。

（3）传统村落中的军镇代表。

4. 具体细节

（1）传统村落的整体调查。

（2）搜集族谱、契约、书信、书籍、村志等民间文献。

（3）阅读与整理碑刻史料。

（若有余力，再考察桃河流域各传统村落。）

四、每日调查分工

总体工作的统筹与监管：张玮

（一）白天调查

拍照：张玮。

测量：李善靖。

记录：调查表、口述录音——董思敏与张茜

记录员一负责填写：调查表一：村庄概况登记表；

　　　　　　　　　　调查表二：庙宇情况登记表。

记录员二负责填写：调查表七：村庄人居环境情况登记表；

　　　　　　　　　　调查表三：传统民居情况登记表（名人故居

　　　　　　　　　　　　　　　优先）；

　　　　　　　　　　调查表四：非物质文化遗产情况登记表；

　　　　　　　　　　调查表五：民间文献情况登记表；

　　　　　　　　　　口述录音。

做口述成员有问题就问，但要礼貌有序。

（二）晚上整理与总结工作

照片整理：当天拍照者——张玮。

文字工作：微信推送——董思敏或张茜，简报——张茜或董思敏。

数据库录入：李善靖。

调查日志：每个人都要写。要求：简要叙述整体调查的基础上，写自己的感想、学术兴趣延伸、调查存在问题以及调查改进等都可以，字数不限，但不能太少。

五、每日调查必备工具

调查工具：相机 1 个、卷尺 1 个、文件夹 2 个、调查表格、刷子 1 个、清洗球 1 个、手套 2 副、院旗 1 幅、工作牌 5 个、介绍信 8 张、创可贴若干、录音笔。

防暑药品：藿香正气水。

雨伞、水杯、卫生纸、充电宝等。

六、每日调查工作流程

1. 早饭 7:30—8:20（每日起床时间没有限制），下楼吃饭之前必须再次检点各自工作材料与工具（相机、表格、测量工具专人负责）。

2. 出发时间最迟 8:30，午饭后休息，下午继续调查；村庄档案、扶贫材料的索取。

3. 晚上回来后工作

（1）进行简短调查总结会、调查相关资料整理、相关文字撰写（简报以及微信推送，调查日志当天必须写完，但不限定具体截止时间）、第二天调查安排等工作。

（2）各自清点第二天调查工作所需材料与工具（相机充电、空白表格放入文件夹，检查录音笔、测量工具是否齐全）。

（3）要求——希望这些工作每晚至迟 21:30 前完成，给每位成员留出相对宽裕的时间干自己的事情（洗漱、学习、娱乐、睡眠等）。

4. 调查安全注意事项：谨防狗咬、蜂蜇、电线；车不停时严禁打开车门下车，下车前必须确保车后无车；注意连续阴雨天时的泥地、陡坡、危房等。

七、日常生活用品

1.衣服：适宜长裤、网格鞋、帽子、防晒衣（不透气的衣服走路会很热）或者薄衬衣等；调查时间至少十天，因此衣服至少备两套。

2.拖鞋、床单被罩等视个人情况而定；行李箱亦视个人情况而定。

3.男生剃须刀，女生防晒霜等物品自己检点清楚。

4.洗漱用品、洗衣液、衣架。

5.电脑、手机充电器等。

八、出发前的准备工作

1.看县志（旧县志与新县志）、地图与相关著作论文，了解平定县以及所调查的村庄。

2.整理碑刻目录：温河流域各村碑刻目录〔碑铭＋时间＋地点（具体位置、县志、族谱等）〕。

九、预期成果

1.调查小组提交一份关于阳泉易地扶贫搬迁村落的调查报告。

2.调查小组提交一份太行古商路传统村落价值体系的调研报告。

3.调查小组提交一份关于平定县调查区域的调查资料集与数据库。

4.调查小组提交一两份较高质量的学术论文。

注意：一切原则以及任务视调查实际情况可适时改变。

大同田野调查札记

杨郭强　赵哲霖　刘子婧

　　2019 年 7—8 月间，山西大学历史文化学院开展了以"太行山传统村落的价值体系与易地扶贫搬迁"为主题的专题调查。考察队共分七路，前往太行山沿线的各个县域进行调研，力图搜集分散于广大村落中的文献资料、地方政府的政策文件等，并对当下的传统村落保护与发展情况进行全面调查。

图 1　广灵、灵丘二县 GPS 卫星图

　　太行山是乡村的世界，地理环境的差异性决定了传统村落形态的多样化，也造就了每个地区不同的村落文化。从太行山西麓亚区来看，可划分为晋北、晋中、晋东南等地区，各具特色。本考察队投身于晋北的大同市，选择广灵县和灵丘县作为此行的考察重点，由山西大学历史文化学院杨建庭老师带队，队员有陕西师范大学西北历史环境与经济社会发展研究院 2019 级研究生杨郭强、山西大学历史文化学院 2017 级研究生赵哲霖和 2017 级本科生刘子婧，一行四人，从 2019 年 7 月 8 日起，进行了为期 12 天的田野考察。

总体来看，广灵与灵丘二县均位于太行山脉北段，山西省东北部，北接阳高县、阳原县，东与河北省蔚县、涞源县接壤，西与繁峙县、浑源县毗邻，南接阜平县、繁峙县。其中，广灵县位于恒山东襟，境内有山地、丘陵、盆地等多种地貌类型，地势西高东低。永定河源流——壶流河横贯县境东西，在长时间的河流冲刷下，形成了大面积的平原区，这也给聚落的分布提供了良好的条件；而灵丘县则是位于五台山、太行山、恒山三大山脉余脉的交接处，东为太行山山脉的拓展，南为五台山山脉的延续，北为恒山山脉的延伸。三大山脉环绕，境内群山林立，因此素有"九分山水一分田"之说，这也导致了这一地区的聚落大多数分布在山区，仅有县城及其周边才是相对平坦的地区。

在这两个县中，入选住建部统计名单的传统村落数目较少，其中有广灵县壶泉镇的涧西村，蕉山乡殷家庄村、西蕉山村，灵丘县独裕乡花塔村、红石塄乡觉山村。结合对传统村落分布情况的了解及对其他历史村落的摸排，调查小队确定以两县的传统村落作为重点考察对象，同时有选择性地对其周遭有历史文化特点的村落进行调查。在掌握具有典型性的村落价值体系的基础上，结合国家与地方政府政策的出台与实施，我们将会更好地认识到这一地区传统村落保护和发展的情况。

一

7月8日，大同调查队顺利抵达广灵县，开始了在太行山北端的考察。经过驻地暂时休整后，小队于下午3点前往广灵县文化与旅游局、扶贫办等单位，与相关部门的负责人进行了密切交流。队员们得以了解到该区域村庄在扶贫搬迁政策下的大致情况，包括整体搬迁的缘由、进度安排以及发展现状等，并收集到广灵县文旅局编写的《广灵县不可移动文物核查目录》以及其他几份扶贫办提供的重要文件。当晚，在杨建庭老师的主持下，小队召开了考察准备会议，对接下来的调查行程做了周密安排。

7月9日，调查小队以广灵县西部的传统村落——涧西村为中心，并对其周遭的北岳庄、王洼堡等地进行考察。上午8点30分，小队到达北岳庄村。在这里，我们首先确定了传统堡寨的位置所在，在这个村庄曾存在过东堡和西堡两座堡寨，它们的堡墙紧密连接在一起，形成双堡体系的聚落。

图 2　北岳庄村东堡堡墙遗迹

在堡墙之内，小队发现不少尚未改造的传统民居，虽然规模并不大，但依稀能看出村庄旧貌，在已经消失的东堡堡门之外，我们发现了一座正在重修的观音殿，以及两通已经不大清晰的残碑。其对面与之遥相呼应的建筑，当地人称之为"灯山楼"。按照该村习俗，灯山楼是历史时期当地百姓在特定节日进行祈福活动的场地，祈祷风调雨顺、平安如意，并用花灯拼出各种吉利的字符等。

图 3 观音殿

图 4 灯山楼

上午 10 点，小队离开北岳庄村，前往位于南北岳庄村之间的朝阳寺（当地亦称极乐寺，原名观音寺）。从卫星地图来看，朝阳寺位于北岳庄村西的龙头山坳中，相传为北魏年间修建，现存遗迹仅剩三眼石窟，为清末民初贵老和尚的修行之地。

图 5　朝阳寺及南北岳庄卫星图　　　　图 6　朝阳寺实景图

在朝阳寺中，小队一共发现了 15 通碑刻，其中新碑 6 通，旧碑 9 通，最早的碑刻刊立于明万历十四年。我们对这些石碑进行了详细的测量、统计和分类等工作。（部分碑刻信息参见下表）此外，队员们通过与主持隆师傅的交流，对朝阳寺的形成与发展有了更多了解，同时也更加丰富了我们对南北岳庄村历史文化的认知。

庙宇及其他	刊立时间	题名	庙中位置	长（cm）	宽（cm）	厚（cm）
朝阳寺	大清嘉庆十七年	重修朝阳寺新建奶奶庙碑记	奶奶庙侧	158	72	21
朝阳寺	嘉庆十四年十二月	朝阳寺新创奶奶庙碑记	奶奶庙侧	93	49	14
朝阳寺	大清同治十年十月	漫漶不清	奶奶庙侧	134	68	23
朝阳寺	同治九年四月修	重修朝阳寺碑记	奶奶庙侧	118	52	18
朝阳寺	清乾隆六十年十月榖旦	创修关圣文昌碑记	伽蓝殿内	163	70	17
朝阳寺	嘉庆十五年孟月创修	重修古佛宝殿新建娘娘庙碑记	娘娘庙内	110	72	17
朝阳寺	不详	功德碑	娘娘庙内	154	68	12

下午2点，考察队一行人来到了广灵县的传统村落之一——涧西村。该村形成于晚清，1840年，先民王守先等族人在此立村，兴修水利、修建房屋庙宇等。涧西村现存的中堡门上刻有"涧西庄旹光绪甲申年"，标志着涧西村的成熟。

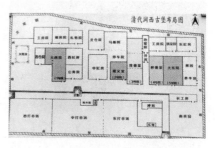

| 图7　涧西村外景 | 图8　清代涧西古堡布局图 |

村内现保存较完整的古建筑有清代旧居5处、观音殿1座、堡门1座、堡墙3处、地窖4处、水井1座、影壁2座等，2011年10月，大同市人民政府公布涧西村古建筑群为大同市文物保护单位。

现在涧西村依托古村落来发展旅游业，并将游客游览区和村民生活区分开。北边为游客可以游览的古建筑群、风俗体验区、下沉广场等，南边为村民生活区。我们进入编号为"3号院"的茂德堂，这是村中最大的一处院落，为清末王家居所，现被改造为村史馆。馆中陈列了几幅碑刻的拓片，其中从"创建观音堂及堡门楼碑记""涧西村创建神祠乐楼碑记"等题名可见，涧西村除了观音殿外还有其他多处庙宇，只是出于种种原因，没有保存下来；茂德堂是一处三进规模的大院，除了院中所设的村史馆外，第三进院落的东厢房还有一些藏品，包括广灵县一些地方人士的收藏和县内其他景点的碑刻或拓片，其中《广灵县重修邑历坛记》即是广灵县全国重点文物保护单位——水神堂的相关碑刻。

图 9　涧西村 3 号传统民居：茂德堂

目前，涧西村还建有灯笼制作中心、烧窑体验工坊，依托村中的旅游业，吸引人们前来体验。灯笼等成品除了面向慕名而来的游客销售，还远销他处，这一产业也逐渐成为村中收入的重要来源之一。同时，涧西村也着力打造吃、住、游、玩多元一体的乡村旅游体系，甚至"变废为宝"，将西北处废弃的天雨湖改造为下沉广场，既避免大面积塌方，又保护了原有植被，搭建秋千和跷跷板等娱乐设施，提升了村落公共空间的实用性和景观性。

下午 4 点 30 分，小队来到了王洼堡，这也是考察首日的最后一站，在这里，队员们对遗存的堡墙和庙宇进行了考察，其中横跨堡寨南北的石桥建于清光绪二年，东西两侧的青石匾上分别刻有"巩固""奠安"字样。在现存的遗迹中，亦有两座残破的庙宇和几处传统民居，给翻新的村落保有一丝历史气息。

图 10　王洼堡石桥

图 11　遗存的堡墙

二

7月10日，大同调查队围绕广灵县的又一处传统村落——西蕉山村及其附近村落展开了考察工作。

上午8点20分，小队一行人到达了西蕉山村。在该村南部，我们发现了清代的古戏台，墙壁上有部分模糊不清的壁画，队员们对其进行了拍照留存，以供日后研究；紧接着，通过对村内老人的采访，小队对村落原貌有了大致的了解。戏台对面旧有堡门一座，还有一座堡桥和7座寺庙，但是现在已被拆毁，不复存在。除此之外，小队还考察了西蕉山的传统民居，这些附有阁楼的民居极具特色，折射出了堡寨的古风古貌，其中尚有村民居住，但保存情况堪忧，亟须修缮。

图 12　西蕉山堡堡门前戏台　　　　图 13　堡内传统民居

上午10点30分左右，调查小队来到中蕉山村，村里正在进行拆迁工作。大家直观的感受是中蕉山村的经济状况应不如西蕉山村。在老乡引领下，我们找到了村里现存的一座寺庙，名为"福智寺"，目前正在修缮。该寺位于村南，坐北朝南，为二进院落，里面供奉的神灵有释迦牟尼和四大金刚。正殿有两通石碑和一座经幢，一通为《重修中蕉山福智寺碑序》，刊立于乾隆三十五年，保存完好；另一通为功德碑，刊立于光绪二十一年，是一通残碑。经幢由于风化等原因，漫漶严重，无法判断其年代和内容。寺院中心也有两通残碑，其中一通漫漶严重，时间、碑名、内容等无法解读。另一通碑名为《重修罗汉院福智寺碑记》，但时间已难以断定。

图 14　福智禅寺

图 15　清理碑刻中

当天下午，小队转入临近的河北省蔚县，对暖泉镇的三座古堡进行了考察，其分别是北官堡、卢家小堡、地下古堡。由于天气和堡门关闭等原因，我们无法对三座古堡进行详细的考察，仅对其中的遗址、遗迹进行了拍照留存。

图 16　暖泉镇北官堡堡门

在归程中，小队又对途经的洗马庄进行了考察。洗马庄原名西马庄，但是因为以前经常有人在这里洗马，改为现名。这里有堡门，上有观音阁。村西有座阎王殿，因为门锁无法进入。对这些古建筑进行拍照留存后，小队结束了一天的考察，返回驻地进行资料汇总等工作。

三

7月11日，大同调查队再次前往蕉山乡，对东蕉山村以及另一处传统村落——殷家庄村展开考察。

上午8点30分左右，小队抵达东蕉山村。这座村落与昨日的西焦山村、中焦山村同处一片区域，形成集聚型的堡寨村落体系。东蕉山村分东堡和西堡，其中东堡遗存较多。东堡堡门仍在，但阁楼现已不存，据村民回忆，阁楼上建有财神庙和梓瞳庙。每到农历正月十五左右，村民都会在这里点灯祈福，大体形式与北岳村的灯山楼极为相似，只不过在这里是用灯摆出图案寄予美好寓意。历史时期，北堡墙上有真武庙，西堡墙上有关帝庙，东堡墙上有佛神庙，但这三座寺庙也随着堡墙的破败而不存，现在东堡只有北边和西边有部分堡墙遗存。同时我们也对村中的传统民居进行了考察，较为典型的民居是一处三进院落。该院落已有上百年的历史，院中尚有一对夫妇居住。小队通过采访得知，该村常有外地人来村中收购旧物，所以村中传统物件的存留情况不容乐观，这让我们感到痛惜。

图17　东蕉山村东堡堡门

图18　殷家庄村传统民居

上午10点左右，小队抵达殷家庄村。该村形成于北魏时期，殷氏在元代前广泛居住，元中后期迁来的马氏逐渐兴旺，成为村中大姓，延续至今。殷家庄的堡门外有真武庙，堡门正对的是观音殿。村中残存古戏台，但保存状况一般，对面是七佛寺。如今，真武庙、观音殿、七佛寺都已损毁。殷家庄的古民居以七星九环大院最为著名。据悉，七星九环大院是九个院子呈北斗七星状分布。在村委会的帮助下，小队拿到了大门钥匙得以进入。大院正中有一座影壁，雕有福禄寿图纹，但大院中其他院落均已上锁，无法进入细看究竟，只能抱憾而归。

图19　殷家庄古戏台

图20　殷家庄堡墙

下午3点，我们来到了位于广灵县城的水神堂。水神堂是第六批全国重点文物保护单位之一，原名洋水神祠，始建于明代嘉靖年间，清代乾隆年间增建文昌阁，改名水神堂。水神堂山门上有"小方壶"的匾额，寓意此处可与海上仙山方壶媲美。院内东南角有一灵应宝塔，仿木结构，呈六角椎体，塔身七层，高16.3米，是雁北清代砖塔的代表。大殿供奉的是九江圣母，大殿东侧是文昌阁，西侧是百工社。西南侧还有一处碑廊，其中有石碑六通，介绍了水神堂的几次重修和文人雅客为水神堂所作词赋。此外，小方壶外西侧有几通残碑。其中一通伏地碑《广灵县重修邑历坛记》在涧西村村史馆曾见过拓片。

图 21　水神堂

相关碑刻信息如下：

庙宇	刊立时间	题名	庙中位置	长（cm）	宽（cm）	厚（cm）
水神堂	大清康熙十八年	重修□□□广佑寺碑记	小方壶左侧	159	70	14
水神堂	乾隆年间	重修水神堂戏房碑序（残碑）	小方壶内右侧			
水神堂	大清雍正十二年	（中蕉山重修福智寺碑序）功德碑	小方壶侧殿旁	138	56	14
水神堂	大清雍正十一年	广灵县神水堂龙母香火地□碑	碑廊	138	56	14
水神堂	1991年10月岁次辛未秋菊月	广灵县重修水神堂	碑廊	90	65	20
水神堂	1990年9月岁次庚午秋七月	山西省广灵县重修水神堂碑记	碑廊			
水神堂	民国十二年十一月二十五日	别广灵士民七律四首	碑廊	148	64	15

四

在前几日的行程中，大同调查队已将广灵县的传统村落——涧西村、西焦山村、殷家庄村等尽数考察完毕，在接下来的时间里，我们选择了该县域内其他若干典型村落进行考察。

7月12日上午9点，小队驱车30公里来到位于大山深处的榆沟村。这里是"原雁北地区第一党支部"所在地，结合周边地形，我们依稀感受到当年中国共产党发展基层组织的艰辛不易。在这一红色教育基地周边，坐落着许多老旧房屋，在"易地扶贫搬迁"政策的实施下，当地绝大部分居民都已经在南村镇就近安置，但我们发现，还有几户人家没有搬走，坚守故土，仍然过着种地、放羊的传统生活。

图22　纪念亭　　　　　　图23　榆沟村

上午10点30分，小队来到了南村镇政府，在与相关负责人的交谈中，我们获得了不少关于当地贫困村整体搬迁的信息，其中水源、交通、电力、教育等因素制约着这些村落发展，其中尤以教育最为关键，它关系着年轻一代能否留在当地，也关系着这些村镇的未来发展活力能否源源不断涌现。

经过中午短暂的休整，小队继续进行考察，于下午2点30分来到南村镇沙泉西堡。这里曾经存有西堡与东堡，但是同以往调查过的村庄一样，堡墙和堡门、庙宇等情况保存并不理想，现仅剩东堡的两段堡墙，以及部分破旧不堪的老屋，多数居民拆掉了旧房，翻盖起新居。

下午3点30分，小队来到了一斗泉乡政府所在地，在与孙副书记的交谈中，我们获悉了当地扶贫搬迁具体政策的实施等信息，另外，在移民新村的调研也加深了我们对"易地扶贫搬迁"政策基层落地情况的认识，该乡的做法是：将附近的七个村子都集中安置在一个移民新村，引进外资，办起合资企业，让村民有机会去再就业，最好的例子就是位于村级组织活动场所对面的丽园制衣工厂。可以说，这样的模式是极具典型性的。

图 24　乡政府为移民新村建设的工厂

下午5点，小队来到了距离移民新村不远的桃子村，穿过新村，到达了位于大山脚下的旧村所在地。这是一个被遗弃的村落，由于水源短缺的问题无法得到有效解决，在政府组织下，村民开始陆续搬出旧村，前往不远处的新家园。然而这片土地却并未荒废，现在依旧有不少老人选择回到旧居挑水种地，兼事放牧牛羊等工作。

通过今天的考察，我们对于"易地扶贫搬迁"政策下的传统村落保护有了更深的认识，如何在这一政策下加强村落价值体系的保护，是需要我们进行深入思考的问题，在政策的具体实施过程中，有些地方不应该仅仅将这一工作来完成，而应该持续地深入到人民群众中，去关注、关怀这些从传统村落走出来的老百姓，去增强他们的幸福感，才能更好地推动当地经济、社会、历史、文化等诸方面的全面发展。

五

7月13日，考察队继续对广灵县和临近河北省的特色村落——西石门村、苏邵堡村、苏田堡村展开考察。

上午8点20分小队到达西石门村。该村的堡寨保存情况良好，可以清晰地看出原堡寨范围。堡门的对面为观音庙，是村中大庙，农历二月十九有庙会。庙内有一通碑，断为两块，碑铭为《重修碑记》，刊立于清嘉庆十九年。观音庙的斜对面是五道庙。这两座庙位于原堡的外面，是在原址上新修的。堡的北面为真武庙，也是在原址上新修的，由于门锁，小队没有进去。随后我们在堡寨的外围进行调查，在东堡墙上发现一座绣楼，应为之前村内大户人家所修。

图25　观音殿

图26　五道庙

图27　站在堡墙上

10点20分左右，小队来到河北省下宫村乡苏邵堡村。该村原堡布局与西石门村大致相同，堡内北面为真武庙，是县级文物保护单位。庙内现存三通石碑，一通为《重修关帝庙、地藏庙、玄帝宫、堡门碑记》，刊立于乾隆二十一年，一通为《重修文昌阁、白衣庵、南堡门碑记》，刊立于乾隆三十一年，还有一通为《重修武帝庙碑记》，刊立于民国十三年。堡门对面为观音庙，位于堡外。观音庙的东面为戏台。堡门上有阁，阁北为钟馗，南面为文昌。阁内墙有一通壁碑，碑铭为《通省大路》，刊立于明嘉靖二十四年。据采访村民得知，苏邵堡与苏田堡、苏家堡联系密切，三村共用一个小学。

　　11点30分，小队乘车来到了苏田堡。该村原堡布局与以上两村不同，观音庙位于堡内西面。堡内的北面为真武庙。这两座阁庙由于门锁，我们没有进去。堡门外东面有龙王庙一座，现为三村小学所在地，里面已无留存的碑刻。12点结束考察，小队乘车回到了驻地。下午我们总结了这几天考察的情况，并规划接下来考察的地点。

图28　苏邵堡堡门

图29　苏邵堡真武庙背后的水门（北堡门）

六

　　经过了一天的休整与下一阶段考察的规划，大同调查小队于7月

15 日开启了灵丘县的考察之行。

上午 9 点，小队一行人到达考察的第一个传统村落——灵丘县红石楞乡觉山村。觉山寺是省级重点文物保护单位，依托觉山寺而形成的觉山村也因此拥有了丰富的历史文化资源。觉山寺始建于北魏太和七年，辽代重修，现存的寺庙建筑形成于清光绪年间，为觉山寺宗师龙诚和尚主持重修的。寺内殿宇林立，有金刚殿、罗汉殿、弥勒殿等，大雄宝殿内壁画上绘有八洞神仙，但其形态特征与佛祖极为相似，可见该寺有一定"佛道合一"的特征。觉山寺内有一座 13 层高的塔，顶部作攒尖式，上置铁刹，是我国现存辽塔的典范之一；而寺庙西南侧的山丘上亦有一座砖塔，塔侧有一井，这三者被称为"塔井三奇"，是觉山寺的独特景观。在碑亭内，有大量石碑得以保存，其中螭首龟趺的北魏石碑一通，大辽重熙年间的石碑一通，大明天顺年间的石碑一通，清光绪及年代不详的石碑有九通，民国石碑一通，新碑一通，残碑若干，经幢五个。

相关碑刻信息详见下表：

庙宇	刊立时间	题名	庙中位置	长（cm）	宽（cm）	厚（cm）
觉山寺	大明天顺三年己卯孟秋既望中元吉日立	重修柏山禅寺碑记	文管所前碑亭东	183	72	17
觉山寺	大清光绪二十年六月下旬	捐钱碑	文管所前碑亭东	124	75	14
觉山寺	大清光绪十五年	捐钱碑	文管所前碑亭东	188	70	21
觉山寺	大清光绪十三年	捐钱碑	文管所前碑亭东	130	57	20
觉山寺	大清光绪十三年	捐钱碑	文管所前碑亭东	123	58	17
觉山寺	大清光绪十二年	捐钱碑	文管所前碑亭东	138	74	17
觉山寺	康熙七年五月	四至山林各在地土	文管所前碑亭东	124	68	11
觉山寺	大清岁次戊辰仲春吉旦立	重修觉山寺碑记	文管所前碑亭东	200	70	17

庙宇	刊立时间	题名	庙中位置	长（cm）	宽（cm）	厚（cm）
觉山寺	□□□□二十三年冬季	重铸西峰开路碑记	文管所前碑亭西			
觉山寺	一九九八年四月	重修觉山寺记	文管所前碑亭西	114	59	15
觉山寺	大清光绪十五年七月望日	建修觉山寺记	文管所前碑亭西	162	88	15
觉山寺	民国五年七月朔□	觉山寺殿宇地亩碑记	文管所前碑亭西	246	80	20
觉山寺	北魏和平二年三月	皇帝南巡之颂碑	文管所前碑亭西	218	134	28
觉山寺	光绪二十一年十一月朔旦	刑部郎中四川重庆府知府王遵文捐银开功碑	文管所前碑亭西	158	58	23

觉山寺的历史已有千年之久，其与对面的笔架山，均是当年孝文帝的巡行之地，现已成为统一相通的旅游景区，虽然目前村中仅有七八户常住居民，但便利的交通也给这里带来了络绎不绝的游客。

图30　觉山寺

图31　俯瞰觉山村

下午2点，调查小队一行前往上寨镇石矾村。石矾村在不断的发展过程中，规模逐渐扩大，形成上石矾、中石矾、下石矾。我们先到达的是下石矾，村口是一过街阁，阁楼东侧供奉魁星，西侧供奉文昌。下石矾中有白求恩故居遗址，这里是白求恩在灵丘县时治病救人兼居住的地方。步行过中石矾，以石磨为届，就到了上石矾。这里也有一座阁楼，阁楼东侧供奉马王，西侧供奉文昌。旁边有一座庙宇，正殿供着无生圣母，旁边有一小阁，西侧是五道庙，东侧是观音阁。阁楼外壁上绘有关于孝道的故事。阁庙中有一通碑刻，但风化腐蚀严重，碑阳、碑阴均已看不清。上石矶内还有八路军三五九旅旅部的遗址。遗址内王震将军故居仍存有地基，其侧盖了一间民居，一对老夫妻守在这里。老大爷给我们介绍了三五九旅遗址和当地扶贫搬迁的基本情况。老大娘原来是石矶村的小学教师。据了解，石矶村上、中、下三部分共用一个小学，但现在大多数孩子已不在村中上学，目前小学只有三个年级，共三名学生。村中基本设施较为完善，除了小学外，还有一个老年人日间照料中心。下石矶村还有一眼活泉水围起的小池子，村民可以在上游洗菜，下游洗衣服，池子里也养了一些观赏鱼和可食用鱼。

图 32　下石矶阁门　　　　图 33　三五九旅旅部旧址

最后，我们前往上寨镇口头村玉凤寺。玉凤寺原是一座奶奶庙，日军侵华时庙宇被烧毁，新建时盖成佛教寺庙玉凤寺。据当地人说，连玉凤寺在内的整个口头村都遭到过日军的洗劫。

七

7月16日，由于天气不佳，山区交通不便，出于安全考虑，大同调查队把考察的地点选择在县城里。

上午 9 点，小队来到了位于新华街西段的赵武灵王墓，这里是战国时期赵国第六代国君赵武灵王的陵寝所在，历经多次修缮维护，墓园遍植树木，坟丘绿草覆盖，被列为山西省重点文物保护单位。绕行墓园一周，我们在门口碑廊里发现了若干通石碑，经过仔细辨认，其年代跨越元明清三朝，直至民国时期，这对我们从碑刻记录的角度来了解赵武灵王墓及灵丘的历史有极大价值。

图 34　赵武灵王墓　　　　图 35　赵武灵王墓碑廊

相关碑刻信息详见下表：

庙宇	刊立时间	题名	庙中位置	长（cm）	宽（cm）	厚（cm）
赵武灵王墓	大清道光二十三年	武科名碑	碑廊	128	60	19
赵武灵王墓	元代	漫漶不清	碑廊	145	60	19
赵武灵王墓	元代	漫漶不清	碑廊	99	76	20
赵武灵王墓	中华民国七年	署灵丘县知事蔡光辉重建赵武灵王墓	碑廊	180	80	16
赵武灵王墓	大清道光十五年	重建圣庙学府碑记	碑廊	95	69	19
赵武灵王墓		漫漶不清	碑廊	92	62	19
赵武灵王墓		漫漶不清	碑廊	172	90	70
赵武灵王墓		漫漶不清	碑廊	56	81	13

在赵武灵王墓时，我们了解到有大量石碑被收进了博物馆，为了寻找这些线索，并且为接下来几天的行程做详细的安排。上午11点，一行人进入灵丘县博物馆，参观这里的展览，以时间为线，博物馆详细讲述了灵丘县从原始社会到改革开放新时期的发展全史，给我们展示了灵丘深厚的历史文化底蕴。

八

7月17日，大同调查队将考察的重点放在了平型关一带的传统村落与庙宇上。经过近一个小时的车程后，我们来到了当天的第一个考察地点——老爷庙。该庙位于乔沟一侧的缓坡之上，坐北朝南，为二进院落，供奉关公，在这里我们一共发现了四通石碑，均为清朝刊立，主要为重修碑和捐资碑。该庙为周边六村共有，分别为关沟村、小寨村、白崖台村、兴庄村、跑池村、铺西村。通过与庙中看护人员的交谈，我们获知老爷庙平时香火旺盛，周边村落乃至县城的百姓都为其捐资者，庙会在每年的农历五月十三，前后持续5天，会邀请外地的戏班来搭台唱戏。而让人惊喜的是，我们收集到了一些关于举办庙会时戏资的收支簿册，这对于了解地方社会戏曲活动的经济情况大有裨益。

图36　老爷庙

图37　大殿左侧的石碑

图 38　位于大殿外墙上的庙会捐资记录　　　图 39　庙会戏资"礼单"

　　由于抗战时期平型关战役中老爷庙高地争夺战发生于此，老爷庙又多了一层文化色彩，站在老爷庙一侧的高地上，我们依稀能想象到当年八路军在此与日军展开激烈战斗的景象。

图 40　老爷庙梁　　　　　　　　图 41　老爷庙高地争夺战
　　　　　　　　　　　　　　　　（拍摄于灵丘县博物馆）

　　上午 11 点，我们在平型关大捷纪念馆与忻州调查小队会和。在此，我们共同参观了纪念馆，对这里发生的战役有了更深一步的了解，并深切感受到了当年八路军进行抗日斗争的不易。

　　下午 3 点，与忻州小队分别后，我们对东河南镇的东河南村进行了考察。恰逢该村举办传统庙会，队员们也感受到了传统形式的庙会气氛，包括买卖衣物、特产等，以及搭台唱戏等民俗活动。

　　往村庄内部走，我们发现了一座规模甚大的寺庙，名为"圆通寺"，该寺为现代重修，原有建筑及所存碑刻均在"文化大革命"时期遭到破坏，寺庙位置居高临下，现成为众多信徒礼拜与游客游览的地方。

九

7月18日上午，大同调查队乘车约一个半小时后到达灵丘县的另外一个传统村落——花塔村。花塔村位于灵丘县的西南角，距离县城90公里，这里是大同市境内海拔最低的地方，又称"塞外小江南"。花塔村与外界唯一的通道是一条人工开凿的近一公里长的红沙岭隧道。目前花塔村正在依托其"桃花源"式的风景大力发展旅游业，经采访村委会的工作人员得知，全村总面积1.2万亩，耕地420亩；现有人口140户，295人；该村贫困户原有64户，136人，通过采取各种帮扶措施，目前人均可支配收入增加到5000元以上，实现基本脱贫。该村现存庙宇有关帝庙、五道庙和观音庙。关帝庙和五道庙位于村东，坐北朝南，是连在一起的单殿式建筑。这两座庙里面有大量壁画，但没有发现碑刻。观音殿位于村中心，为一进院落，是村里的大庙。观音殿的外侧有两通旧碑，其中一通刊立于咸丰十年，碑铭为《重修庙宇》；另一通刊立于道光十年，碑铭为《花塔村重修碑记》。

图42 村内五道庙和关帝庙

图43 村中观音殿

中午12点30分，小队从花塔村原路返回，路过河浙村外的观音殿，停留片刻对其进行了考察。进去以后我们发现，这里不仅有观音殿，还有地藏庙和奶奶庙。这三座庙都是一进院落，在近几年修缮过，但可惜的是，庙内的碑刻现已不存。观音殿的右侧有一座烈士亭，主要是纪念白求恩和三五九旅士兵为抗战做出的贡献。

图 44　河浙村外观音殿　　　　　图 45　白求恩和 359 旅纪念亭

　　下午 1 点左右，小队离开河浙村，前往独峪乡。午饭后，我们抵达乡政府，在这里与政府工作人员进行了深入交流，幸览《花塔村传统村落保护发展规划书》和《旅游扶贫行动方案》，并拍照留存。

　　离开乡政府后，小队在返程途中又考察了曲回寺村。在该村村委会后面的树林和村文管所中，我们均发现了大量唐代佛像。村内现存曲回寺和奶奶庙，其中，曲回寺又称"哭回寺"，创建于唐开元二十一年，是国家重点文物保护单位，目前只剩一座正殿。寺内目前堆放有数通碑刻，但其中多为残碑，且彼此叠压，我们无法对其进行详细的测量与拍照，但据村民说，灵丘县的文物保护机构曾经拓印过这些石碑，这无疑给了我们继续搜集碑刻信息的希望。除了碑刻外，寺内还有一些旧时碑座，这些碑座均为龟趺；而奶奶庙也只剩正殿一座，对面有新修戏台。据小队在村内进行采访得知，曲回寺村一年有两个庙会，农历三月十八为奶奶庙的庙会，农历八月二十八为曲回寺的庙会，每次时间均持续 5 天左右，这些传统庙会活动也为古老的村落带来勃勃生机。

图 46　树林中的唐代佛像　　　　　图 47　曲回寺

图 48　曲回寺中的残碑　　　　　　图 49　残留的碑座

　　小队在考察过程中，不仅感受了花塔村世外桃源般的美景，也收集到许多有用的文献资料，对我们深入研究花塔村大有裨益。

<h2 style="text-align:center">十</h2>

　　7 月 19 日是大同调查队在灵丘县考察的最后一天。经过这些天的考察，小队对灵丘县扶贫搬迁政策和传统村落保护情况有了大致了解。在考察行将结束之时，大家决定前往县政府相关机构，立足于更高点，全面详细地了解灵丘县在传统村落保护与易地扶贫搬迁等方面的政策实施情况。

　　上午 8 点 30 分左右，小队前往灵丘县扶贫办，工作人员热情地接待了我们。他们向我们介绍了灵丘县易地扶贫和集中安置点的具体情况：该县易地扶贫工作与产业发展、有机农业公园建设、全域旅游、特色美丽乡村建设等相结合，共规划集中安置点 13 个，其中乡村集中安置点 12 个，县城集中安置点 1 个。同时，工作人员还赠送给我们一本《灵丘县易地扶贫搬迁·剪影》，其中包含了灵丘县全县概况、13 个安置点的基本情况和发展政策。

　　上午 10 点左右，小队来到灵丘县文化与旅游局，接待我们的副局长向我们介绍了灵丘县传统村落和重点文物保护单位的情况。随后我们前往灵丘县图书馆和党史办。党史办的工作人员赠送给小队《中国共产党灵丘县历史大事记述（1937—1949）》和《报刊史料汇编》

等书籍。

当天下午，小队前往红石楞乡的龙渠沟有机社区。途中，我们在桃花溶洞风景区做了短暂的休整，据了解，该风景区也是当地创收的重要途径。龙渠沟有机社区其实就是边台集中安置点，位于红石楞乡边台村北，涉及边台、龙玉池、沟掌三个行政村和七个自然村。龙渠沟的发展主要围绕民宿产业集群、生态旅游观光、特色产业养殖、有机农业种植等几大方面进行，通过"企业＋村集体＋合作社（贫困户）"模式合作，即增加村集体收入，又增加居民收入，实现精准扶贫。在龙渠沟村委会前的宣传板上，我们也看到了经由村民讨论制定的《村民自治章程》《道德评议会章程》（摘要）《龙渠沟2019年重点工作承诺事项》《龙渠沟推行"四议两公开"工作法流程图》等内容，实现了政务公开透明。该安置点搬迁入住率高，人民生活水平直线上升，精神面貌也大幅度提高。当地村民大爷激动地向我们表示："好！真的比以前的生活好！"

图50　边台集中安置点

图51　乡村今昔对比剪影

十一

经过12天的考察，我们发现，由于两县的地形地貌、历史文化等存在明显的差异性，其村落形态也十分不同。大同地区的聚落形态受到历史时期长城防御体系的影响，具有明显的边地特色，尤其是在有明一代受到北方游牧民族持续的军事压力的情况下，朝廷和地方政府积极构筑起规模宏大的长城防御体系。这一体系以绵延万里的边墙为主体，设置沿边九大重镇，配置有大量的堡寨、墩台等，这一有宽度和纵深的防御线有效地保护了明廷的稳定统治。而现在的大同地区则处在明大同镇的管辖范围，以"七十二堡"的军堡式聚落为主，沿边各地村落也在当时的"筑城工事"大潮中广建堡墙，形成遍及各地的民堡；同时，山西镇也在偏头关—雁门关—宁武关一线建立起大量堡寨。

广灵县和灵丘县的地理位置刚好就在这两条防御线的交接地带，因此这一区域聚落的产生与发展就深受其影响，并在各自不同的地理单元中逐渐形成了各式村落。广灵县因其广阔的平原地形适于筑墙构堡，逐渐形成了堡寨式的村落。深入其中，我们会发现，这一地区的村落多呈现出双堡寨、多堡寨集聚的形态，比较典型的有南北岳庄村和蕉山乡一带的若干村落等。目前被认定为传统村落的数量虽然不多，但是这一地区丰富的历史文化资源让我们感到惊喜；在易地扶贫政策持续发力的同时，以涧西村、殷家庄为代表的传统村落抓住机遇，利用其特色的堡寨遗址、民居等资源，成功地吸引了大量的游客，带动了当地旅游产业的发展。除此之外，其他村落也在积极保护遗址遗迹，打造属于该地区特色的村落旅游项目，但是，需要注意的问题是，如何对待和克服区域历史文化资源同质化现象带来的影响？从我们搜集到的大量资料来看，各个村落应该加强交流，不仅要保护好各村残存的堡墙、寺庙等，更需要加强资源整合，实现协同保护与利用，重现该地区独特的多堡寨历史景观；同时，在扶贫搬迁政策和传统村落保护政策的实施中，应该理解人是一个村落，甚至一片区域的灵魂所在，保护历史文化资源也要兼顾人的生存与发展，涧西村的开发与保护就是其中的成功范例。

与广灵县相比，灵丘县由于山区面积广大，村落多四散分布于离县城较远的山地之中，或在河谷之中，或在山间平地，依地形地势而建、托自然环境而发展，这样就形成了特殊的山区聚落形态；同时，又因此地北临恒山道场、南接五台山佛教圣境，在历史文化方面，受佛、道教等信仰的影响较大，在广泛的地域内形成了"寺庙—聚落"的村落发展模式，最为典型的要数觉山村。这里传统村落之所以"传统"，是因为在千百年的发展历史中，寺庙与聚落的共生共存关系始终保持着稳定，并把丰富的文化遗产用物质的形式很好地传承了下来。当然，这一区域传统村落的价值体系得到完整保护，与交通的不便和受外界干扰较少是分不开的，但这同样也为贯彻易地扶贫搬迁政策和开展传统村落的保护与发展带来极大的困难。根据我们的考察可知，灵丘县采取了因地制宜和分类管理的策略，对于广泛分布于全县山区中的村落，一类是自然条件确已无法维持人们生存的，当地就实施整村搬迁，或安置于离原村较近的山谷地带，或搬迁至县城附近的平坦地区，同时对村落旧址的历史建筑进行保护、对废弃耕地进行复垦，其典型要数龙渠沟有机社区，这里汇集着来自大山深处的搬迁村民，他们借助特色的旅游资源和政策支持，已经扔掉了贫困的帽子，走上小康之路；另一类则是自然条件依然较好、交通不便的，则就地进行历史文化资源的保护与开发，打造别具一格的旅游景点，这方面的典型是觉山村、花塔村等，前者依仗保存完好的觉山寺吸引着广大游客，后者则属于桃源风光式的传统村落，给络绎不绝的游客提供着别样的景观感受。

这两种风格迥然不同的村落形态为我们开展此次考察提供了鲜明的对比性。在这种对比中，我们也能够更加深刻地认识到国家政策在落实到基层时的运行机制，结合本地区独特的历史文化资源，在进行传统村落保护工作的同时，深入贯彻易地扶贫搬迁政策，始终把人民群众的福祉放在首位，把人民群众对故土的情感融入村落价值体系的保护中，这样才能凸显出太行山脉北段与长城"握手"之地的独到价值。

忻州田野调查札记

郭煜菲　温若男　刘　鹏　杜瑞超

在 2019 年 7 月历史文化学院暑期田野调查中，忻州调查队主要围绕五台县和繁峙县两个地区的传统村落进行走访调研。忻州市古称"秀容"，简称"忻"，别称"欣"。位于山西省中北部，北倚长城与大同、朔州为邻，西隔黄河与陕西、内蒙古相望，东临太行与河北接壤，南屏石岭关与太原、阳泉、吕梁毗连，是一处历史悠久、人文资源丰富的地区。

忻州调查队共有四人，领队是 2017 级硕士研究生刘鹏，队员有2017 级硕士研究生杜瑞超、2017 级本科生温若男和郭煜菲。出发前，调查队进行了大量的前期准备工作，包括在图书馆查找资料档案、阅读相关史料文献、收集当地基础信息、调查路线、分工安排和相关安全注意事项。在掌握了丰富信息之后，调查小队随即前往忻州市开始了为期两周的田野调查。

一

7 月 9 日，忻州调查小队正式开始了暑期田野调查之旅。当天的调查地点主要是五台县东冶镇槐荫村。

早上 8 点 30 分，调查小队驱车前往五台县东冶镇槐荫村。槐荫村是山西省忻州市五台县东冶镇下辖村，全村现有人口约 3400 人，耕地 2000 多亩。坐落在五台山西南脚下，从东村到西村长四五里，村前杨柳成荫。它背靠龙山，滹沱河自西向东在村南流过，小银河由北向南注入滹沱河，公路如带横跨村前，村人因势建宅，居住在高低深浅不同的沟梁之中。为引水灌溉，先人穿村修筑了一条 2 公里的水渠，临门挨户就出现了许多小木桥，故有"九沟十八垴，七十二座板板桥"之说。2016 年 12 月，槐荫村被住房和城乡建设部等部门列入第四批中国传统村落名录。

方入村口，一座关帝庙（当地人称"历史英雄庙"）便映入眼帘。该庙坐落于槐荫村东，始创年代不详，现存正殿、大仙阁，为明代嘉靖年间建筑。该庙原址为娘娘庙，供李氏娘娘神像，辛亥革命时，改为赵氏宗祠。1935 年，改为关帝庙，供关圣帝君像。关帝庙为二进院落，其中第二进院内为华荫寺。第一进院落现存正殿面阔三间，进深三间，悬山顶，顶盖五彩琉璃瓦，制作精巧华丽，殿内塑关帝像，东西两壁彩绘壁画，内容为《三国演义》故事，1994 年新绘。正殿左侧为韦驮殿，右侧为娘娘殿。山门右侧有印着"大清同治十一年"题字的香炉一个，被放置在角落，保存良好。关帝庙已被列为县级文物保护单位。

图 1　历史英雄庙

图 2　关帝庙正殿

图 3　庙内壁画

东道坡路口有"观音文昌阁",位于村西南,坐北朝南,据当地村民介绍,每年农历二月十九,当地村民都会来此处祭拜。

随后,调查队员来到了槐荫两级小学,位于五台县东冶镇槐荫村中央。民国二十三年(1934),由时任晋绥军骑兵总司令的槐荫村人赵承绶,为改善村中儿童学习条件而创办。该校坐北向南,占地面积1.07万平方米。学校统一校服,定校规、设校训、聘名师,时称"华北第一名校"。学校设在三个自然平台上,第一平台,石券窑洞十六间教室,中设台阶进入第二平台,正中匾书"槐荫学校",第二平台有砖结构教室十三间,硬山顶,中设门洞,左右两边设小门,通往回廊。自第二平台步入第三平台,正面是大礼堂,面宽五间,进深八间,歇山顶。礼堂左前方是文昌阁,筑在高平台之端,是整个槐荫村的制高点,中建文昌阁,面宽三间,歇山顶。布局整齐,结构完整,至今保存良好,无大的拆改,实属不可多得的珍贵遗产。

调查人员在去往村委会的路上惊喜地发现了一块乾隆四十年岁次乙未仲夏时期的"赵氏已故九世祖"墓碑,墓碑已经破损,被随意堆砌在路边。

图4 观音文昌阁

图5 赵氏始祖坟

上午 11 点 40 分，调查队员来到了村主任家，村主任非常热情地为我们介绍该村的基本情况，并赠予调查小队《槐荫村志》和《赵氏族谱》。

午饭过后，经过短暂的休整，下午 2 点，调查队员在村委干部的带领下来到了赵氏始祖坟，坐落于龙山下解元岗，又称兔背梁。它始建于明成祖年间，始祖坟至今已近 600 年，由于年久失修，墓坍碑残，荒草丛生，于 1994 年重修，新修始祖坟四周围墙皆用红砖浆砌，安设祭台供桌，使昔日荒坟焕然一新。

接着，调查队员来到了赵氏宗祠，民国二十四年（1935），赵承绶出资、赵戴文主持，由娘娘堂原祠迁建现址。祠堂坐北朝南，厢房面宽九间，中为门洞，硬山顶，原匾已毁，于 2001 年新书匾"三晋世族"。正面祠堂面阔九间，进深一间，前设走廊，硬山顶，内设神龛五间，摆满各世牌位。祠堂于 2001 年揭顶维修，梁架未动。东面新建碑廊房，新碑 3 通，期间调查队员意外地发现在碑廊角落有金代明昌三年（1192）的墓幢一个。

图 6　三晋世族匾额　　　　图 7　金明昌三年"故赵公之幢"

最后，调查队员来到古佛寺，它坐落于关帝庙东侧约 500 米的村东张家垴下，为佛教寺庙。据《槐荫村志》记载，恒在为广结佛缘，募化布施，买地修建了古佛寺。寺内正殿为木石建筑，殿中供释迦牟尼铜铸佛像。两旁为僧人宿舍。1985 年，寺内尼姑发愿重修古佛寺，五台山佛寺及附近香客、居士捐款帮工，在原建殿宇的基础上翻修为如今的新庙。现新建正殿三间，面阔三间，进深三间，单檐硬山顶。气势恢宏，不减当年。

下午5点30分，与槐荫村村民道别后，小分队结束了一天的考察，踏上归程。晚饭之后，小队开会探讨了在调查中遇到或者遗漏的问题，并对槐荫村能成为传统村落的原因进行分析。从今天的调查情况看，许多古代遗存还未能得到足够的保护并因此造成了无法挽回的损失。但正因为如此才更需要大家的努力，来改善当地对文化遗产的保护。

二

7月10日，调查小队来到了东冶镇永安村进行考察，重点考察了徐向前故居、徐向前纪念馆、玄天阁、龙王庙、大阁、朱氏宗祠和赵氏宗祠等。

上午9点左右，到达永安村。首先对人民解放军十大元帅之一徐向前元帅的故居进行考察，该屋始建于清道光初年，1990年进行修缮。故居坐北朝南，一进两院，院内房屋均为青砖筒板瓦房，典型的北方传统民居建筑。院内有徐向前元帅半身铜像。

图8 徐向前元帅半身铜像

在徐向前故居外的小广场左侧，有一颗四百年的大槐树，槐树背后有一大仙神位，供奉槐仙，槐树左侧有一玄天阁。

调查队沿着村中小路来到了村庄的中心广场，广场南侧有龙王庙一座，北侧有新建的戏台。在与村民的交流中，我们了解到，现存龙王庙为新建，原址位于广场前的槐树后边。还有旧戏台，但是损毁严重，便翻修为现在的戏台。村中每九年一次大庙会，轮流主办庙会方为东冶、北大兴、槐荫、河边、建安、张家庄、石村、五级等九个村庄，期间在村内唱伏水戏，一般为七场。村南道路边有一座四面阁，名大阁，阁北供奉的是观世音菩萨，阁南供奉的是关帝，阁东供奉的是吕祖，阁西供奉的是文昌帝，共四尊神像。

11点左右，在村干部介绍下我们了解了村庄的一些基本信息。该村是从石村搬迁来，原名叫卜家村，现村庄人口有700多人，徐氏和朱氏是村中主要姓氏。之后在村干部的带领下来到位于村庄北部的朱氏宗祠，该祠堂始建于道光元年，2000年翻修，内有新旧碑各一通。朱氏宗祠后有徐家祖坟。

图9　朱氏宗祠正殿

徐氏宗祠位于村中，该祠堂正在修缮中，祠堂院落中有四棵古松树，有四块立碑，十余块躺碑，遗憾的是躺在地上的碑刻叠放在一起，且部分损毁严重，我们无法一一记录。祠堂门外是徐帅上过的私塾，如今已经损毁严重。

图 10　徐氏宗祠内倒地碑

　　队员在村中走访时，沿路还考察了徐子珍将军故居、朱席儒故居等。但令人惋惜的是，这些传统民居多十分破败，院内杂草丛生，未经修缮。

　　从徐氏宗祠出来，在村民的带领下我们来到了著名学者徐继畲墓地，位于村北的一片玉米地中。这一墓地有重要的影响，村民介绍说美国杂志曾说过"徐继畲墓地和华盛顿纪念塔同样威严"。

　　最后，调查队探访了徐向前元帅纪念馆，该纪念馆分为两层，主要展出了大量徐向前元帅的照片，以及许多徐向前元帅生前使用过的物品，并向我们生动地展现了徐向前元帅一生的光荣事迹，令人感触颇深。

图 11　徐继畲墓碑

三

7月11日早上8点，调研小队再次来到五台县扶贫办和建设局，受到了工作人员的热情接待，并拿出相关资料供我们查阅，为之后考察的进一步开展提供了很大帮助。

10点30分，经过近两个小时的车程，小队来到了位于五台县东北方向60公里处的驼梁新区黑崖堂村。该村是典型的旅游扶贫搬迁村落，全村400多人，主要姓氏为胡姓。耕地约480亩，主要农作物为玉米、豆角，村内还有箱包厂。由于地处山西省和河北省交界，风景优美，又有著名的驼梁山，故来此参观、避暑的游客较多。

我们在村口看到了龙王庙、关帝庙、大仙庙、五道庙等庙宇群。庙宇规制普遍较小，整体保存较为完整。

图12　龙王庙

图13　大仙庙

在短暂的休整中，突然下起了大雨，打断了调研行程。队员们在村民家中避雨的同时，对村民进行口述访谈，得知新村与旧村相邻，驼梁新区规模较大，布局整齐划一，基础设施良好。

待雨势渐小，调研小队再次出发，前往黑崖堂村村委会，了解相关情况。村委会干部热情地接待了我们。在与他们的交谈中我们得知大部分与易地扶贫搬迁相关的资料在乡镇政府。之后队员们乘车来到了驼梁新区收集资料，了解相关信息。

图 14　驼梁新区

　　之后前往下一个调查村落——耿镇镇松岩口村。该村位于五台境内清水河北岸，北距五台山 40 公里。抗日战争年代，因国际共产主义战士白求恩在这里创办"模范病室"而享誉海内外。村内有白求恩纪念馆和白求恩模范病室旧址，是华北著名的红色旅游景点。白求恩纪念馆与"模范病室"旧址相毗邻，馆内陈列着白求恩在松岩口工作和战斗时拍的照片、实物和复制的文件、日记等。院内汉白玉纪念碑，镌刻着毛泽东为纪念白求恩同志写的《纪念白求恩》全文。

　　白求恩创办的"模范病室"旧址位于村中心的龙王庙内，正房为手术室，内设简易手术台，陈列有手术器械；左侧耳房一间为医务室；右侧一间为消毒室；东西厢房为病房；南有一座古戏台。白求恩在"模范病室"工作战斗近三个月时间，救治伤病员和当地老百姓，留下许多感人故事。

四

　　7 月 12 日，忻州小队来到了五台县闫家寨村佛光寺，距县城 30 公里，因为此寺历史悠久，寺内佛教文物珍贵，故有"亚洲佛光"之称。

寺内正殿即东大殿，于公元857年建成。从建筑时间上说，它仅次于建于唐建中三年（782）的五台县南禅寺正殿，在全国现存的木结构建筑中居第二。佛光寺的唐代建筑、唐代雕塑、唐代壁画、唐代题记，历史价值和艺术价值都很高，被称为"四绝"。寺内唐代木构大殿、彩塑、壁画、墨书题记、金建文殊殿、魏唐墓塔、唐石经幢等，都是具有高度历史、艺术价值的珍贵文物。这里既是佛教信徒朝拜的圣地，也是旅游者们观光的胜地。

图15 东大殿

下午3点，调研小队前往距离佛光寺不远处的闫家寨村。闫家寨村位于五台县北豆村盆地，距县城30公里，距五台山52公里。村庄背山面水，绿树葱茏，风景秀丽，与世界建筑奇迹——唐建佛光寺隔河相望。近几年来闫家寨大搞农田基本建设，完善村庄的基础设施，先后被省、市、县授予"省级文明村""先进基层组织""科技示范村""党风廉政建设红旗村"，2010年荣获"山西省文化示范村"荣誉称号。小队首先来到闫家寨村委会，村主任为我们提供了规划书、账本、族谱、地契等资料。

之后我们在村内进行考察，在村主任的带领下，考察了村内的关帝庙，内有永乐年间的经幢一座，还有一座古戏台。

在向村主任了解村内庙宇分布情况时，我们得知，闫家寨村旁原有一铁勤村，该村村民自20世纪90年代始自发搬迁到隔壁的闫家寨村，现已基本无人居住。村内有一铁勤寺，寺庙正在翻修。村中还有一养牛户居住，在与他的交流中，我们了解到该村庄已经形成200多年，但是由于孩子教育问题、交通不便等原因，该村村民大部分陆续搬到了闫家寨村。

图16　铁勤寺正殿

最后，调研队员在村中进行了实地走访并调查记录，结束了闫家寨村的考察。

下午6点，我们在去往繁峙县的路上，路过了歇马口村，对歇马口村内的庙宇、阁门进行了简单的调查记录之后，便继续出发前往繁峙。在下午7点30分，小分队到达了繁峙县，经过简单的休整之后，各位考察队员对今天的调查进行了总结，分析调研感受，并提出和解决相关问题，收获颇丰。

五

7月13日调查小队主要对繁峙县韩庄村和茨沟营村进行了调研。

上午8点30分，调查队员前往繁峙县神堂堡乡韩庄村。韩庄村位于繁峙县正东方向66公里，是一处群山环绕、绿树成荫、流水潺潺的世外桃源。全村仅有 61 户 138 人，耕地仅有 160 亩，且多为坡地。村民主要收入来源是农业，种植玉米、土豆、杂粮等；还有小部分养殖业，以山羊和牛为主；另外，村内也发展核桃、杏、苹果等种植业。韩庄村已入选为第四批中国传统村落。

　　村主任热情地招待我们，并提供了大量资料。在与村主任的交谈中，队员了解到村内共有五座庙，庙会主要为每年农历五月十三的关帝庙会，期间附近村庄的村民们都会来此赶会和听戏，戏曲主要为梆子戏。庙会为期 4—5 天，共 12 场戏。

　　在村主任的带领下我们来到位于村南的关帝庙，庙宇坐东向西，保存完好。正殿面阔三间，进深两间，硬山顶。关帝庙北面有一座新建戏台，右侧有大仙庙，坐东向西，为村民还愿而修建。据村主任介绍，关帝庙和大仙庙原来都在半山腰上，之后才搬到山脚下。

图 17　关帝庙正殿

　　山西繁峙北临雁同，西近雁门，自古为兵家必争之地。历史上县境东、北两面的长城长达 100 余公里。如今仅留东面一段长城，其中保存较为完整的是神堂堡乡韩庄村一段。明代韩庄长城全长 35 公里，由战国时赵国修筑，隋代重修，明代加高加宽，城墙随蜿蜒起伏的山势修筑，远远望去，灰色的城墙和雄壮的敌楼，透露着历史的沧桑。

图 18　队员拍摄长城

在短暂的休整中，天空突然下起了冰雹。雹势减小之后，调研小队便驱车前往下一个地点——茨沟营村。村庄四面环山，河流穿村而过，周围群峰耸立，绿树成荫，风景俊美，是太行山深处一个自然人文风光俱佳的小村庄。该村入选首批中国传统村落名录。到了村委会，村支书为我们介绍了村庄的基本情况：村内大约有 515 人，主要姓氏为高姓，高家祠堂位于附近村庄神堂堡村。茨沟营村内主要有两座庙宇，分别是碧霞祠（奶奶庙）和应关城。

碧霞祠始建于明嘉靖四十四年（1565），又名泰山庙。四合院布局，有山门、正殿、东西厢房及钟鼓楼。祠内雕栏、

图 19　应关城

画栋、泥塑、壁画栩栩如生。内立明万历九年（1581）、民国十八年（1929）的碑刻。

应关城，又称茨沟营堡，明代建筑。基座砖砌，券洞贯穿东西，硬山顶，城门镶嵌明万历年间石匾一块，阴刻楷书"应关城"三字。明清两代，茨沟营一直是内长城一线上的重要关隘要塞和军事重镇，村中至今遗存多处明代建筑。

最后村支书带我们去茨沟营村内游走，村边有一水渠，内有石头砌成的坝，村内的道路都是石头路，据说是当初改了水泥路，后又换成石头路，这样会更加有传统村落的感觉。因为刚刚下过大雨，村内道路泥土较多，村民们大都出来打扫门外的泥沙。村内有桃树、杏树、苹果树、核桃树、花椒树等，品种丰富。村支书介绍说，村内正在规划发展旅游业，准备在村边的一块空地建立采摘园，后因交通不便而终止。村内也非常想要修缮碧霞祠和应关城，迫于人力、财力等原因，至今还未修复。

六

7月14日，调查小队主要对繁峙县杏园乡公主村和岩头乡岩头村进行了考察。

公主村隶属于杏园乡管辖，位于县城东南约10公里处的山脚下，行政区域总面积8.53平方公里，全村415户，1054人，耕地面积3870亩。史料记载，该村原名空如村，明代将山寺村的公主寺搬迁至此后，遂更名为公主村。在2012年时，公主村被列入第一批中国传统村落名录。

我们首先对村内的公主寺进行考察。公主寺占地4000平方米，始建于北魏，为北魏诚信公主逃避红尘出家修行而建。现存殿堂为明代建筑。该寺规模宏大，其壁画技艺精湛，栩栩如生，和永乐宫壁画并称"南北双珠"。2006年5月25日被国务院批准列入第六批全国重点文物保护单位。寺内过殿，面阔、进深各三间，遗憾的是，由于我们未能事先取得同意，不能对过殿进行测量记录。大雄殿，明弘治十六年（1503）重修，内设佛坛，坛上塑释迦、药师、阿弥陀佛，释迦牟尼佛像前是迦叶、阿难二尊者，塑艺精美绝伦。

图 20　公主庙

之后考察了村内的龙王庙、药王庙、奶奶庙等庙宇和传统民居。在与村主任的交流中了解到，何、居是村中人口的主要姓氏，并建有祠堂。但是居家祠堂大门紧锁无法进入，何家祠堂已经成为民居，保存状况不太乐观。

经过简单的休整，下午 2 点，前往岩头乡岩头村。岩头村位于繁峙县西南端，历史悠久、风景秀丽、气候宜人。村庄占地 300 亩，常住人口 480 多人，是岩头乡政府所在地。岩头村有着众多的历史建筑和文物古迹，传统街巷保存完整，在 2014 年申报传统古村落成功。

我们首先在村委会与村主任进行了简单的交谈，并对相关资料进行了拍摄。在村主任的带领下，小队首先对村内的老爷庙、奶奶庙进行了考察。

图 21　老爷庙　　　　　　　　　　　图 22　奶奶庙

　　之后我们来到了秘密寺。秘密寺，又称秘魔寺，位于五台山台怀镇西南 38 公里的维屏山秘密岩，为全国重点文物保护单位。秘密寺自唐建立，历代重修，原建规模甚大，有茅棚 32 处，现仅存前院、中院、后院、西庵、中庵等处。在参天绝壁之上的五台山龙洞，是传说文殊菩萨指令 500 神龙藏修之所，风景秀丽。

图 23　秘密寺

（七）

7月15日，忻州小队开始了新一天的考察。

早上9点，队员们和县政府接洽之后到达繁峙县志办，受到县志办主任的热情接待，并带领小组前往查阅资料，慷慨赠予我们《繁峙县志（1978—2013）》《繁峙碑文集》等书籍，为我们后续的调查提供了极大的帮助。之后，我们对县志办三位老先生进行了口述访谈，他们为队员们详细介绍了繁峙县的历史文化等相关信息，受益良多。

经过简单的休整，小组成员很快投入到工作中去。下午的工作主要是对上午收集到的资料以及之前的考察资料进行整理分析。

晚上，小组成员针对繁峙县几个村落的调研进行了热烈的交流，分析了几个村落的共性和特性，同时对考察中的典型现象进行相关讨论。回顾了几天调研的过程，总结调研经验，为以后的调研打下坚实的基础。

八

7月16日，虽然天下着雨，也阻挡不住小队调查的步伐。今天忻州小队来到了繁峙县南关村、聚宝新区社区进行了考察。

我们首先对南关村的关帝庙进行了考察。该庙又称"南关喜庙"，庙内正殿供奉着关公，东耳房供奉着老神之位，右耳房供奉着地藏王、药王、财神。东厢房为龙王殿，西厢房为二郎殿。在喜庙的院中，我们惊喜地发现了一块《大观圣作之碑》，该碑高428cm，宽127cm，厚36cm。碑身已断为三块，碑座散落在一块玉米地内。该碑是宋徽宗大观二年（1108）立于宫学、太学、辟雍和各郡县的圣旨碑。大观元年（1107）三月，宋徽宗下诏建立"八行取士科"，同年九月二十八日，资政殿学士兼侍读臣郑居中"奏乞以御笔八行诏旨摹刻于石，立于宫学，次及太学辟雍天下郡邑。"获准后敕令于大观二年（1108）八月二十九日礼部尚书兼侍讲郑居中以所赐御笔刻石。碑文由书学博士李时雍仿徽宗瘦金体书丹。

图24　南关喜庙

离开南关喜庙，我们来到了聚宝新区社区，它是繁峙县的移民小区。队员先在居委会对聚宝新区社区的基本情况做了了解。繁峙县聚宝新区社区位于杏园乡内，占地面积405亩，共建小区13个，住宅楼107栋，社区生活设施完善，服务功能齐全，有小学、幼儿园、卫生院、派出所等公共服务机构，有箱包厂、服装厂、麻梨疙瘩等家门口就业项目，滨河南大道贯穿全社区，交通便利；是全县易地扶贫搬迁规模最大、人数最多的集中安置点。该社区存在季节流动性大的特点，搬迁后居民归社区管，土地、林地归原村管，冬天天冷时在社区居住，天热时就回到村里居住。

在聚宝新区社区内参观考察时，小队随机对三个居民进行了采访。我们了解到，在聚宝新区社区内的搬迁居民，大体上分为两种：一种是地质灾害村落搬迁，一种是易地扶贫村落搬迁。调查到的三个居民都认为政府的易地扶贫搬迁使得人民的居住条件更加舒适，上学条件更加方便，交通条件也更加方便，医疗卫生条件也改善了许多。

晚上调查小队成员们拜访了李宏如老先生，向李老先生询问了一些关于繁峙县历史文化的问题，之后老先生赠予我们书籍——《繁峙县志（明·万历十五年）》《五台山佛教（繁峙篇）》《五台山佛教（繁峙金石篇）》，并向我们提供了《经典繁峙》《繁峙文史》等资料，收获颇丰，为我们之后的调查以及资料整理提供了非常大的帮助。

经过一天的调查，我们对于繁峙县易地扶贫搬迁的政策有了清楚的认知和了解，收获了更多的文史资料，为之后做学术研究奠定了坚实的基础。

九

7月17日，上午10点30分，忻州小队经过两个小时的车程到达平型关纪念馆，与大同市调查小队成功会合。随后两组队员共同探访了平型关大捷纪念馆。纪念馆通过照片、雕塑和投影等先进的声光电多元展示手段，形象生动地再现了平型关大捷的战斗过程。

之后小分队来到了当天的第二个考察地点——老爷庙，该庙宇位于乔沟一侧的缓坡之上，坐北朝南，为二进院落，庙宇主要供奉关羽神像，在这里我们一共发现了四通石碑，均为清朝时期所立，主要为重修碑记和捐资碑。该庙宇为周边六座村落所共有，分别为关沟村、小寨村、白崖台村、兴庄村、跑池村、铺西村。通过与庙中大叔的交谈，我们可以获知，老爷庙平时香火旺盛，周边村落乃至县城的百姓是主要的捐钱者，庙会在每年的农历五月十三，前后共持续5天，并邀请外地的戏班来搭台唱戏，活动非常丰富，让人惊喜的是，我们得到了一些关于举办庙会戏资的收支簿册，这对于了解地方社会戏曲经济情况大有裨益。

图 25　老爷庙

　　之后两组队员共同驱车前往繁峙县横涧乡平型关村。路经平型关段明长城遗址时队员短暂停留考察，之后继续前往平型关村。平型关在雁门关之东，今山西省繁峙县东北与灵丘县交界的平型岭下，古称"瓶形寨"，以周围地形如瓶而得名。金时为瓶形镇，明清称平型岭关，后改今名。历史上很早就是戍守之地，明时为内长城重要关口。平型关村四周筑有很高的城墙，虽然城墙砖有些破碎，但仍算保存完整的一处村落堡寨。

　　在村支书的带领下，我们首先来到了过街戏台，戏台位于村中，贯通南北，现为县级文物保护单位。

图 26　过街戏台

北城门建有瓮城，瓮城两扇铁叶木门依然存在，且保存较为完好。城门之上有座玄天庙，正殿面阔三间，进深两间，为硬山顶。玄天庙左侧有玉皇庙一座，庙内供奉玉皇大帝。村东门建有东阁，阁上有魁神爷庙，庙内供奉魁星爷。东阁又称取水门，因为村里没井，过去村中百姓吃水都从此门进出到沟底挑水，故称"取水门"。

村内还有阎王庙、五道庙、奶奶庙、三教寺等。据村主任介绍，村内仅有东堡门、南堡门和北堡门。西边为完整的堡墙，不设堡门。南城门为喜门，结婚等喜事都从这里走；北城门则为丧门，村民办理丧事时从此门进出。

下午3点，忻州小队在与大同小队分别后继续在平型关村内进行考察，在村支书的热情帮助下，队员们收集到了《杨氏族谱》《王氏族谱》和《李氏族谱》。

最后，忻州小队来到了位于村外东北方向的普润庵。庙宇坐北朝南，沿中轴线从南到北依次为天王殿和大雄宝殿。西厢房为娘娘殿、财神殿、地藏殿。东厢房为伽蓝殿和大悲殿，山门左右两侧有钟鼓楼。

十

7月18日，忻州小队主要对砂河镇烈士陵园、西沿口村、东山乡天岩村、移民小区（惠民小区）进行了考察。

上午9点，忻州小队来到了砂河镇烈士陵园进行考察，烈士陵园前院内有烈士纪念堂、革命战争历史陈列馆、革命斗争历史陈列馆。后院内烈士墓地共有175块墓碑，北面还有一座晋察冀边区繁峙县抗日战争英雄烈士纪念塔，刊立于中华民国三十五年7月7日，塔上详细地记述了战士作战地、牺牲地等信息，意义重大。

上午10点，小队到达了繁峙县西沿口村。三圣寺为西沿口村的大庙，该寺坐北向南，二进院落，中轴线上依次为山门、过殿、大雄宝殿，其他建筑有奶奶殿、马王殿、真君殿、伽蓝殿、钟楼、禅房等，大雄宝殿内有木雕华严三圣像。三圣寺创建年代不详，寺院山门前有两株古榆树，专家鉴定有 1000 多年的历史，大雄宝殿大木作结构保存了较多金代原构件。2006 年三圣寺被国务院批准列入第六批全国重点文物保护单位。在三圣寺中存有旧碑 9 通，新碑 2 通。

图 27　三圣寺

下午 1 点，小队来到了位于东山乡天岩村的岩山寺，岩山寺原名灵岩院、灵岩寺，一般认为始建于金正隆三年（1158），但据近年修葺、考证发现，该寺的建造应不晚于宋元丰二年（1079），或更早的唐代，金代只是重建，后在元、明、清及近几十年屡有修葺。岩山寺南殿三间为金代建筑。其他殿宇、禅房、垂花门、钟楼建于晚清到民国年间。岩山寺于 1982 年 3 月 23 日被国务院评为全国重点文物保护单位。

图 28　岩山寺

岩山寺南殿壁画，由金"御前承应画匠"王逵等人创作，于金世宗大定七年（1167）完成，耗时十载，总面积97.98平方米。被中国工程院院士傅熹年、山西省古建筑研究所原所长柴泽俊等专家给予高度评价，被认为是仅次于《清明上河图》的存在，"亚洲第一壁画"。但由于年久失修，漫漶较为严重。

离开岩山寺，我们在天岩村书记的带领下来到了范氏宗祠。范氏宗祠占地近3000平方米，建筑面积1000余平方米，共有三进院落，48间房屋，全部采用仿古砖木结构，整个建筑高大宏伟、错落有致、功能齐全、蔚为壮观。是山西乃至华北地区规模较大、形制规范、做工精细、威仪庄重的家族宗祠之一。

宗祠内戏台建筑为仿古砖木结构五明台，卷棚歇山顶，四脊八兽，四面飞檐斗拱，面阔三间，主跨八米，尽高20余米。为山西最大的砖木结构戏台之一。在离开范氏宗祠时，宗祠管理人还热情地赠送了我们一本《范氏族谱》。

之后小队考察了范氏祖茔，天岩范氏先祖原籍陕西范家堡，明朝洪武年间经洪洞大槐树移居天岩。范氏祖茔历时600余年，有墓冢近百座，经年累月，墓碑损毁丢失严重，现存墓碑有明代12块，清代16块。范氏祖茔向人们展示了天岩范氏自明朝初年以来的传承延绵、功德历史，具有较高的文化和史料价值。

下午4点，小分队来到了繁峙县东山乡惠民小区进行调查。该小区为移民区，共有移民楼32栋，1600户，可以容纳居民5500人，目前该区域的水、电、路、讯等基础设施齐全。

晚上回到酒店之后，各位考察队员对今天的调查进行了总结，并回顾了之前的调研过程，分析了调研感受，提出和解决了相关问题，正式结束了两周的田野调查。

十一

在两周的实地调研中，忻州分队共考察了 2 县 11 村 76 庙，收集碑刻 130 通，已将建国前刊立碑刻之碑文全部进行整理，需要注意的是已出版的《三晋石刻大全》中尚未包括五台县和繁峙县，小队将两县考察区域村落的碑刻进行整理，对于后续研究奠定了一定的基础；同时考察中收集到的众多村志、县志、族谱等民间文献也可作为论文写作的补充资料。在本次考察中，小队的考察重点主要围绕"传统村落的保护与开发"以及"易地扶贫搬迁中的村落保护与开发"来进行思考。

第一，传统村落的保护与开发仍然是一项任重而道远的任务。就调查区域而言，村落的保护较之前已经有很大进步，这从调查中村落的保护措施可以看出，但保护现状仍不容乐观。五台县槐荫村关帝庙刻有"大清同治十一年"题字的香炉文物被随意放在庙门之后无人看管；茨沟营村应关城在年久失修已成危城的情况下却未能得到应有的保护和修缮；繁峙县烈士陵园周围杂草丛生的环境与红色遗存庄严神圣的非凡意义形成鲜明对比……众多问题都激励着我们应该进一步加强对传统村落的保护意识和措施。同时当地村落开发也有很大的提升空间，抗战时期忻州地区是八路军 120 师的驻扎区域，在当地留下了大量的红色遗存，将传统文化与红色文化相结合进行旅游开发，辅之以便利的交通将各个有旅游价值的村落相连，形成片状旅游区，而不再是零星散落的旅游村庄也是之后传统村落旅游开发的一个可行方向。

易地搬迁村落的村民生活问题也是目前面临的一项难题。铁勤村大部分人口主动搬迁至闫家寨村，而原居地铁勤村则基本被荒废，搬迁后的村民在闫家寨村没有被分配到耕地，在没有经济来源的情况下，搬迁村民或外出打工，或长途跋涉回原居地耕种，这对于村庄的稳定与发展造成了巨大的隐患；繁峙县聚宝新区是典型的易地扶贫搬迁村落，当地许多偏远乡村的村民都被安置在该地，但搬迁之后村民失去土地，现居地又没有及时为他们分配到相应的土地进行耕种，导致村民失去经济来源。短期来看"箱包厂"等小型临时厂房可以暂时解决部分村民的经济收入问题，但这并不是长久之计，从农民向工人的转变并不能一蹴而就，耕种土地才是搬迁村民急需解决的首要问题。

忻州地区大量出现的宗族现状也是值得研究的学术话题。学界关于南方地区的宗族研究如火如荼，但北方宗族研究却相对较少。仅就宗族数量而言北方地区的确没有南方丰富，但北方部分地区集中分布的宗族现状也有其特点。槐荫村的赵氏宗祠、永安村的朱氏宗祠和徐氏宗祠、公主村的居家祠堂、天岩村的范氏宗祠等证明了北方宗族的普遍存在。而天岩村范氏先祖原籍陕西范家堡，明朝洪武年间经洪洞大槐树移民天岩村并随着时间的流逝成为村中较大的家族。山西的洪洞大槐树移民与当地宗族问题的关联性证明了小范围内移民和北方宗族形成与发展有普遍性也有其特殊性，北方宗族研究大有可为。

长治田野调查札记

李 娜　岳子璇　姜炜钰

　　易地扶贫搬迁是主要针对生活在"一方水土养不起一方人"地区的贫困人口实施的专项工程，目的是通过"挪穷窝""换穷业"，从根本上解决群众的脱贫发展问题。易地扶贫搬迁作为"五个一批"精准扶贫工程的重要组成部分，被摆到了更加突出的重要位置。按照精准扶贫、精准脱贫的基本方略，各个省市、地区展开了大规模的扶贫工作。山西省长治市武乡县作为山西扶贫工作的重点地区之一，受到各方的关注。同时，武乡县内也有多个村庄属于传统村落，传统村落如何与易地扶贫搬迁工作结合，亦是值得关注的重点。

　　2019 年 7 月，山西大学历史文化学院暑期田野考察队分批次到各个地区进行易地扶贫搬迁与传统村落保护的实地调研。7 月 16 日，长治调查队正式开始考察活动，领队由学院魏晓锴老师担任，队员有2017 级硕士研究生李娜、2018 级硕士研究生岳子璇和 2017 级本科生姜炜钰。在进行实地考察之前，本小队成员首先来到武乡县扶贫开发办进行访问，为后续考察活动的开展做好准备工作。

　　16 日上午，长治调查组一行四人来到了武乡县扶贫开发办公室，询问武乡县易地扶贫搬迁的相关问题。工作人员热情接待了我们，并介绍了武乡县的几个重点搬迁村庄。随后，易地扶贫搬迁的相关负责人就武乡贫困村的搬迁与后续安置事宜同我们进行了详细的交谈。他首先指出，武乡县移民搬迁的贫困村共涉及 86 个行政村、191 个自然村，搬迁方式主要分为"整村搬迁"与"插花搬迁"两种，其中使用"整村搬迁"方式的自然村有 16 个。问及搬迁的原因，工作人员用"一方水土养活不了一方人"进行了回答，即贫困村庄的土地、用水、交通等问题严重影响村民的生存。

图 1　武乡县扶贫办

此外，相关人员详细解释了武乡县搬迁村庄与村民的安置问题。对于搬迁村民，武乡县采取"集中安置"与"分散安置"两种方式。其中集中安置又可细分为行政村村内安置与小城镇安置；分散安置则以货币化与同心化为具体安置办法，而集中安置为主要的安置方式。对于搬迁前的旧村庄，武乡县则"因地制宜"进行处理。如代照岭村，因其可养育桂花雀而整村保留发展生态产业；关家垴因其独特的历史因素建有革命历史基地，发展红色旅游产业；泉之头则以古村落保护为主。最后，我们了解到，武乡县已于 2018 年底完成传统村落易地扶贫搬迁的要求。通过扶贫办李科长的详细讲解，我们了解到武乡县的易地扶贫搬迁的有关问题，为我们后续考察工作的进行提供了极大帮助。

上午 9 点 50 分，我们来到了武乡县档案馆，见到了档案馆温馆长。他向我们介绍了武乡档案馆馆藏资料多为抗战资料和红色文化资料。随后在温馆长的大力支持下，我们查找了有关武乡县传统村落价值体系与历史文化的相关档案目录。在目录中，我们发现有关武乡县历史文化的档案主要集中在革命历史资料与革命档案资料中，但遗憾的是并未发现有关传统村落价值体系的档案资料。11 点 35 分，我们到达八路军太行纪念馆。

图2　八路军太行纪念馆

下午 3 点，我们继续来到档案馆查找有关资料。下午 6 点，我们与武乡八路军研究会会长郝雪廷就武乡红色文化问题进行了交流。郝会长向我们讲述了武乡较有特色的红色文化，如冀南银行在武乡的历史、华北财政经济学校在武乡的变迁以及武乡柳沟铁厂的历史演变等。经过一天的前期准备，本小队最大的收获是有了明确的调查方向，将调查的重点放在有代表性的村庄中。

一、关家垴村——文化资源典型村

7 月 17 日，长治调查组开始了第二天的考察，调查的重点是对武乡县蟠龙镇关家垴村的易地扶贫搬迁状况进行考察，同时参观考察蟠龙镇柳沟村、砖壁村以及韩北乡王家峪村的红色文化。

图3　关家垴村村委会

上午9点10分，长治调查小队到达关家垴村易地搬迁后的村委会，并受到村主任关红斌的热情接待。经关主任介绍，关家垴村大概形成于清末民初，村中祖先由内蒙古迁徙而来，村中大姓为关姓，此外还有韩姓、李姓、刘姓等。村中常住人口有600人左右，其中贫困人口大约占人口总数的60%。村民多以种地为生，主要种植玉米、小米以及谷物等，农闲时则外出打工，村中青壮年劳动力亦多通过外出打工谋生。经过关主任的简单介绍，小队成员对关家垴村有了大概的认识。

在接下来的时间里，小队成员针对村中的具体情况详细询问了关主任。首先是关于村庄的教育问题。关家垴村没有小学，村中适龄儿童必须前往蟠龙镇就读，这也使得村中大量壮年劳动力因要陪伴孩子读书而外流，造成空心村现状。其次是村庄的医疗情况，关家垴村没有专门的医疗机构，只有蟠龙镇派遣的一名医生负责村民的简单医疗救助。此外是关于村庄人居环境现状，该村有入户自来水，排水设施也较为完善，并设有太阳能照明设施。但村中的供暖主要以电力供暖为主，村中没有煤气管道，并禁止使用煤气。关主任特别指出现在村庄中存在的主要问题是垃圾处理问题。村庄现如今对垃圾的处理方式是简单填埋，即挖坑就地填埋，处理方式简单，有悖于新农村的生态建设要求。对此，本小队认为应尽快实行垃圾分类，同时县政府可以多个村庄为一组，拨款或发动村民捐款或招商组织修建垃圾站，多村共同使用垃圾站。垃圾站的修建可以给村庄提供清洁员等岗位，也可给招商单位提供经济效益。

关家垴村是武警山西总队的重点帮扶对象，同时也是武乡县委书记重点帮扶的贫困村，因此关于该村易地扶贫搬迁问题是我们小队考察的重点。根据关主任的介绍，我们小队总结发现关家垴村的易地搬迁方式主要分为以下几种：第一，愿意搬迁的贫困户迁移至新的村庄，并享受入股等搬迁福利；第二，不愿意搬迁的贫困户继续留在旧村中，也可享受入股等福利；第三，旧村贫困户如果在易地扶贫搬迁政策之前已经享受国家危房改造政策，则不可再次享受易地扶贫搬迁的政策；第四，不是贫困户不可享受易地扶贫搬迁政策，继续在旧村中居住。为更深入考察该村的易地搬迁情况，本小队在关主任的带领下来到了关家垴旧村中。

上午10点15分，本小队到达关家垴旧村。旧村中现存五座庙宇，由西到东分别为龙王庙、三官庙、五道庙、土地庙、关帝庙，本小队重点考察了三官庙与关帝庙。10点30分左右，本小队来到村中非贫困户关二川老人家。关大爷是关家垴村有名的文人，曾任蟠龙镇镇长，在他家中，我们发现了《关氏族谱》以及关氏先祖所写的醒世警言。关大爷家是村中非贫困户，因此未进行搬迁。此外，在关主任带领下，我们拜访了不愿离开旧居的贫困户，并拍摄了一些传统器物与文献。

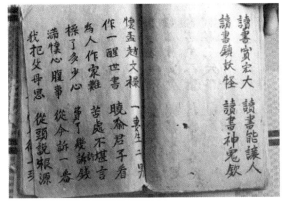

图4—7　关氏家族具有教育性质的小册子《名贤集》《醒世言》

经过对关家垴旧村的考察，本小队对易地扶贫搬迁中的传统村落保护产生了一些思考。首先是传统村落的后续发展问题。在易地搬迁之后，传统村落往往处于无人居住的状态，有一些村庄就这样被推倒，或者废弃成为荒村，逐渐消失。这些消失的传统村落如果用其他方式保留下来，便可避免其"消亡"的命运。如关家垴村，在易地搬迁后，县政府禁止村民私自改造或者推倒旧村房屋，要求旧村维持原样以发展红色旅游。因为该地曾发生过"关家垴战役"，并刊立有关家垴歼灭战烈士碑。如此一来，传统村落得以保留与保护。若传统村落拥有历史遗迹或其他特色，政府均可以此为突破口予以保护与发展。其次是传统村落保护的内容问题，即传统村落究竟该保护什么。本小队认为，传统村落的保护可以从"软实力"与"硬实力"两方面入手。如在关家垴一户村民中发现有旧时的床围壁画以及窗边装饰花砖等，这些都算是传统村落中硬实力的表现，换句话说，传统村落中的旧式建筑、祠堂、庙宇、碑刻等都是需要保护的硬件。软实力即文化、传统等遗存，如在关大爷家发现的《关氏族谱》就可以归为软件一类。最后是传统村落保护的落实与规划问题。传统村落的保护并不是一方或者几人就可以完成的任务，它的具体落实需要多方的共同努力。在传统村落的保护中，政府是主力，村庄领导与村民是直接实践者，社会各方力量则是推动力。社会各方力量中包括地方文人、专业学者等，他们均可以利用自己的优势向政府提供保护意见，或者帮助村落进行各方面的保护。

下午 1 点 43 分，本小队来到关家垴新村，采访搬迁户王志平阿姨。王阿姨家于 2018 年冬由旧村搬迁到新村中居住。搬迁原因是旧村将要发展红色旅游，县政府禁止改造房屋，而王阿姨家的房屋属于危房，已经不适宜居住，此种条件下必须进行搬迁。在搬迁前后，王阿姨家均以务农为主，家中儿女都外出打工。对于搬迁后的生活等问题，她反映到，生活用水、交通不便等问题都得到了解决，但是冬季供暖是目前最大的困难。新村禁止使用煤取暖，但天然气又因为管道问题无法供应，这就使得该新村需要使用电力供暖，这样导致村民需要花更高的费用进行取暖。新村供暖收费标准为 2.86 元 1 度电，村民们只有在天黑后日出前用地暖，即使这样整个冬季的花费也有 3000 元左右，虽然政府会有补贴，但村民仍难以支付这笔巨大的开支，用电供暖问题是新村最大的困难。

针对供暖问题，小队有如下建议：第一，加大补贴力度。政府可按照贫困户情况给予用电补贴。第二，适当降低取暖费用。取暖用电费用应在可控范围内予以减少。第三，政府给村民提供更多就业机会。关家垴村除帮助搬迁户进行搬迁外，还给予其入股及就业的机会。如村庄与"七禾公司"和"新大象公司"进行合作，每户村民可贷款 5 万元入股两个公司中的任意一个，此项目在实行三个月后，入股村户获得 2000 元的分红。村民可通过此方式获得福利。此外，村民可以在这两个公司中打工或农闲时做临时工赚取生活费。贫困户如何脱帽，除了政府给予政策红利外，也要从解决就业及增加收入这个根本问题上入手。关家垴村除关注村庄中的贫困户外，对村中孤寡老人的问题也予以关注。新村为防止孤寡老人或无房贫困户无处居住，特修建八套备用房供其居住。备用房中的一切设施由村大队供给，备用房的所有权归村大队所有，住户只有使用权，没有所有权。这是易地扶贫搬迁中人性化关怀的一种反应。

　　关家垴村考察完毕后，本小队于下午2点55分到达柳沟兵工厂。但因为当地乡政府不够重视，柳沟兵工厂旧址已经无法找到，这是很令人遗憾的事情。历史遗迹保护意识的缺乏是很多乡村的共同缺陷，这也造成许多中国特色文化的流失，这一点亟待社会各方力量的共同努力。下午3点55分，本小队到达砖壁村。砖壁村是武乡县蟠龙镇的重点红色文化旅游传统村落，这里有八路军总部旧址，并建设有游击战体验园，吸引大量游客前来，给当地带来经济效益。

图8　砖壁村八路军总部旧址纪念馆

　　下午5点20分，小队从砖壁村出发，到达韩北乡王家峪村。王家峪村也是一个红色文化旅游基地，这里同样建立有八路军总部旧址。但王家峪村的红色旅游文化较为成熟，红色建筑遗存较为丰富。

图9　王家峪村八路军总部旧址纪念馆

纵观今日考察的三个村庄，均是以打造红色旅游品牌为振兴乡村经济的方式。的确，此种方式有政策的支持，发展会迅速、容易。但是，每个村都有自己的特色，若以同种方式发展不免单调。如关家垴村，在发展红色文化的同时，应该同时发展传统村落。关家垴有《关氏族谱》，可以打造"关氏家族"品牌。不同村庄应该根据自己的情况有特点、有重点地进行发展。

关家垴村的易地扶贫搬迁情况带有本村的特色，尊重村民的搬迁意愿，体现了村干部民主决策的思想。关家垴村虽未申请国家传统村落名录，但村中不乏历史遗存的身影。如前文所述，传统村落包含"硬实力"与"软实力"两方面的内容，关家垴村亦是如此。就软实力而言，该村在抗日战争时期曾发生过关家垴战役，这是关家垴村独有的抗战文化；而且，在关二川老先生家中发现的族谱以及醒世名录，均可作为关氏家族重视道德教育、注重家风培养的具体表现。但该村现如今重点关注抗战文化，计划将此作为乡村发展的重点，而对关氏家族文化不甚重视，这种思想亟待扭转，关氏文化是该村的精神象征，应予以重视与保护。硬实力在该村中的体现更为深刻，如村中有关氏祠堂、庙宇等历史建筑，这是传统村落最为明显的特征。此外，该村在关家垴战役发生地建立有关家垴歼灭战纪念碑，这是抗战文化在村中的具象表现，村干部向我们说明，此处将作为太行干部学院的学员教育基地，发扬抗战时期不惧牺牲的爱国主义精神。"软实力"与"硬实力"的双管齐下，方可体现传统村落的价值，才是真正保护传统村落。

二、泉之头村——人文资源典型村

7月18日，长治调查队开始了第三天的考察，考察的重点是武乡县分水岭乡泉之头村，该村被纳入第四批中国传统村落名录，也是武乡县扶贫项目中易地扶贫搬迁的典型村落，有极高的考察价值。

上午8点20分，本小队与武乡县教师进修学校宋校长以及烟草公司贾经理一起出发，前往泉之头村，并于上午9点20分到达。到达泉之头村后，该村陈主任首先带领我们考察了泉之头有名的泉水，这眼泉水是村民的主要饮用水。据石盘开发区综合治理中心资料显示，2017年，石盘开发区计划总体投资1亿元用于开发该眼泉水，建设生产车间及配套设施，使其成为年产十万吨瓶装矿泉水的现代化工厂，这一项目将会打响该村的知名度，帮助其发展。随后我们一行人跟随陈主任调研了村中的传统建筑，具体有村院、园门院、东头院、沟里院、里外新院等12座明清古院落。该村的旧式房屋多以二层建筑为主，二层放置粮食，这是该村传统建筑的一大特色。但是由于各种因素影响，众多旧式房屋未得到很好的保护，破败损毁严重，这一点是传统村落保护中亟待解决的问题。旧式建筑是传统村落最直观的表现，对于旧式建筑的修缮也需要注意保护其原貌，应在其原有基础上进行加固，而不是一味地翻新，缺失了其传统的味道。如该村的旧式祠堂，首先应修整院落，其次对房屋主体进行整理加固，对于其外表应尽可能地保持原貌，不应过度修饰。

图10　泉之头村泉水　　　　　　图11　泉之头村楼院

　　泉之头村是距离武乡县城西50公里的传统古村落，同时也是贫困村庄。该村依沟而建，村中有两条沟渠，一条为泉则沟，一条为榆林沟，两条沟渠最终交汇流入浊漳河中。村中现有140户共349人，其中贫困户有60户，135人。村中扶贫方式为整村搬迁，在村中另找新地修建新村以安置贫困户。但新村仍然在建设中，计划于2020年前村民完成搬迁。该村以陈姓为主要姓氏，村中居民多以务农为生，人均3亩土地，种植玉米等耐旱作物，村中青壮年皆外出打工。村中有三官庙一座，该庙于2011年由村中

图12　泉之头村三官庙

富人出钱修缮，庙中正殿供奉三官大帝，耳房供奉龙王与孔夫子，侧殿分别供奉观音与财神。庙中发现壁碑两通，功德碑两通，皆为新碑。每年7月15日该村会举办庙会，请专业戏曲团队来村唱戏。

　　上午10点12分，小队一行人来到原村支书陈连生老人家中拜访。通过陈老先生的讲述，我们了解到泉之头原名为马家庄村，是由马姓家族建立。马姓家族可能是从洪洞、云南或河南迁移而来，但该家族

在清初时逐渐衰败。后来重视道德教化的陈氏家族发展兴盛，取代马氏，村名也改为泉之头村。村中的其他姓氏，如段氏是由东村迁移而来，孙氏因来该村做木工而落户此处，魏氏、赵氏、王氏等姓氏先祖皆是长工，后因土地改革分田落户该村。随后陈老先生为我们展示了陈氏家谱，该家谱是陈氏二门的家谱，家谱中记录了陈氏先祖的官职等信息，印证了陈氏是该村名门望族的事实。家谱是一个家族追根溯源的证据，同时也是村庄历史变迁的见证，政府应该加强保护力度。而陈老先生对村中的历史如数家珍，可谓是村中的名人。村中名人是村落历史发展的记录者与亲历者，对其生平进行记录并写成传记，可以作为传统村落发展历史中的一项内容。村庄的发展史是国家历史的一个组成部分，国家政策、国家动态会影响到村庄的历史，因此传统村落的软件即村庄历史、村庄文化也应该是村落保护的一个重点。

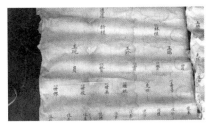

图 13—14　陈连生老先生家谱

下午 2 点 45 分，本考察小队来到贫困户陈守让老先生家中，针对扶贫搬迁问题进行访问。陈大爷今年 77 岁，育有两儿四女，后因病返贫，享受政府的扶贫搬迁政策。该村搬迁原因是村民房屋属于危房，不适宜居住。而政府为了保护传统村落，保留其历史原貌，禁止村民私自改造，因此决定整村搬迁，对村庄予以保护。该村的搬迁安置方式是整村搬迁、集中村内安置。安置的具体办法是村大队按照贫困户的户口人数，以 1 人 40 平方米、2—3 人 80 平方米、4 人以上100 平方米的方式分给贫困户新房。针对搬迁后贫困户的生活生存问题，县政府与村干部做如下安排：该村 60 岁以下的贫困户主可在县政府一次性贷款 5 万元，贷款可自由支配。但大多数村民用来投资入股新大象养殖公司或多维牧业，一年可分红大约 4000 元。

这两个企业是由政府牵头，与村庄合作的企业，他们以低价租用村庄的土地建厂，并雇用村庄的闲散劳力，在获得廉价劳动力的同时也给予村民生活来源，可谓双赢，这也是政府精准扶贫的一个重要措施。扶贫是一个十分复杂的过程，它涉及村民生活的各个方面。纵观政府的扶贫方式，首先是低层次的给予贫困户政策补贴；其次是修建道路、改善居住环境；最后是帮助贫困户解决生活来源问题。对于进驻村庄的各个企业而言，村庄土地租金便宜，且可享受政府的补贴，同时有低于城市雇佣费用的劳动力，也可以帮助村庄脱离贫困，提高企业声誉，因此均愿意在村中设厂。对于村庄与村民而言，村中设立工厂可以解决生活来源问题，也可以提高村庄的知名度。该扶贫方式就目前而言是一种较为因地制宜的方式，因此很多易地扶贫搬迁的村庄均采用此种方式解决村庄与村民的后续生存问题。

易地扶贫搬迁确实帮助贫困民众改善了生活条件，并最大程度上保护了传统古村落的历史原貌。但是该村的搬迁仍然存在一些困难：首先是资金缺乏的问题。建设新村需要一笔巨大的资金，但村庄现可用以周转的资金只有 2000 万元，远不足以支持新村的建设。其次是新房数量不足的问题。主持新村修建的烟草公司只规划建设了 140 套房屋，但是村中现有人口数远高于该数字。村中分配新房的依据是落户本村的民众方可分配新房，但村中有户口不在本村但世代在此处定居的村民、有将户口迁移出村庄但在村中仍有房屋的村民等，这类村民不可享有易地搬迁的资格，那么搬迁后这些村民的去留问题还没有具体的解决方案。然后是村中孤寡老人的养老问题。孤寡老人依然享有搬迁政策，可以分得一套新房，但老人的养老问题也十分值得关注。该村规定 80 岁以上的村民方可享有政府补贴，这就意味着 60 岁左右，没有劳动能力的孤寡老人缺乏生活经济来源，即使 80 岁享有补贴但其年迈后的生活及安全问题没有保障。此外，在老人去世后，该房屋的处置权归于何人，均是亟待解决的问题。最后是村庄的生活设施等问题。泉之头村正在建设的新村距旧村有500米的距离，因此旧村存在的生活条件问题在新村中也普遍存在。如购物、购粮问题，该村买肉买水果等均需前往榆社县云竹镇，收发快递也需前往此处，生活条件不便利；村中没有小学，更不用提初高中，教育资源匮乏，导致村中强壮劳力因陪读而离开村庄，使得劳动力流失，造成空心村状况；村民依靠种地获得生活来源，但由于缺水，只能靠天吃饭，若逢干旱则颗粒无收，生活来源不稳定，以上种种皆影响着村民的生活。

下午4点50分，本小队完成对泉之头村的考察，后到达故城镇，参观了当地有名的寺庙大云寺。大云寺于2001年被确立为全国重点文物保护单位，该寺供奉有如来佛、弥勒佛、观音、十八罗汉、阎王等，是当地有名的宗教信仰圣地。6点40分，本小队结束当天的考察，返回武乡县城整理、探讨一天的资料与收获。

图 15—16　故城镇大云寺及寺内建筑

结合一天的考察，本小队发现，相较于武乡县的其他村庄，如砖壁、王家峪甚至关家垴而言，该村抗战时期的红色文化并不突出。据陈老先生讲述，抗日战争时期，在该村驻扎过的共产党部队或组织主要有武西县政府、武西县独立营、武西县大众剧团以及部队医院等，但由于缺乏文献等资料的记载，陈老先生无法回忆起他们的具体名称。若以上组织确实在该村驻扎过，便可以加以利用，发展红色旅游。因此该村应该加大力度挖掘、收集与此有关的资料，或者寻找老人进行口述，将该村的红色文化遗迹、事迹进行整理研究，进而搭上"抗战胜地、红色武乡"的快车，发扬该村的红色文化。该村红色文化虽不突出，但其保留有众多旧式民居建筑，这些建筑是传统村落保护中的硬件，也是传统村落保护的重点。在近三天的考察中，可以看出，保护传统村落，维持其本来面目是易地搬迁的一个主要原因，因此该村在搬迁以后，更应该依靠传统古村落这个名牌，大力发展乡村旅游，以此带动村庄的经济，帮助村民走上新生活。该村对自己的定位也十分明确，其于2017年投入3000万元，着力打造"传统古村落保护与旅游开发项目"，计划在建成后年接待游客1.5万人次，年收入争创240万元。

泉之头村被纳入中国传统村落名录，因为该村有众多旧式建筑及旧式遗迹，如村院、园门院、东头院、沟里院、里外新院等12座明清时期古院落，它们可以最直观地表现传统村落的风貌。但是在对村中旧院落进行保护的时候，要最大程度上维持其本来面貌，不应过度改造。软实力方面，泉之头村陈氏家族格外重视道德与文化教育，对每一代都强调教育的重要性，这种重视教育的风尚一直持续到现在，这对村庄良好风气的形成具有重要的规范作用。这一良好的家风，是泉之头村应予以保护的软件的一个缩影。此外，陈氏家族的族谱亦可作为陈氏文化的一个载体予以保护与传承。但该村的红色文化是一大短板，村中抗战时期的建筑或文化遗存较为单调，据陈连生老先生讲述，该村曾有部队医院、县政府等驻扎过，村干部应着力挖掘这方面的材料，充实该村的红色文化。硬实力与软实力两手抓，才是保护传统村落的真正内涵与方式。

三、代照岭村——自然资源典型村

7月19日，长治调查小队开始了第四天的考察，考察的重点是武乡县丰州镇代照岭村，该村属于深度贫困村，据武乡县扶贫办介绍，该村易地扶贫搬迁的实施效果极为显著，十分值得考察研究。

上午9点，本小队到达丰州镇代照岭村。该村位于武乡县城西南部，距离县城15公里，全村现有127户339人，其中贫困户58户158人，五保户有4户。该村东西走向，依山而建，下辖6个自然村，村民居住分散，自然条件恶劣，山大沟深，交通出行极为不便。该村是杂姓村，村民以窦姓、武姓、董姓、史姓居多，村中民众以种地为主，多种植小米谷物，同时也养牛、猪、鸡等禽类。但因为自然条件的限制，村中农业基础薄弱，村民生活生产条件落后，该村被列入省级整村搬迁村，6个自然村全部列为省级深度贫困村。随后，武乡县丰州镇扶贫第一书记兼工作队长苗奇带领我们前往代照岭旧村进行调研，我们得以窥见旧村原貌。代照岭旧村十分破败，村中多破烂危房，生活条件恶劣，这也是该村进行搬迁的原因之一。

图 17　代照岭旧村房屋

上午10点，小队返回新村，代照岭村支部书记窦玉龙热情接待了我们。因为本小队此次考察的重点是针对贫困村的易地扶贫搬迁情况展开调查研究，并对搬迁中的问题进行收集，提出解决对策，所以在考察途中，对搬迁安置及后续发展问题比较关注。据窦书记介绍，该村易地扶贫搬迁对象共涉及126户338人，其中贫困户58户158人，同步搬迁68户180人。关于搬迁原因，主要是旧村多为危房，不适宜村民居住，且用水、用电等不便。在搬迁安置方面，考虑到村庄的实际情况及村民的个人意愿，在搬迁方式上主要分三种：县城集中安置、分散安置与代照岭主村集中安置。其中县城集中安置81户260

人，分散安置 5 户 11 人，村内安置 40 户 67 人。安置办法是新村依据每户的贫困人数，一人 25 平方米、二人 50 平方米、三人 75 平方米、四人 100 平方米分取新房。县城安置的村户也据此分房，但具体楼层号等需要抓阄决定。本处需要说明，代照岭村是行政村，其下辖 6 个自然村，该数据是包括代照岭村在内的 7 个村的总数。总体而言，该村的搬迁属于整村搬迁，安置地点则由村民自由选择。代照岭新村是按照该村的特色依山而建的，值得一提的是，新村的设计风格是由住建厅专家评审通过，村民认可后修建，足以见得村干部十分尊重人民的意愿。新村占地 20 余亩，共涉及 40 户，其中贫困户 17 户 27 人，共建设 19 栋 39 套房屋。

针对搬迁中最为重要、也是最难的村庄与村民后续发展问题，窦书记及村干部做出了以下的规划：首先，为了提高村民维护新村的积极性以及维持村民基础的生活条件，该村建立了"扶贫超市"。扶贫超市的运行方法是村民可积极为村中办事，如帮忙打扫村委会、帮忙倒垃圾等获取相应的积分。积分可以在扶贫超市中换购相应的物品，同时积分也可以累积。扶贫超市的创立提高了村民维护新村的积极性，同时，村庄面貌也可以随时保持干净整洁，可谓有利无害。俗话说，要想富先修路，村庄若想发展，特别是发展旅游，最基础的条件便是交通便捷。窦主任也深谙其理，2018 年其组织投资 423 万元铺设了南亭至代照岭村的"四好公路"，并耗资 109 万元铺设太平庄至白草烟的水泥公路，做到了"条条大路通代照岭"。其次是解决荒地问题。代照岭村荒草地面积较大，适宜种植有经济效益的灌木类作物，因此该村将充分利用 2000 余亩荒地种植连翘。2018 年 9 月，代照岭村与长治市绿之源工程有限公司签订合同，投资 200 余万元种植连翘，这样既保护了生态环境，又增加了农民收入。

此外，是村民最关心的土地流转问题。土地流转是指拥有土地承包经营权的农民将土地经营权转让给其他农户或经济组织的过程。该村采用土地集中流转的方式，即由村大队出面，与其他经济团体签订合同，将土地使用权过渡给承包商。承包商主要包括：一、盛达地产，村民种植谷物杂粮后由其全部收购，再进行转卖。二、山里湾公司，以700元1亩地的价格购买村中的土地，土地的使用权归山里湾所有。三、昊通物流公司，在第一年以2万元的价格收购村中土地养殖桂花雀，并计划日产万只。若前途客观，将追加投资，从第三年始以5万元的价格购买土地，这将会是一笔可观的收入。最后是村民的后续发展，村中闲散劳力均可在上述企业中找到岗位。同时，村民也可以三年为期无息贷款5万元进行投资，村民多入股新大象养殖公司、大山殖业、振东集团等以收取股息分红。需要说明的是入股条件由入股公司规定，符合条件者方可入股取得分红。此外，武乡县政府也积极支持该村的扶贫。如武乡县政府在该村投资建设有光伏电站，村民可入职管理；长治市供销合作社每年都会收购该地的小米，帮助村民销售小米，增加村民的收入。

图18 代照岭小米种植土地

上午 11 点 25 分，本小队领队魏老师提出前往旧村落进行参观考察，随后窦书记带领我们一行人来到他的家乡——青龙垴。

青龙垴是代照岭村下辖的自然村之一，因为代照岭村建成的时间比较晚，所以该村缺少历史古迹，只有近代的旧房屋院落。来到青龙垴后，我们最直观的感受是破败与"够得着的历史"。

图 19 青龙垴地道洞口

因为相较于泉之头村明清时代的旧式建筑而言，此地的窑洞、砖窑更贴近我们生活的年代，所以来到这里有一种熟悉感。村中有大量的旧式建筑，每一处建筑都有它的历史，据窦书记回忆，在村中靠近后山的窑洞中有村民挖掘的一条地道，该地道是抗日战争时期村民为躲避日本侵略者而挖掘的地道，这条地道可以直通后山，村民便通过这条地道避难，这条地道见证了抗日战争时期的艰难岁月，应该予以保护。

在窦书记的带领下，我们来到了他从小居住的院落，在院落中本小队发现了大量的日常生活用品，如簸箕、水缸等以及农业用具，如碾子、石磨盘木犁等，这些用具反映了当时民众的耕作方式与生活条件，具有深厚的历史底蕴。本小队认为这些散落在全村各处的石具、农具均具时代性，带有历史的厚重感，应该加以收集并建立一个农具博物馆，该农具博物馆应该成为丰州镇甚至武乡县的一个代表性博物馆。同时应建成传统农耕文化教育基地，给生活在新时代的城市居民以及青少年一个感受时代、回归历史的体验机会。

图 20　散落在代照岭旧村的农具

　　下午 1 点，返回代照岭新村的我们采访了搬迁到新村中的一位居民王彩平阿姨。来到她家时她正在剥杏核，因村中有专门收购杏核的机构，且每斤杏核可以卖到 2.86 元，这是该村妇女在农闲时赚取收入的一种方式。王阿姨育有一儿两女，均已成家，为陪孩子上学都搬去县城居住。因为家里只有王阿姨及其丈夫是贫困户，所以在新村中分得 50 平方米的房子，阿姨家的新房十分干净整洁，代表了新村的生活面貌。她家以种地为生，多种植玉米。因为该村不具备埋设天然气管道的条件，所以冬季取暖依靠电力，但政府会给予补贴。当问及搬迁之后的困难时，王阿姨表示对现在的生活十分满足，因为新村有自来水管道，用水方便，并且交通便捷，可以通往村外，新房设施条件也比旧村现代化。虽然王阿姨对搬迁后的生活没有不适应，但她说的一句话使我感触颇深："我们这些人受苦受惯了，啥难都能扛过去。"看着王阿姨因干农活而开裂干燥的双手，我忽然明白了窦书记要带领村民奔向新生活的原因。世世代代生活在大山深处的村民，要想吃饱穿暖得经受多少苦难，在艰苦岁月中成长起来的村民，也更加珍惜如今的新生活。

　　虽然阿姨对搬迁后的生活十分满意，但窦书记表示，如今确实还有许多需要改善的地方。一是种地问题。代照岭村除搬去县城居住的民众外，还在村中的村民依然靠种地谋生。搬迁至代照岭新村的村民包括代照岭村及下辖的 6 个自然村，他们的土地都在旧村附近，而新村距离旧村有一定的距离，这就使得村民需要付出更多时间在路上，种地成本就会有所增加。该问题可以通过村民合作的方式解决，即有车或者有拖拉机的村民在前去种地时顺路接送其他村民，被接送的村民可以承担午饭、晚饭等予以感谢。二是养老问题。养老几乎是每个村庄都绕不开的问题，该村也因为陪读而流失大量的劳动力，同时青年也都选择外出打工，造成村中老年人偏多，形成空心村状态。即使搬至新村，老人的养老问题仍未得到改善。如搬迁到县城的老人面临不适应、上下楼困难的问题；新村中的老人面临着无人照料、生活不便等问题。针对老人的问题，本小队认为可以在村中修建老年人活动中心，丰富老年人的生活。此外，还可以与镇政府或者县政府合作组建老人志愿者团队，每个星期派专门的志愿者提供上门服务，解决老年人的生活不便问题。老年人的生活、医疗等问题一直以来深受各级政府的关注，该村年迈的老人有医疗保险、大病保险等，极大改善了老年人晚年以后看病难的问题。

代照岭村虽然建村时间较晚，村中缺乏明清甚至以前的历史遗迹，但是该村仍具有传统村落的意味。首先是该村"硬实力"的表现，该村存在大量的传统农具与石器，它们因为年代久远、难以搬运而散落在村中的各个角落，这些农具与石器是村庄历史发展过程中的留存，是传统村落的实体表现。但该村对此并没有重视，本小队建议村干部将农具收集，建立代照岭村传统农具博物馆，以此继承与发扬村庄的农耕文化与农耕历史。然后是该村的"软实力"，代照岭村虽然抗战文化不突出，仅有一处接近坍塌状态的防空洞，但此处若能开发，可以作为展示抗战时期村民应对侵害的教育基地，与传统农具博物馆一同作为村庄文化的物质化象征。同窦书记的交流中，我们深刻体会到困难时期代照岭村村民艰苦奋斗、不怕困难的创新精神，此种精神影响了该村的几代民众，在代照岭精神的支撑下，该村培养出很多优秀人士，这完全可以作为代照岭村软实力的代表而不断发扬。

离开代照岭村后，考察小队前往韩北乡大坪村，了解到该村共有

110户，其中贫困户63户，占总人口的60%左右，村民主要以种地为主，其他相关产业缺乏。随后本小队到达韩北乡刀把咀，参观八路军卫生材料厂，该厂曾为八路军提供了大量医疗物资。下午5点40分左右，我们到达土河村，该村有全国重点文物保护单位真如寺。该寺有元、明、清三代建筑遗存，是一座佛教寺院，现存正殿、南殿、西廊房、关圣殿等，正殿门口发现三通碑刻。此外，该村还有关帝庙与三官庙，有一定的考察价值。下午6点50分左右，本小队结束一天的考察，返回县城进行总结。

图21—24　土河村真如寺及寺内部分建筑

四、总结

通过四天的考察，本小队对武乡县的易地扶贫搬迁情况及古村落保护方向有了大概的了解，具体如下表所示：

表1　武乡县三个贫困村易地扶贫搬迁情况调查表

	搬迁原因	搬迁方式	安置方式	搬迁后问题	后续发展
关家垴村	保护传统村落；危房不宜居住；交通、生活不便捷	贫困户选择性搬迁	村内集中安置	冬季供暖费用高；垃圾处理问题	政府定点帮扶；贷款入股不同企业；开展红色旅游

续表

	搬迁原因	搬迁方式	安置方式	搬迁后问题	后续发展
泉之头村	保护传统村落	整村搬迁	村内集中安置	缺乏资金；新村房屋不足；生活不便利	政府定点帮扶；保护传统村落开发旅游；村民贷款入股
代照岭村	危房不宜居住	整村搬迁	县城集中安置；村内集中安置；分散安置	种地时间成本高；养老问题	政府定点帮扶；建立扶贫超市；种植连翘；村民贷款入股

由上表可以简单概括出武乡县易地扶贫搬迁的总体情况。

首先是搬迁原因，就本小队考察的三个村庄而言，旧村村民多居住在危房中，不适宜居住。而村庄因为要发展旅游或者保护传统村落禁止私自改造危房，所以必须搬迁；此外，旧村中生活设施缺乏，如缺水、交通不便捷等也是进行搬迁的主要原因。

其次是搬迁方式，除关家垴村外，其他两个村庄皆是整村搬迁。而关家垴村的搬迁方式分为四种：第一，愿意搬迁的贫困户迁移至新的村庄；第二，不愿意搬迁的贫困户继续留在旧村中；第三，旧村贫困户如果在易地扶贫搬迁政策之前已经享受国家危房改造政策，则不可再次享受易地扶贫搬迁的政策；第四，不是贫困户不可享受易地扶贫搬迁政策，继续在旧村中居住。武乡县不同村落可依据各自村庄的特点选择以关家垴为代表的多种搬迁方式或整村搬迁方式。就安置方式而言，大致可分为集中安置与分散安置两种。集中安置又分为县城集中安置与新村集中安置，如泉之头村；而村内集中安置是较为普遍的安置方式。

易地扶贫搬迁后产生的问题在不同村庄有不同的形式，具体而言分为养老问题、供暖问题以及生活不便捷的问题，这是影响搬迁后村民生活的三个主要方面，亟待有关部门与村干部商议解决。针对易地扶贫搬迁后的发展方式问题，一是政府指定具体的帮扶单位，如关家墙村有武警山西总队的定点帮扶。二是武乡县政府给村民贷款资助，村民可自由安排贷款，多数村民入股新大象公司等企业收取分红，此外，也可在入驻村庄的企业中寻得合适的岗位。三是根据旧村的资源特色发展旅游，如关家垴村文化资源禀赋丰富，可以打造关氏文化，发展文化旅游；泉之头村属于人文资源禀赋类型，需大力保护传统古村落，发展乡村旅游；代照岭村自然资源禀赋突出，可着重发展精品农业，养殖牲畜。

易地扶贫搬迁是通过国家政策扶持，把居住在"一方水土养不起一方人"的地方的贫困群众搬迁到条件较好的地方居住，按规划、分年度、有计划、有组织地实施。有利于贫困群众创业、就业，逐步提高收入水平和生活质量，确保搬得出、稳得住、有事做、能致富。武乡县的易地扶贫搬迁情况总体而言符合国家易地扶贫搬迁政策，贫困群众的生活也有了明显的改善。本小队选择考察的三个村庄是武乡县比较有代表性的贫困村庄，搬迁效果值得肯定，村民的满意度也较高。据武乡县扶贫办介绍，2018年武乡县全部贫困村庄都完成脱贫任务，在我们考察期间，也印证了这一点，三个村庄都于2018年底完成了脱贫摘帽，易地扶贫搬迁政策圆满完成。武乡县及乡政府下一步工作的重点应该是提高贫困户的收入水平，从就业等根本问题上解决贫困户的生活困难问题。

在考察易地扶贫搬迁工作的同时，本小队也极为关注传统村落保护的问题。中国传统村落是指民国以前建村，建筑环境、建筑风貌、村落选址未有大的变动，具有独特的民俗民风，虽经历久远年代，但至今仍为人们服务的村落。传统村落是生活生产中的遗产，是包含着传统生产与生活的历史遗留。据统计，武乡县纳入中国传统村落名录的村庄有盘龙镇砖壁村、分水岭乡泉之头村、韩北乡王家峪村，本小队对以上村落均进行了考察。以上三个村庄都在保护传统建筑的基础上大力发展旅游产业，如砖壁村与王家峪村，因为抗日战争时期八路军总部均在这两个村庄驻扎过，所以两村落均以开展红色旅游为主。

泉之头村则因为旧式建筑资源比较丰富，发展以古村落为主的乡村旅游。

在传统村落保护中，应注重"硬实力"与"软实力"的配合，即在保护传统旧式民居建筑、旧式物件的同时，也要注意挖掘乡村文化，如家谱、家训、村规民约等均是乡村文化与乡村风俗的代表。传统村落保护中的硬件是指我们可以触碰的历史遗迹、历史遗物等现实存在的东西，如各个传统村落的旧式民居、民居中的物品、摆件等，硬件在传统村落保护中最为直观，但在保护的同时需要保留其原有的风味，不可过度修饰而失去原真。与此同时，也要注重村落的精神文化内涵，本小队在关家垴村发现的《关氏族谱》、在泉之头村发现的《陈氏家谱》均可发展家族文化。此外，在关家垴村的关二川老先生家中，我们发现有一本小册子，名叫《名贤集》，其中记载了大量警世名句以规劝后人，这足以说明关氏家族注重道德，这种家风可以影响到整个村庄，最后形成村庄风尚。软件便是乡村风尚、村庄文化等意识形态领域的具象概括，是一个村庄的灵魂与内涵，是指导村庄在历史长河中不断前进的风帆。若只注重保护传统村落中的乡土建筑和历史景观，忽略了村落灵魂性的精神文化内容，则会使其徒具躯壳、形存实亡，传统村落的保护必须是整体的保护。

本次下乡考察的主题"易地扶贫搬迁中的传统村落保护"，旨在考察易地扶贫搬迁中的传统村落的保护问题，本小队在考察之前便明确考察方向，先前往扶贫办查找武乡县扶贫搬迁的村庄，在此基础上筛选有代表性的村落，尤其是传统村落。因为目的明确与考察选址正确，本次考察的结果是较为成功的。通过考察，本小队明确了武乡县易地扶贫搬迁的原因、方式、效果，并且发现该县易地扶贫搬迁与传统村落保护是不矛盾的。搬迁的原因中，很大一部分，尤其是纳入传统村落名录的村落，将保护传统村落，禁止私自改造旧房作为搬迁的一个重要原因。虽然部分村民不太理解这样做的目的，但武乡县政府与乡、村两级干部却明白其中的含义。传统村落虽然在一定程度上是村民贫困生活的一个表象，但若对其妥善利用与保护，则可为村庄带来物质与精神两方面的财富。传统古村落可以作为旅游宣传的一个突破口，为后续旅游开发做好前期的宣传准备，给村庄与村民带来经济效益。同时传统村落中的文化精神内涵又可作为乡规乡约规范村民的生活与生产，提高村民的精神境界，维护村庄的团结。总之，易地扶贫搬迁中的传统村落保护需要从软实力、硬实力两方面入手。

晋城田野调查札记

韩欣荣　李佳煌　任禹东

晋城市位于太行山南段，整体处于丹河、沁河中下游流域的盆地之中，历史悠久，传统村落众多，保存了大量宋金以来的木构古建，具有丰富的历史文化资源与较高的历史研究价值。

2019 年 7 月，山西大学历史文化学院组织了围绕"太行山传统村落的价值体系与易地扶贫搬迁"的专题调查。晋城调查队共有 6 人，领队为学院刘伟国老师，队员有 2017 级硕士研究生武慧敏，2018 级硕士研究生齐慧君，2017 级本科生韩欣荣、李佳煌和任禹东。

在开始田野调查之前，刘老师为我们进行了关于古建结构知识、晋城传统村落概貌的讲解，并指导小队成员进行调查前的准备工作。主要有以下几个方面：第一，了解传统村落调查的基本知识与相关研究，如阅读《中国传统村落文化概论》《中国传统村落：记忆、传承与发展研究》等；第二，收集晋城地区的基本史料，比如历代方志、碑刻、地方文史资料，并从现有资料辑录出晋城现存碑刻，制成表格；第三，阅读并整理了晋城历史文化研究的相关著述；第四，准备好调查需要的相关工具。

一

7 月 10—14 日，晋城田野调查队以"传统村落的价值体系"为主题，对沁河沿岸部分具有丰富历史文化资源的传统村落进行调查。

10日，调查小队出发前往郭壁南村及郭壁北村进行调查。郭壁南村位于沁水县嘉峰镇沁河沿线相对靠北处，村落整体布局因背山面水呈现出南北狭长的特点，村落东部因沁河的水流侵蚀，其房屋已呈沿靠沁河之势。全村232户，800人，以张姓为主，姓氏较杂，八月初十唱戏赶集。村落中有众多传统院落，遗存的历史建筑主要有崔府君庙、观音阁、泰安寨等。

图1 从泰安寨俯瞰郭壁南村

上午8点左右，到达郭壁南村后，我们首先对崔府君庙进行了考察。该庙为二进院落，当地人习惯称其为"大庙"。庙宇整体朝向为坐北朝南，位于村东。

第一进院落中有正殿及左右两处偏殿，而与正殿相对的大门上有倒座戏台。据碑刻及建筑本身斗拱、横梁等所呈现的结构特点可知，正殿为明清时修建或重修，且用琉璃瓦，规格较高，而戏台则在清代光绪年间修建。在戏台横梁与墙壁上仍可以见到清代的题字与民国各戏班演出留下的剧目痕迹。

从正殿偏门可进入二进院落。该院落同样有正殿，院落两侧为东西偏房。在正殿横梁上有题字，为"大明天启七年六月十六日在通殿韩□社首王用□韩焕赵光启分担韩曰……赵……重建"。正殿对面为舞楼，其斗拱较为笨重、支柱粗壮，小队推断其修筑年代应在金元时期，甚至更早。在崔府君庙中发现碑刻数通。

图2　崔府君庙大门

之后，调查小队向南至观音阁考察，发现壁碑两通。据碑刻记载，观音阁大致为明代崇祯年间建立，清咸丰二年重修。后在当地居民引导下至行宫及泰安寨，其建筑多为砖石，寨墙则主要为夯土墙或半土墙，坡度较陡，地势较高。

随后，调查小队前往郭壁北村进行调查。郭壁北村为山西省历史文化名村，在明万历年间形成。村落整体布局因地势较郭壁南村更为开阔而呈现团状，相较郭壁南村距沁河河道较远。村落的轴心为连接南北的古街道，现在仍是郭壁北村主要的机动车道，并从此延伸出一些街巷。

调查小队在进入郭壁北村后，通过与当地居民的简单交流，了解到当地庙宇已经不复存在，几乎都被拆除，令小队成员不由叹息。

沿古街道行走，最为直观的感受便是众多传统建筑构件在道路两旁的散落。之后我们到达三槐里巷，沿巷走进之后，不远处有王氏祠堂，因关闭未能进入。后沿巷往西走，小队发现一处传统三进院落古居，穿过院落之后发现青缃里巷，巷内主要有三处两进或三进院落，并有人居住于此。通过与居民的交流，我们了解到他们在这里已经生活很久，房子的居住使用权主要来自土改时期的地主房屋分配，郭壁北村的主要姓氏为韩氏与王氏，居民还就当地的一些传说（如凤凰传说）、村落之前的古建筑（"三庙七阁五牌楼"等）向队员们做了讲述。

图3 古街道　　　　　　　　　　图4 三槐里

下午2点左右，调查小队整装继续出发，在当地居民带领下，考察了进士第、中宪第、岁进士第、敦睦院等传统院落，这些院落大多为三进规模。目前院落中保存了一些传统元素，如进士第内照壁上的松鹤延年雕刻等，但大多集中于外部形态，其余或因居住而改造，或因无人管理已坍塌，这不禁引起调查小队关于传统建筑保护与现代生活方式之间存在冲突与矛盾的思考。

调查小队也在村民带领下找到韩氏祠堂。祠堂内仍有居民居住，并因生活需求对建筑也进行了一些改造。祠堂中存有碑刻两通，居民又提供了一通碑刻的铭文，共三通。其中一通为《重修玄武阁碑记》。另外两通虽已不全，但也反映了关于韩氏家族在韩范时期的家族谱系信息。同时，在对村落的考察中，调查小队也发现了多处散落的墓碑，以韩氏为主。

当天调查路线主要为由南至北对郭壁南村及郭壁北村进行考察。调查小队有许多发现与体悟，如崔府君庙中发现众多《三晋石刻大全·晋城市沁水县卷》未收录的碑刻，再如针对传统建筑的现代保护、科举及教育对传统村落发展的影响等问题进行深入思考。

二

7月11—12日，小队主要对沁水县嘉峰镇窦庄村、武安村进行调研。

7月11日上午，小队乘坐公交车前往窦庄村，约上午8点45分到达窦庄。窦庄村西距沁水县城约50公里，西依樘山，三面环水，有着建于明中后期的晋东南地区著名的大型古堡建筑群，为国家历史文化名村，当地素有"金郭壁，银窦庄"的说法。窦庄村目前的传统村落保护区域达到了42000平方米，现存传统院落72座，居住人口约1100人，以窦姓、张姓为主。窦庄村于2013年起开展对古堡的修缮工作，目前已经完成部分院落、城门的修缮。

图5　窦庄古堡南门

上午9点左右，调查小队进入窦庄村古堡群，进行了一些初步的调查。9点30分左右，当地学者马晓秋带领调查小队进行考察，并负责讲解。据马老师介绍，整个窦庄古堡分为内城与外城两大部分，外城是宋朝时修建窦庄村建造的，据碑刻记载，窦庄始建于宋哲宗元祐八年。内城是明朝时为了抵御农民起义军而建造的，初建于天启元年，完工于崇祯三年。明代后兴的张氏家族营建了现在所见窦庄古堡的主体。

进入古建筑群之后，马老师带领我们前往佛庙进行考察。整座佛庙是一座典型的四合院式建筑，正殿坐北朝南。佛堂现存有《沁水县窦庄村新修佛堂记》《新修盂兰殿小记》等三通立碑，以及无碑铭壁碑一通。据碑刻记载，佛堂始建于元代，清代时逐渐增修偏殿及耳房。整座佛庙现被改造成为窦庄村委会，保存完善的只有正殿殿门、斗拱、房顶，以及观音殿、伽蓝殿的部分墙体。

图6　佛庙正殿

接着马老师带领我们来到常家院。常家院是一座中西合璧式的建筑，两进院落。进入正门后有中门，正房为五间二层建筑，左右侧房为三间二层建筑。在常家院内，马老师为我们详细介绍了三层窗、门柱、布裹漆以及常家院的一些建筑特色，如悬檐、冰盘檐等。

之后，调查小队随马老师前往尚书府下宅。这是御赐张五典的尚书府宅，建于明天启年间，是一座四进院落。目前有两进保存完好，皆有居民居住，部分院落已经损毁坍塌。随后，调查小队来到了世进士第，其得名原因是这座宅院是张五典后裔居住于此，因子孙数代中进士而得名。原是一座两进院落，现只余一进，有居民居住。之后，我们来到了"燕桂传芳"院。这座院落是明朝廷御赐张铨夫人霍氏，以表彰其在抵御流寇、保护窦庄时所做出的卓越贡献。

图 7　尚书府宅门

　　在征得马老师同意后，调查小队对他所收集的材料进行拍照整理。遗憾的是，由于资料较多，马老师本人也忙于工作，调查小队只能先行离去，约定时间再次进行交流。

　　下午，调查小队前往沁水县嘉峰镇武安村。武安村同样是历史文化名村，据说因武安君白起在此地屯兵驻扎得名。村落现居人口1300 人左右，主要收入来源为农业。

　　在村委赵主任的带领下，调查小队首先前往惠济寺进行调查。根据残余碑刻信息，我们了解到惠济寺的建造时间约在元代。惠济寺规模为三进院落，由于年久失修，无人管理，院内杂草丛生，寺内也有了不同程度的损毁。

　　之后小队与赵主任一起前往汤王庙，在路途中遇到了一座鼓楼，遗憾的是无法进入内部进行考察。在"文化大革命"时期，汤王庙被改为村大队驻所，后来逐渐废弃。汤王庙的正殿仍保持了原本的建筑风格。随后调查小队前往关帝庙。该庙位于武安村东，坐北朝南。村民每逢年关将近，都会至关帝庙上香祈福，正殿主体保存较完整，部分墙体有脱落现象，紧挨着关帝庙的东阁已经废弃。

图8 惠济寺正殿

12日，小队开始了第三天的调查，主要行程是继续拍摄马晓秋老师家中所藏的民间文献以及对窦庄村其他区域的调查。

上午，小队来到窦庄村马老师的家中，展开了近四小时的民间文献拍摄工作。这些民间文献主要有《五十年代初县乡对窦庄村的指示与命令》等。期间马老师也时常与我们交谈，他说收集的这些东西大多都是在垃圾堆里找出来的，言及于此马老师也惋惜说不少资料都遗失了。刘老师也在拍摄过程中翻阅这些文献，对于其中涉及的新中国成立后土地改革的情况及民众之间订立契约的相关知识进行了讲解。

下午，在经过短暂休息之后，小队继续在马老师的指引下对窦庄村古堡院落进行考察，先后前往古城墙、九宅院、武魁院、旗杆院、慈母堂、贾家大院等古居。

九宅院是窦庄名人张五典后世子孙的院落，历史上共分九院，如今仅存四院，昔日荣光虽不能再现，但我们依稀能从现存建筑中感受到它历史时期的辉煌盛景。

图 9　俯瞰窦庄古建筑

在走到旗杆院时，我们看到了在院门前竖立的两个杆。马老师讲到这是历史上这户人家中有人考中进士的象征，一个杆为一名进士，两个杆则为两名进士。虽然这是后来复建的，但其中所蕴含的文化内涵值得我们思考。

随后我们陆续对慈母堂、贾家大院等院落进行考察，便结束了一天的调查行程。

今日对于窦庄村的二次调查，主要是对马晓秋老师收藏的民间文献资料进行拍摄收集。通过这些民间文献结合历史背景，我们可以一窥窦庄历史时期的村民生产生活状况。对于窦庄村传统建筑的调查，我们了解到不少建筑背后所承载的文化内涵，引起小队对传统建筑开发与村落文化价值体系的思考。

三

7月13日，调查小队主要对沁水县端氏镇端氏村及坪上村进行调查。据《沁水县志》记载端氏镇为沁水旧县治所在，现在县治已转至龙港镇。端氏村是中国历史文化名村，但就今天调查小队所见，当地文物遗存及保护工作仍需加强。

上午，小队抵达端氏村，在当地居民指引下，首先来到寨上。寨上城墙已基本被拆除，几乎仅剩寨门一座。寨门上有匾额，上书"巩固"二字，寨门另一边则已被磨损难以辨认。后经当地居民介绍，寨上所存古建大致仅余道光时院落一处，但也面临被拆处境。通过与当地居民交流，寨上原有的关帝庙、城隍庙等众多庙宇已大多被毁。另外，小队观察到寨上尚存古槐树一株，测龄为五百年。

无奈之下，小队只好按村民指引至汤王庙。据居民介绍，汤王庙在四十年前被当作粮站，是原来交粮存粮的地方，之前的历史便不太清楚。目前的汤王庙已被完全封闭，无法进入，汤王庙的院落也被废弃。

图 10 被封的汤王庙

之后，小队采访路边一位 85 岁高龄的徐姓老者。据他介绍，端氏村原来的很多庙宇已经在"文化大革命"时被拆毁，比如说城隍庙、娘娘庙、文庙等。小队采访老人时所处的位置即为原端氏村中心，街旁留存的几十年前此处的"沁水县端氏支局"等一系列建筑旧房证实了这一点。并由此处延伸有东街、西街、南街、北街。但随着当地中心的向西移动，现在都已成了旧东街、旧西街、旧南街、旧北街。现存的一些老院落大部分为民国时修建。另外，老人还提到了原阎锡山秘书贾景德在此的宅院也在"文化大革命"中大部分被破坏，但还有部分留下来被改成了之前的端氏小学。

图11 贾景德故居现状

总体来看，端氏村很多庙宇在"文化大革命"时被破坏掉了。作为原来的县治所在，庙宇应是众多的，但除了被封起来的汤王庙、街巷旁的黑虎庙神龛，已无更多，乃至于连《三晋石刻大全》所提到的几处古建也不见踪影，不由得令小队成员叹息。

下午3点左右，小队成员到达坪上村。小队成员首先至玄帝阁及圣王庙进行考察。玄帝阁为过路阁，由于阁楼门被锁，小队未能进入。圣王庙位于山坡上，附近已经荒废，坡上荆棘丛生、环境恶劣，增加了小队田野调查工作的难度。但小队仍然努力克服，对圣王庙进行了大致的考察。圣王庙现存主要为山门及正殿，山门上有倒座戏台，墙上有民国时的戏班演出信息，正殿横梁上有题字。

后小队成员到原坪上寨北门，并遇到了热心的杨大爷。

在杨大爷的指引下，我们先后考察了现存万历年间所立的王氏牌坊、刘氏祠堂及南门，并介绍村落情况。王氏牌坊是为王尔相祖父王儒连而立，据说其为当地历史名人刘东星的老师，但无据可考。坪上村主要居住刘姓、张姓、王姓，刘姓主要就是刘东星的后人。村落原来的牌坊皆为刘氏所立，现都已被毁。刘氏祠堂主要为新修，据杨大爷介绍，村落的碑刻由当地一位地方文化学者贾志军老师收录。在考察南门时，杨大爷告诉我们，坪上村实际上是由坪上、寨上、花沟三个自然村合并而成的行政村。杨大爷随后指引我们找到贾老师。

图12　刘氏祠堂

贾志军老师为沁水县政协文史工作者，多年从事沁水流域的民间文献收集及地方史撰写工作，编撰或参编了众多书籍，并赠予我们他主编或参编的《沁水商贾史料》与《沁水碑刻蒐编》二书。因当天时间所限，对贾老师搜集的文献和坪上村的一些其他遗存文物还未进行具体考察，留待次日。

总的来看，坪上村庙宇、牌坊、古寨保存情况仍不太理想，但当地一些历史名人及文化对村落发展影响仍然较深，一些地方文史工作者的民间文献搜集工作对了解这段历史发挥了重要作用，这些都引起调查小队的思考。

14日，调查小队继续前往坪上村进行调查。我们首先来到了贾志军老师家中，到达他家中之时，他正在考证整理坪上村相关人物资料。贾老师对于坪上村的历史状况有着深入了解，还收集了各类相关资料，如家谱、碑刻等。在征得贾老师的同意之后，调查小队对于《韩氏家谱》《刘氏家谱》等资料进行了拍照整理。

之后，调查小队来到坪上村北阁进行调查。北阁共三层，三大改造时期被用作仓库使用，后逐渐废弃，在北阁收集到了20世纪50年代部分相关资料。随后，调查小队来到了张氏老宅，宅院只遗留清中后期以后建筑，明时旧宅不存，现依旧有张氏后人在此居住。张氏宅院是一坐四进院落，主院落有三层

图 13　坪上寨北阁门

高，侧院只遗留一部分建筑，其余部分坍塌后改造为民居。调查小队与村民进行交流，了解到此处改为民居至少有65年之久，除张氏后人外，还有其余村民居住。

下午由于天气原因，调查小队并未外出，主要将所收集到的相关碑刻资料、文献资料进行整理并归档，并以探查"传统村落价值体系"为主题，对最近的调研活动进行讨论与思考。

四

7月15日，调查小队开始了第六天的调查，主要内容是对沁水县扶贫搬迁的典型村落进行调查。

上午8点左右，小队从驻地出发，前往沁水县扶贫办。到达后，与扶贫办胡主任进行了交流。胡主任讲到沁水县脱贫攻坚任务进展较快，发展势头良好。在我们表明来意之后，胡主任表示积极支持我们的调查工作，为我们推荐沁水县旅游扶贫示范村，即土沃乡南阳村、交口村、西文兴村，并委派扶贫办的同志为我们充当向导。

上午，沁水队成员前往南阳村。南阳村是中国抗日军政大学太岳分校所在地。首先我们调查了太岳分校的旧址，太岳分校是建立在一座庙宇的基础上，当地人称之为玉皇大庙。建筑内部除了关于抗大的

历史介绍之外，还有很多寺庙的痕迹。

图 14　抗大分校大门

中午，小队成员用过午饭之后，前往南阳村委调查搜集关于旅游扶贫示范村的资料。村主任谈到旅游扶贫对于村里脱贫攻坚的作用是巨大的，并且为我们提供了相关资料。

下午 3 点左右，沁水队成员前往交口村开展调查。在张主任那里我们了解到交口村目前仅有 100 余人，且年轻人大多前往县城打工，村民年龄结构以老年人为主，旅游产业收入主要依靠村内舜帝庙及古桥两处古建，但效益一般。在与村主任交流之后，村干部带领我们来到了舜帝庙及古桥。在舜帝庙中我们发现完整碑刻、残碑共 14 通。

图 15　交口村舜帝庙外

下午 4 点左右，沁水队成员前往西文兴村。在村委，孙主任向我们讲到村落目前的实际情况与旅游扶贫的主要历程。他谈到，村子附近的柳氏民居景区并非村集体所有，而是早些年承包给投资商开发经营。之后村委积极向柳氏民居开发商争取，将景区内卫生治理及保卫岗位给予村民，增加了村民的就业岗位。此外，由于本镇的教育资源较为缺乏，不少村民为解决孩子读书问题，已经搬入县城。在与孙主任交谈的过程中，他提到附近的柳氏民居景区有一座关帝庙，且内有多通碑刻。在其介绍下，小队成员进入柳氏民居景区，并考察了该庙。

今天的调查主要是对三个村落的历史文化资源及扶贫工作进行考察，我们了解到旅游扶贫示范村的基本状况，并看到了旅游扶贫对于当地居民的实际影响。

五

在过去的六天中，调查小队以沁河沿岸传统村落及土沃乡的旅游扶贫示范村为对象进行田野考察。在调查工作中，小队获得了众多关于村落历史、扶贫开发的资料，并在田野"现场"体验中，激发了不少思考。因此，7 月 16 日，调查小队对在沁水县的调研活动进行了初步总结。

上午，队员们围绕之前田野调查收集到的各项资料进行汇总、整理以及电子化归档工作，依次整理了村庄情况调查表、庙宇情况调查表等表格。经过初步整理，调查小队获得的主要成果如下。

碑刻资料：经过对沁水县三镇（乡）九村的调查，发现碑刻 70 余通，未收录于《三晋石刻大全》《沁水碑刻蒐编》二书的有 50 余通。

调查小组收集到的纸质资料主要为在窑庄村马晓秋老师、坪上村贾志军老师家中得到的有关传统村落的历史文献，以及在土沃乡收集到的扶贫资料。

在马晓秋老师家中收集的主要有《窦氏家谱》《王氏家谱》《张氏家谱》《樀山大云寺志》《关西五圣会记祭祀揭本班次食物总账》《窦庄历史人物传说》《五十年代初沁水县县乡村互通文件》《五十年代初县乡对窦庄村的指示与命令》《1951 年窦庄村房产与土地登记资料》等。

在贾志军老师家中收集到的资料主要有《韩氏家谱》《刘氏家谱》，并获得贾老师赠予的《沁水商贾史料》与《沁水碑刻蒐编》二书。除此之外，调查小队还在坪上村北阁门二楼找到 20 世纪五六十年代村务的相关资料。

在土沃乡收集的资料主要为《南阳村旅游扶贫行动方案》《南阳村工作队资料：易地搬迁》《南阳村志》《西文兴村旅游扶贫示范村申报材料》《西文兴村驻村帮扶三年计划》《西文兴村县级文明村申报材料》《西文兴村驻村扶贫工作队资料汇编》等。

下午，调查小队召开了以"传统村落价值体系与旅游扶贫开发模式的探究"为主题的讨论会，队员进行了热烈发言，主要有以下几个方面：

（一）关于"传统村落价值体系的建构"的问题

主要是传统村落价值体系的历史文化内涵与记忆传承关系的探讨，此处以窦庄为例进行分析。沁河沿岸，甚至晋城一地，"耕读传家"的历史记忆尤其浓厚，窦庄张氏家族身处其中并取得了显赫的科举成绩。它在明清易代这样一个政权变动的大环境下，在窦庄百姓中形成广为流传的张铨忠烈形象与张氏领导窦庄古堡民众抵抗农民起义军进攻的历史叙述。张氏家族为了维系这种记忆，尽力保持自己的门风，形成数代中举的"代系科举文化"，并积极参与营建窦庄古堡，今天窦庄古堡遗留的传统建筑大部分都与张氏家族有关。张氏家族的举措为窦庄后人历史记忆的选择提供了丰富的题材，或者说这种提供可能是张氏家族有意为之。我们在思考"传统村落价值体系的建构"时，不能忽视过往时空中的群体行为与历史记忆之间的关系。

（二）关于传统建筑开发与文化传承的问题

调查小队在六天的考察中，对沁水乡村的传统建筑进行了集中考察，当地政府也尝试以传统建筑为开发资源带动当地旅游业的发展。就沁水县本身而言，其遗留的传统建筑可谓非常之多。但是建筑类型雷同现象十分严重，在我们调查的村落中，窦庄是开发措施最为完善的村落，但与窦庄临近的郭壁北村存在大量相似建筑，稍微再远一些便有湘峪古堡、皇城相府，开发比窦庄更为完善，观赏价值也较窦庄更高。因此，一个很严重的问题就是在一个大的区域范围之内，只有两三个建筑群能够进行有效利用，在这个区域范围内的其余建筑群虽然也进行了一定程度的开发，但主要依赖于政府的资助。一方面是开发完成之后的建筑群却没有带来进一步的经济效益；另一方面政府的资金有限，进行基础性的修缮保护之后，如果没有后续的投入，难以很好地发挥开发作用。

（三）关于传统村落、旅游开发、扶贫三者结合模式的思考

调查小队针对在土沃乡南阳村、西文兴村的调查，对两村的旅游扶贫模式分别进行了总结与思考。

1. 南阳村

根据我们收集到的《山西省沁水县南阳村旅游扶贫行动方案（2019—2025）》来看，南阳村在旅游扶贫时采用多方合作的模式。主要是政府、村委会、公司、农户相互合作的模式。政府制定相关的倾斜性政策，招商引资并且提供部分资金支持，为南阳村提供资金保障；公司整合土地资源，承包土地而后建立相关旅游文化平台，打造南阳品牌。

在这种模式下，主要的问题是旅游扶贫的过程中农民的利益如何最大化、如何使各方利益获得保障？又如何引导旅游景区持续性发展，真正取得旅游扶贫的成效？

2.西文兴村

从我们收集到的《西文兴村旅游扶贫示范村申报材料》来看，西文兴村计划进一步完善景区基础设施建设，并且带动村内 16 户贫困人口从事旅游配套产业。完善基础设施建设，吸引更多的游客参观消费，推动当地第三产业的发展，促进就业岗位的增加。景区发展起来，经济效益增加，扶贫效果也就随之好起来。但是西文兴村的发展存在部分问题。西文兴村主要依靠柳氏民居，单一的人文资源是它发展旅游扶贫的一大短板，况且景区能够提供的资源毕竟有限，为村民带来收益的渠道也相对单一。景区不能可持续发展会导致旅游扶贫出现断裂，不利于扶贫攻坚的持续。

通过对以上调查的总结与思考，调查小队认为，下一步仍要以"传统村落的旅游扶贫"为主题，选择典型村落，加强同沁水县传统村落，尤其是与土沃乡南阳村、西文兴村的比较研究。

六

经过在沁水县驻地的简单休整，调查小队决定于 17 日前往陵川县进行以"传统村落的旅游扶贫"为主题的调查。上午，调研小组成员坐车从沁水前往陵川，因路途较长，调研小组并未能开展调研工作。

下午，在陵川县住建局武科长的帮助下，调研小组乘车前往附城镇田庄村进行考察。到达后，小组成员主要在田庄村赵书记的指引下对村中庙宇、传统院落进行调研。田庄作为传统村落，所保存的传统建筑还是较多的。据赵书记介绍，田庄村户口数为 192，人口大约为 600 人，主要有赵、李、马、郭四个姓氏，其中赵氏现在仍有祠堂遗存。

村落主要留存庙宇有全神庙及观音阁、高禖祠。全神庙原为三进院落，规格较高，现在仅存一进院落，其余已被拆除，殊为可惜。赵书记为我们提供了之前的全神庙图纸。小组成员在庙中发现碑刻两通，一处为真泽庙内壁碑，时间为万历三十九年，另一处在偏殿，时间为道光二十三年，这两处碑铭因磨损或残缺皆无法准确辨认了。

观音阁大致在村南，坐北朝南。据赵书记介绍，村里曾在几年前重修过观音阁。观音阁内有碑刻一通，题名为《观音阁补修碑记》。

另外，赵书记带我们调研了李家宅院、书房院、腰楼院、忠信院、花院等传统院落。在调研过程中，我们了解到当地李氏曾有过三代进士，有进士第与岁进士第，赵书记也进一步为大家介绍到当地的笔架山、洗砚池等特色景区，为我们展示了当地的文风传统。赵书记的祖上，曾以经商为生，过去村中盐业与茶业便是由其祖上经营。此外，引起小组注意的是当地非常精美的砖雕艺术。

图 16　忠信院

总的来说，田庄村传统村落的建筑保存不佳，其碑刻保存状况也仍需改善。在田庄发现的数通碑刻垫到房屋下做建筑构件等，并且大部分都是残碑，不由令人惋惜。另外，田庄村地处偏僻，进行旅游开发扶贫较为困难。

18 日，调查小队开始了新一天的调查活动。上午，小队在武科长的带领下，来到了西河底镇积善村。该村位于陵川县县城以西 36 公里处，全村约有 460 户，1500 余人，村民主要姓氏为郭、姜、卢。积善村原名大宋村。因村民有积德行善之传统，改名积善。村内佛儒道三教文化遗迹遍存，三圣瑞现塔现存于古禅寺，寺旁建有一座道观名"遇真观"。村中还保存有郭家、卢家等古院落40余处，是陵川县古村落中古建筑保存的范例。

在郭主任的热情带领下，我们首先来到了积善村古禅寺。古禅寺有两座院门，右侧院门上书"古禅寺"；左侧院门上书"昭庆院"。古禅寺在解放战争时期，曾作为太行第四军分区二所医院，是长治和平医院的前身。

图 17　三圣瑞现塔

寺内坐落有全国重点文保单位三圣瑞现塔，原为藏舍利之处，据塔内碑文记载，该塔创建于隋，再建于金，塔门楹联为"宝龟峰古禅寺，三圣塔瑞现迹"。在"文化大革命"时期，村民为了保护"昭庆院"牌匾不被破坏，将其用泥土封存，我们今天才有幸见到这块牌匾。除了牌匾外，部分碑刻也有使用泥土封存的痕迹。

之后，调查小组来到了遇真观，是全真教为纪念成吉思汗遇见长春真人丘处机而建。遇真观是一座两进道观，坐北朝南。山门小部分损毁，但总体保存完好。观内有一户守观人居住。据郭主任介绍说，遇真观内的柱础共有十三种不同的类型，雕刻有不同的花纹。观内发现碑刻14通，有《重修遇真观碑记》《重修遇真观捐钱碑记》等。根据碑文，我们可以了解到遇真观的信仰发展与当地作为商业集散地的作用有一定的关系。

接着，调查小组来到了积善村药王庙。每年的农历三月十八，积善村举行庙会，村民都会来药王庙上香、施银。药王庙现供奉的神有疙瘩神、药王、蚕姑奶奶，这与村中旧有的习俗相关，比如村中有养蚕、缫丝的传统，就信奉蚕姑奶奶。

下午，调查小组在村主任家中对一些村中现存的资料进行拍照，并在村主任的带领下来到烈士陵园，这是积善村村民为了纪念村里在抗日战争以及解放战争中牺牲在第一线的人民子弟兵而修建的。

之后，调查小组先后前往郭家染坊院、三官庙、真武阁进行考察。郭家染坊院是现存比较大的一个院落，有东西八个院落。院中道路立有牌坊，上书"悌姒同贞""其旋元吉"。三官庙，据村中的老人讲述，寄托了旧时村民对逍遥法外的恶人进行惩戒的朴实心愿。真武阁，是积善村的东阁，作为古村落的过路阁之一，供奉有真武大帝像。在真武阁上发现碑刻两通，分别是《重修真武阁记》《重修真武阁碑记》。

图18　真武阁祖师殿

总体上来说，积善村无论是历史的延续性，还是在古建筑、古文物的保存方面都是一个非常典型的例子。但是在古建筑、文物的现实利用方面却略显不足。

19日，调查小队前往陵川县六泉乡浙水村。浙水村地处陵川、壶关、林州三县（市）之交，耕地 2800 亩，有居民 440 户，1220 人，由 14 个自然村合并而成。上午 8 点左右，小组成员在武科长的带领下从驻地出发前往浙水村。在浙水村，小组成员首先调查了观音堂。观音堂始建于何代已不可考，2013 年曾重修，是县级文物保护单位。

而后，小组成员在观音堂的旁边看到了村内建筑规模最

图 19　阳马古道

大的关帝庙，其于 20 世纪 60 年代被改为学校。关帝庙旁是被称为"阳马古道"的古商道。浙水地处要冲，西连上党，北扼太行，自古就是晋豫两省的重要通道，山西的煤、河南的大米均由阳马古道流通，客旅行商，熙熙攘攘，形成一个繁盛的集贸交易中心。古道两旁建筑可见当时古道繁荣之景。

上午 9 点左右，在浙水村靳主任的带领下我们来到了村里极具特色的民俗馆。馆内有各种各样的农具，如锄头、铡刀；还有当地剧团所用戏服。但剧团早已解散，仅留下这些曾经演出的物品，陈列于此，令人感慨。

之后，我们来到了在浙水村下辖自然村南掌村的祖师庙。该庙依山势而建，是浙水村第三座大庙。在庙内发现碑刻 3 通。随后，我们在村主任的带领下考察了浙水村游泳馆及制水厂。村主任讲到制水厂是村里产业的一大特色，水源是山泉，水质优良；游泳馆的水也是山泉水，为活性流动。中午，小组成员结束上午考察返回驻地休息。下午，调查小组主要对陵川田野调查资料进行整理与归档工作。

七

在为期 10 天的田野考察中，晋城小组共考察了 2 县 12 村，收集到碑刻近百通。其中，未被《三晋石刻大全》收录的有 60 余通。此外，还收集到地方文史书籍、村志、家谱、中国传统村落申报材料、传统村落旅游扶贫开发工作的相关资料等。这些丰硕的成果为小组后续调研与写作打下坚实基础。

经过了 10 天的实地考察以及资料的收集整理，我们的收获集中于对"传统古建筑的传承保护及其文化内涵的挖掘"与"传统村落资源与旅游开发相结合的扶贫模式"的思考。

沁水、陵川的传统村落留存大量明清，甚至是宋金以来的传统建筑，对建筑的开发也有不同的模式与类型。窦庄村依靠传统建筑群的优势，进行集中开发，很多典型建筑中的原住民被迁出，部分传统建筑仍然有居民居住，并开展民宿等多种经营方式。南阳村依靠抗大分校形成爱国主义教育基地，西文兴村依托柳氏民居打造居民区，资源利用有集中特点，但前者基本没有居民搬迁，后者将旧村村民集体搬迁。积善村则是大力宣传传统建筑中的文化符号，进而打造自己的"积善"文化标识。但资源较为分散，传统建筑中有村民居住，并未搬出，在形成旅游开发的态势下，村民并未集中参与。以上是本次调研中的典型村落。如何更好地将传统建筑与文化内涵统一在一起，真正发挥旅游开发的实效？我们认为一方面需要加强对传统村落的具体分析，另一方面需要加强对传统村落的比较研究。我们的田野工作正是进行此项工作的基础。

将传统村落资源与旅游开发相结合，最终目的是扶贫。基于本次调查中收集到的扶贫资料，小组成员提出了关于旅游扶贫的几点建议：首先，要因地制宜，多元化发展。在贫困地区开发旅游项目，既要充分考虑到自然资源，如乡村风光、特色居民建筑及田园景观，又要借助人文资源，如民俗风情、饮食文化等，两者交叉融合，凸显资源特色。南阳村的旅游扶贫发展充分结合当地特色，利用抗大分校这一红色旅游资源打造红色沁水之都，又利用洪谷景区这一自然资源，发展观光旅游业。此外，南阳村旅游扶贫采用多方合作的模式，让村民参与到景区建设中来，让村民更好地从中获益。其次，要整合资源，立足扶贫。窦庄村临靠郭壁村，郭壁村所具有的传统建筑、历史文化资源并不亚于窦庄，可以将两地联结在一起，形成互动与资源共享。西文兴村将旧村进行整体搬迁，有利于实现对柳氏民居的整体开发。最后，切勿空谈，落到实处。任何一点可行性建议对当地来说都是极为重要的。只有经过仔细的社会调查，才能真正提出切实可行的具体措施。

灵石田野调查札记

贾雁翔　唐益　赵寅茜　王艺洁　魏春羊

　　2018 年 7 月 8—20 日，山西大学历史文化学院研究生魏春羊、贾雁翔，本科生唐益、赵寅茜、王艺洁五人对灵石县展开了田野考察，主要考察当地易地扶贫搬迁情况和传统村落的历史遗存。考察地点为两渡镇冷泉村、两渡村，夏门镇夏门村、占道洼村，静升镇静升村、集广村、苏溪村、尹方村、旌介村、南浦村，重点考察静升村及周边村落的乡村社会。

　　静升镇为全国迄今保存最为完整的明清集镇之一，有全国重点文物保护单位王家大院、资寿寺、旌介遗址、后土庙。2003 年，被住建部、国家文物局命名为第一批中国历史文化名镇，并位居榜首。小水河从静升镇东部的绵山发源，西流至灵石县城注入汾河，将静升镇各个村落连接了起来。在明清《灵石县志》中，这里号称"东乡"，土地肥沃，水源充足，形成了数个规模较大的村落，社会经济比较发达。春秋时期，晋文公火焚绵山误将介子推母子烧死，晋文公后悔不已，曰："为至吾过，且旌善人"，取村名"旌善"，后演变为"静升"。数千年历史文化积淀，静升镇形成了众多宗祠和庙宇，还有许多古桥梁、古道、烽火台等建筑遗存。目前被列为全国重点文物保护单位的有后土庙、文庙和王家大院，列为市级重点文物保护单位的有文笔塔，列为县级重点文物保护单位的有八腊庙、三官庙、文昌宫、关帝庙、西王氏宗祠、三元宫等共计 16 处，不可移动文物达数百处。另外，此处还保留着数量众多的碑刻、族谱等资料，为研究当地的历史变迁提供了强有力的史料支撑。因此，我们以此为重点，在考察的过程中发掘历史资料，感知历史时期的乡村社会。

一

7月8日上午8点，灵石调查小队从山西大学出发，上京昆高速，经晋源区、清徐县、交城县、祁县、平遥县、介休市，于上午11点从灵石县东部进入县城。

经过短暂休整，领队魏春羊就下午的行程做了安排：小队分成两组，一组由贾雁翔带队，去图书馆（古籍室、地方文献室）查阅灵石相关资料，主要有《灵石县乡村志》（拍摄马和乡、夏门村以及夏门镇概况、冷泉村以及两渡镇概况、徐家山、尤家山等村资料）《灵石古韵》中的庙宇卷、村落卷、匾额卷、雕刻卷中有关静升镇、两渡镇（拍摄冷泉村、尤家山、徐家山三个村庄）、夏门镇（只拍夏门村）、翠峰镇（延安村、北王中、南王中、上村、蒜峪村、茹子崄村）、马和乡的资料。一组由魏春羊带队，与扶贫办进行相关交接工作。

下午各小组按计划出

图 1 《灵石古韵》

发。14 点 45 分，贾雁翔组到达灵石县图书馆，表明来意后，相关负责人欣然打开阅览室供我们查阅。由贾雁翔拍摄《灵石古韵·村落卷》，赵寅茜拍摄《灵石古韵·匾额卷》和《灵石乡村志》的相关部分，王艺洁拍摄《灵石古韵·庙宇卷》。下午 4 点，魏春羊组完成相关任务，前来图书馆会合，并协助完成相关拍摄任务。其中，魏春羊主要拍摄《灵石古韵》中有关乡村文庙、文昌阁的内容，唐益主要拍摄《夏门梁氏古堡》的相关内容。在拍摄过程中，我们发现灵石县有大量的古村落极具历史价值，亟待人们发现、保护与开发。下午 6 点，拍摄任务完成，小队返回驻地，将当天拍摄到的资料进行归类整理。

由于队员大多是首次来到灵石，对这里的相关情况尚需深入了解，通过当天对相关地方文献的拍摄，我们对灵石县的历史人文情况有了初步了解。接下来的这段时间里，大家在进行田野调查时，在与历史文物的近距离接触中，对这片土地的历史和文化会有更为深刻的体悟和理解。

二

7 月 9 日上午 8 点左右，灵石调查小队经 108 国道，沿着汾河前往当天考察的第一站冷泉村。在考察之前，小队成员已通过翻阅相关文献，对冷泉村有了大致了解。由于是太原盆地通往晋南地区的必经之路，冷泉村在古代颇受统治者的重视，唐宋在此设立关口，驻兵把守，元代此地曾为"小灵石县"，明代在此处设立巡检司。嘉靖年间，为躲避土匪骚扰，在今村东侧的高岗上建起冷泉寨。直到 20 世纪 80 年代，由于交通不便，村民才陆续搬到岗下的汾河谷地中。2010 年，冷泉村被列入第五批中国历史文化名村；2012 年，冷泉村被列入第一批中国传统村落。

图2　冷泉旧村

车子行驶半个多小时后，小队到达了冷泉村。村外汾河流淌而过，走过石桥，便能看到写着"冷泉村"三个大字的牌坊，穿过牌坊便是冷泉村村委会大院。然而大院铁门紧锁，我们通过询问路边的村民，找到了村主任家的具体位置，却恰逢其外出办事。于是，小队在村民的指引下，来到了岗上的冷泉古寨。冷泉寨位于冷泉村东侧的高岗上，面朝汾河，俯视岗下一览无余，左右两侧皆为沟谷，背倚太岳山、绵山余脉，易守难攻。古寨的正门为西门，城墙以及城楼为现代所修，进入城门，发现城洞两侧有两处凹槽，据当地人讲此处原有两块壁碑，可惜已经丢失，经查阅资料得知为清乾隆五十四年的《两渡镇冷泉村新修车路碑记》和道光六年的《两渡镇冷泉村禁开窑碑记》。城楼南墙上亦有一通壁碑，为明嘉靖二十二年的《冷泉村修寨碑记》。冷泉古村主街为轴线，周围民居围绕主街分布，这些民居由于长时间无人居住而坍塌，但依然可见门上"耕读第""怀仁巷"等匾额。主街正中央为一戏台。从戏台之后沿坡而上便是古村的东部堡墙，是冷泉村保留的唯一一段比较完整的夯土堡墙，墙中间为冷泉古村的东门。

中午在夏门镇吃过午饭后，经魏春羊提议，小队前往位于夏门镇西山上的占道洼村，考察了村中的城隍庙。

图3　占道洼村城隍庙

城隍庙位于村东，规模较大，分上下两层，主殿面阔三间、进深一椽，并有东西配殿，庙中还有一颗古树。在庙中，小队发现了一通壁碑和四通立碑（其中两通残碑）。城隍庙现存碑文记载了大量捐资商号：天地店施银三两、永隆当施银三两、和顺号施银三两、万裕号施银三两、武生张从云施银二两、同盛局施银一两、永成局施银一两、福成局施银一两、裕成盐店施银一两、义顺当施银一两、万和号施银一两、在茂当施银一两、静深号施银一两、德成当施银一两、鸿庆号施银一两、泰来号施银一两、庆祥号施银一两、义和号施银一两、永兴号施银一两、广顺布店施银一两、长盛号施银五钱、复兴号施银五钱……

在城隍庙后方还有一座嘉庆年间修建的永固桥。随着时代发展，村中年轻人大多已经搬走，只剩下不到二十人，且多为老年人，昔日香火旺盛的城隍庙如今也梁倾墙颓、杂草丛生。

之后，小队返回夏门村，主要对夏门古堡进行了考察。夏门古堡位于汾河西岸，为夏门村梁氏家族于明清时期修建的建筑群。梁氏家族因出现清代名宦梁中靖而闻名，成为当时灵石县"四大家族"之一。夏门古堡建于龙头岗上，依山傍水，地势险要，然而在历代《灵石县志》中并没有任何对夏门古堡的记载，只是在清代的《灵石县志》中，夏门作为"镇"开始出现在县志中，表明夏门当时已经是灵石境内比较重要的一个聚落。小队成员从古堡的东南侧进入，旁边有一座规模较大的关帝庙正在修缮，故没有进入调研。古堡民居的建筑材料多为砖石，坚固异常，因此现存情况良好。堡内民居随地势逐渐升高，院门和院墙都比较高大。堡内现存三道堡门，根据对匾额的考察可推测，多为乾隆时期所建。由于交通不便和旅游开发，堡内居民大都迁走，小队成员在考察过程中只遇到了一户人家。在他们的指引下，我们从堡内的一处荒废大院中进入了夏门古堡的地标性建筑物——百尺楼。百尺楼面对汾河，依自然地势而建，高大坚固，站在楼上，视野极广，除了欣赏汾河风景，估计此楼亦有瞭望台的作用。沿楼而下，楼梯只通到二层，一层与二层之间并没有楼梯相连，估计是为了防止敌人从楼下攻入古堡中。

图 4　夏门古堡街道及民居

另外，小队在夏门古堡的考察过程中，除了一些匾额之外，很少看到碑刻，估计大部分都位于关帝庙之中。

三

7月10日早上9点30分，调查小队一行人到达灵石县扶贫开发中心。扶贫办张主任详细介绍了目前已完成的扶贫安置工作和具体落实的相关扶贫政策。张主任表示扶贫工作的关键是帮助贫困户村民脱贫而不返贫，最大限度地减轻贫困户负担。一方面，政府与房地产商进行交流合作，为搬迁的贫困户争取最大优惠，对于贫困户安置搬迁给予较大程度的优惠补助；

图5 易地扶贫搬迁安置程序

另一方面，政府对贫困户就业问题十分关注，对贫困户进行手工、面点等技术培训，积极推进贫困户与合作社联系，鼓励小企业进行小额贷款，共同合作、合伙经营，以促进本地贫困户实现脱贫致富，做到"造血而非输血"。

小队还了解到目前的搬迁工作主要是针对有旧房、危房的贫困户进行拆迁，已开展了78户的拆迁工作，并对拆迁后的区域进行生态修复和土地利用问题的处理。贫困户的扶贫安置工作目前已完成了城区三个小区、乡镇三个小区以及一个新建小区共计8000多人，其涉及的管理问题和相关后续工作也正在持续推进中。经过与灵石县扶贫开发中心的交流接洽，小队了解到在灵石县287个村中有275个有贫困人口，并对当地的扶贫计划有了一定的了解，深刻认识到扶贫攻坚战的必要性，并在扶贫办获取了部分村落贫困情况资料。

之后，小队前往两渡镇两渡村。村外跨汾河的秋晴桥建于清乾隆三十六年（1771），为两渡何氏家族何五德捐修，成为著名的灵石八景之一的"两渡秋晴"。而该桥的修建极大便利了汾河东西两岸地区的交流，同蒲铁路两渡站也修建于此，两渡村成为交通枢纽。此外，由于煤炭资源丰富，该村经济也比较发达。全村现有人口5000余人，村落中的房屋布局由汾河东岸沿缓坡而上，村中传统民居保存不多。站在两渡村气象站所在的丘陵上，两渡村的景色一览无余。小队在路上偶遇一位老先生，经访问得知由于发展经济，两渡村大部分传统建筑已经拆除，只剩下一座财神庙，然而路途比较遥远。

中午在两渡镇吃过午饭后，领队魏春羊介绍了两渡何氏的情况：两渡何氏于明代从河南迁移而来，到了清代逐渐兴盛，族人热衷科举，考中功名者不计其数，当时山西曾有"无何不开科"的说法，终成灵石一带名声显著的望族，名声远盖其余家族。由于时间紧迫，我们并没有前往村委了解两渡村的具体情况。

下午2点，小队再次来到了冷泉村。大家在村民带领下发现了位于废弃学校的一通石碑，为了防止被盗，这通碑被放置在旧学校内，但并未得到很好的保护，上面堆满了废弃物品和木柴。队员们移动、清扫后，对碑刻进行了辨认。碑刻文字为草书的偈文，刊立时间是嘉靖十一年。魏春羊认为，该碑是明时将元代碑文磨平后重新篆刻的。随后在村民指引下，小队找到了商山圣母庙和南寺庙。

两处寺庙位于村东，坐东朝西，规模不大但均已较为破败，南寺庙已经成为平底，商山庙也只剩下三孔窑洞。在商山圣母庙中，小队发现了三通保存完好的立碑。一通为明碑，两通为清碑。其中明万历二十五年的《重修商山圣母庙记》称当时的商山圣母庙"当商之季，有商山法师圣母，凡一应毒虫蛇蝎等物皆为所掌握焉，使不得以侵害斯人。"可见商山圣母的职能主要在于驱除毒虫蛇蝎。此碑另载："每岁四月八日祈祷于神，而拜庙焚香者摩肩接踵，有如归市者之争先"，此次修庙，灵石县县令、县丞、典史、教谕等大小官吏一并参加，可见此庙香火旺盛。可是到了清代，据清雍正十一年的《移修商山圣母庙碑记》载："夫冷泉之在盛朝已通衢，盈盈居民千家，列通显者有人，而富商巨贾指不胜数，至若出秉来而入横经、列胶庠而食天禄者，常不下数十百人，倚欤休哉，何其隆欤。无何传至我朝而不然矣，寥寥落落居民显少，列通显者有谁？而富商巨贾寂无闻焉。至于清衿不过数人而食饩，不能殆不胜今昔之感云此。"非常生动地展现了明清两代冷泉村兴衰的对比。据当地村民讲述，村中还有老爷庙，但也早已破败荒芜，并无碑刻。

图 6　商山圣母庙

下午 4 点 30 分，小队前往夏门镇夏门村，进入事先联络好的村民家中搜集《梁氏家谱》和夏门古村相关资料。通过对夏门村 2015 年刚刚编修成的《梁氏家谱》的拍摄、查阅与整理，大家对其家族的世系有了一定了解，不难发现夏门梁氏在其七世开始进入快速发展的时期，在十一世达到顶峰，与之对应的正是清朝最为繁盛的康雍乾时期，夏门村重要的建筑都在这个时期兴建，夏门梁氏成为灵石"四大家族"之一。相关史料里的梁氏捐赠记录中，业绩也主要集中于六世到十一世之间。

下午6点，小队来到了"灵石八景"之一的"夏门春晓"，该碑在夏门古堡百尺楼下的石壁上，并在其一侧的石壁上发现了呈"品"字形排列的三块壁碑。

当晚9点30分，贾雁翔与魏春羊前往两渡镇张村一武姓人家中拍摄徐家山《武氏家谱》和《南浦武氏族谱》。通

图7 《梁氏族谱》

过交谈，小队了解到徐家山武姓族人是明清时期从南浦村迁移过去的，如今徐家山村已经无人居住，村民大多迁移到周边村庄安置。

四

7月11日上午8点，灵石调查小队离开县城，沿新建东路、永吉大道向东前往中国历史文化名镇——静升镇。

约半个小时后，小队到达镇政府驻地静升村。该村正在进行道路改造，所有路面全部被挖开，路况极差。此外，静升村是著名的旅游景点王家大院所在地，又值暑假，前来参观的游客络绎不绝，路上车辆也比较多，故交通极为不便。经过多次辗转，我们终于到达了镇政府。

郑副镇长接待了小队成员，并安排专管扶贫任务的王青同志带领我们具体走访静升村及周边各村的贫困户。在镇政府扶贫办公室，队员们看到了"静升镇帮扶脱贫工作纵览"，其中对目标任务、指挥机构、片区划分做了详细的安排。目前，静升镇有贫困户538户，1075人。

镇政府打算分四个阶段，力争在2020年实现全面脱贫。由于静升镇面积广大、人口众多，故而镇政府划分了九个"作战区"，并规定每个"作战区"的具体负责人与相关任务。在王青同志的帮助下，我们看到了静升镇部分"易地扶贫搬迁"贫困户的详细资料和山西省政府、灵石县政府关于"易地扶贫搬迁"的具体措施。

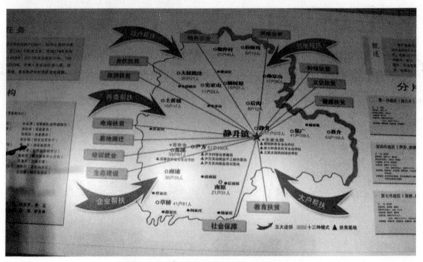

图8 静升镇扶贫办扶贫工作示意图

接下来，在其带领下，小队在静升村东部的移民小区、尹方村和苏溪村的移民小区内探访了马双亮家、武计根家、王玉香家、曹金双家、张冬梅家。这些易地扶贫搬迁贫困户每人补助25平方米，他们对于新居大多比较满意，也有部分居民反映新居夏天比较闷热，去干农活不大方便等问题。

当天上午和下午，小队又在王青同志和旌介、尹方、苏溪一些村干部的带领下考察了石翠玲家、武桂英家、曹金双家、张冬梅家、马福儿家、吴成保家、祁喜狗家的旧居。这些旧居大多位于村庄边缘的土窑洞，由于岁久年深、风雨侵蚀，大多出现裂缝且部分开始坍塌，沦为危房，对屋内住户的生命安全造成了重大威胁。对这些危房进行加固维修也没有太大意义，故而政府动员这些住户进行迁移。同时，当地村干部也反映有些住户因为不习惯新居生活和怀念故居，有时会重新搬回故居生活，为了保障这些住户的生命安全，村里会将这些危房封堵浆砌，注明时间（之所以没有拆除是这些住房旁边连着其他住房，一旦贸然拆除必然会影响其他住房的安全）。通过将近一天的考察，使我们认识到了"插花式易地扶贫搬迁"的实践过程。

图 9　采访搬入新居的贫困户　　　　图 10　已经封堵浆砌的贫困户危房

当天傍晚，小分队成员有幸在静升村史海钩沉公司总经理张维春先生的介绍下，见到了张百仟先生。张老师今年已经 70 多岁了，退休前曾为当地中学教师。作为一个土生土长的静升人，张老师在他执教时便对静升当地的历史文化具有浓厚的兴趣，与另一位地方文人王儒杰老先生一直致力于挖掘当地的历史文化遗产，并出版了《静升史海钩沉》一书，现在是静升村王家大院顾问。张老师对小队成员们表示热烈欢迎，并大致介绍了静升镇及周边村庄和灵石县的历史文化发展脉络及现今历史遗存；并且答应作为向导带领小队在接下来的时间内对静升村展开考察。魏春羊代表小队成员们对静升村史海钩沉公司和张老师表示由衷感谢。

五

7 月 12 日上午 9 点，调查小队一行人到达山西史海钩沉文化传媒有限公司。该公司致力于当地传统文化的传承与弘扬、非遗保护与申报等，并汇集了一些热爱灵石传统文化，并对其有相当了解的文化爱好者与当地老先生。

小队首先观看了由该公司与县委宣传部共同运营制作的"爱上灵石"系列短片，了解了关于面食、刺绣、布艺、中药、太极扇、太极拳、战功拳、大小抬阁、泥塑等灵石特色非遗文化，并观看了为李福年泥塑制作的非遗代表性项目传承人申报视频。随后小队成员参与学习了由公司顾问纪伟老师主讲的静升传统文化系列讲座。

　　上午11点，小队到达静升村文昌宫。文昌宫在镇政府大院东南方向一公里处，坐北朝南，正门为一牌坊，穿过狭长的甬道便是文昌宫正殿。正殿面阔三间，为二层阁楼式建筑，一层为窑洞式建筑，二层为文昌宫。在文昌宫前，我们看到了一口铸于民国十三年的大钟，钟上记录有静升村文昌宫的经理人名单。宫中有新修塑像，即文昌帝君，左右童子是"天聋地哑"，其后的四尊塑像是"四大主考"。宫中还有新绘的历代名贤壁画。看庙人讲述了他看守文昌宫的经过，魏春羊向大家介绍了文昌帝君的来源与演变、文昌帝君与梓潼帝君的关系。

　　下午3点，小队在张百仟老师的带领下对静升村西进行了实地考察。我们从镇政府出发，沿钟灵巷、凝瑞巷、蔺家巷、拥翠巷、李家巷、张家巷、承明巷、西宁巷、里仁巷的大致顺序，走访了大量民居，考察了清代、民国建筑等，基本将静升村西部街巷走访完毕，此处即是西王氏宗族聚居区。

　　除了镇政府，最先映入眼帘的是静升村"纯孝苦节"（雍正四年旌表王柞昌妻子刘宜人）、"节孝遗芳"（雍正丙午旌表王廷辅妻子马恭人）、"荩臣宗望"（嘉庆十年旌表王如玉，又名太仆坊）三道牌坊，太仆坊之后有一座大型戏台。

　　静升村西部的钟灵巷、锁瑞巷、拥翠巷、蔺家巷、里仁巷均保存较为完整的巷门，巷内民居格式基本保存着原来的面貌，然而政府将重点放在了开发王家大院上来，对于这些传统民居的保护措施比较少，尽管这些民居较好地保留了明清北方民居的建筑特色。在走访过程中我们发现并拍摄记录了所见的14通碑刻，其中钟灵巷3通，拥翠巷1通，

承明巷 3 通，通济桥 1 通，以及在里仁巷观音、魁星、财神阁的 6 通
保存完好的壁碑，刊立时间上迄康熙下至光绪，很多具有较高价值。
比如在钟灵巷发现的《井楼碑记》载："钟灵巷井楼，原自大明万历
三十三年（1605）创修，从前倾坏，先辈补修。其井楼之尺丈宽窄、
十字路口之槐树系伙，旧石早已载明。"这对于研究钟灵巷历史有着
重要意义。锁瑞巷门则是康熙四年（1665）创建；拥翠巷中有西王氏
始祖王实的故居；里仁巷巷门所存碑刻记载了里仁巷重修巷门、水道
等事迹。

图 11　钟灵巷

图 12　锁瑞巷

图 13　拥翠巷

图 14　里仁巷

　　之后，小队成员跟随张老师前往凝固堡。该堡位于静升村西部土
坡上，分内外两层堡门，现外堡门基本损毁，只剩下堡门，其旁为当
时下人居住之地"阍舍院"，门上有"乾惕"二字牌匾。堡内民居基
本为土窑洞，上有"西王氏土派祠堂"，只是大门紧锁，无法进入。
在凝固堡上，有一处较为隐蔽的院落，据说是明朝末年王族后裔避难
于此。最后，小队成员跟随张老师前往静升村西部的文昌阁，该阁早

些年已被夷为平地，此时已被农田覆盖。通过张老师的介绍，我们对静升当地的堡巷、古建筑群有了整体性的认识。

晚上8点，小队回到驻地，就一天的考察活动进行了总结。魏春羊指出考察工作应不局限于地方性文化的宗旨，强调将地方文化转化至学理高度，并以龙天庙信仰为例，强调对整体村落发展及其体系的关注。贾雁翔则提出除对王家大院的开发之外，极富特色的普通民居、堡巷也应得到保护和开发，并强调了对基层历史、背后故事的发掘与解读，田野考察不是走流程，仅仅完成记录、测量、收集资料的重复性劳动，而应在阅读碑记、族谱、县志的过程中发现问题、思考问题，实现对古村落的整体性、高度性普查。

六

7月13日上午8点30分，小队成员继续前往山西史海钩沉文化传媒有限公司，听取当地著名文化人士王儒杰老先生的讲座。王老师是静升王氏家族西王氏一支的后代，曾长期在报社工作，一直致力于对静升村历史文化的研究，对当地情况了如指掌。他结合自己的研究对静升村以及静升王家的历史进行了详细论述，并勉励大家在研究的过程中一定要有认真的态度。

上午10点30分，小队成员在张百仟老师的带领下前往静升村西边的关帝庙和恒泰堡进行考察。

关帝庙创建于明代，现为一进院落，献殿东西两侧墙壁上保留着6通壁碑，皆刊立于清代。正殿面阔五间，进深五椽，东西两厢房面阔五间，进深二椽。在东厢房内的墙壁上发现了大幅壁画，大部分已模糊不清，只保留着一些题字，关于壁画的年代有待日后考证。

图 15　关帝庙　　　　　　　　图 16　《张氏家谱》

接下来，小队前往恒泰堡进行考察。途中我们发现了土崖下有几孔土窑，据张老师讲解，此处名叫"中举沟"，原名"肿嘴沟"，是当时乐户居住的地方。此处只有数孔破旧土窑，并无新居，且位于静升村西部边缘，远离中心，而乐户在明清时期被视为贱民，所以将他们安置在此处。恒泰堡位于中举沟对面，创建年代不详，因其位于土丘之上且易守难攻，又是静升村西部边界，故小队成员猜想有可能是明代中后期为防御土匪修建。随着时代发展，恒泰堡已经荡然无存，只剩下几段土壁残垣。在村民张先生家中，小队有幸看到了明万历年间的《张氏家谱》和家传的古医书《青囊秘诀》。《张氏家谱》记载了张氏族人明代初年由临汾迁往静升村的过程，并且提到了在明代张家已经修有祠堂，这对研究张氏家族的历史尤为珍贵。

下午3点，张老师带领小队成员调研了静升村东边的红庙（又称"八蜡庙"）、孙氏祠堂、孙家沟、十字瓮门沟、孕秀巷。

红庙又名"八蜡庙"（静升人读蜡为 cha），"八蜡"为中国民间除虫抗灾御患的神灵，分别是：神农、司啬、农、邮表畷、猫虎、坊、水庸、昆虫。八蜡庙现存一进院落，山门倒座戏台为翻修。正殿面阔三间，进深三椽；配殿面阔三间，进深三椽；厢房面阔五间，进深二椽。正殿为神农大殿，西配殿为土地殿，东配殿为财神殿。在红庙内，小队成员看到了大量静升村因路面维修而挖出的古碑，其中的《崇圣殿碑》则反映了静升村文庙在乾隆年间修建崇圣殿的经过，这对静升文庙发展历程研究有重要意义。而道光二十五年的《八蜡庙重修碑记》

则出现了大量王氏、孙氏、田氏、祁氏等族人姓名。

孙氏祠堂位于村东，坐北朝南，一进院落。正殿面阔三间，进深二椽，正院东侧为一偏院，据说是下人居住之地。在孙氏祠堂中，小队成员了解到孙家于明代由太原迁入静升村，清乾隆元年创建孙氏祠堂，乾隆二十年祠堂毁于大火，乾隆四十年重修。在孙家沟孙氏后人家中，小分队成员看到了民国年间所修的《孙氏家谱》（分为三部，《福孙氏族谱》《禄孙氏族谱》尚存，《寿孙氏族谱》已佚）。

图 17 《孙氏家谱》

在前往孙家沟的途中，大家在道路两旁看到了大量清代墓碑被抛置在荒草丛中。据张老师讲，这些墓碑多为 20 世纪 50 年代为修路而从坟地挪移到此处。另外，在考察过程中，小队成员发现了一户易地扶贫搬迁的贫困户。该户与前面在尹方、苏溪的情况一样，住户迁往政府新建的小区，危房由政府封堵浆砌。

接下来小队前往十字瓮门沟和孕秀巷。在十字瓮门沟考察时，我们发现了大量明清传统民居，同时了解到十字瓮门沟是当时静升的交通要道。孕秀巷是比较狭窄的一条巷子，在孕秀巷中的传统民居保存得比较完好，在巷门墙壁发现了民国十九年的重修石碑。

最后，我们来到了当地文化人士蔺俊鹏先生的家中。蔺先生热衷于当地碑刻拓片的收集，十几年下来收集了大量拓片资料。

七

7月14日上午8点30分,灵石调查小队到达静升村西南部后土庙。

在汾河中下游地区多有后土庙分布,如介休后土庙、万荣后土祠等。后土庙供奉的是"四御"之一的后土娘娘。静升村后土庙现为一进院落,保存完好,现存有铁钟、戏台、献殿、正殿和东西厢房。正殿面阔三间,进深五椽,东西配殿面阔五间,进深二椽。正殿悬梁题字记有"大元大德八年七月十四日重修"。元大德七年山西洪洞发生了八级大地震,波及范围甚广,后土庙极有可能是大地震之后进行重修。考察队在后土庙中共发现有12通碑刻,内容包括重修庙宇、捐资施银、修补路面等。其中有2通碑刻的内容是有关土地所有权的民间诉讼,在近几天发现的碑刻类型中实属罕见。后土庙西南不远处,小水河水量已经非常小,而中河几乎断流,只剩下河道。据张百仟老师讲,当时河上有四座桥,分别是:通济桥、锁浪桥、镇波桥、王公桥。我们在一户人家院落里发现了一通题铭为《重修乐楼碑记》的石碑,刊立于清康熙二十一年。

图 18　后土庙

之后,小队前往静升村文庙,庙内正在施工。静升文庙兴建于元至顺三年到至元二年,其规模可与府州县文庙媲美。

该庙为四进院落布局，中轴线上依次排列着棂星门、大成门、大成殿、寝殿、尊经阁，左右有廊庑，东南角建有一座六角四层的魁星楼（创建于康熙元年）。据张老师介绍，静升文庙

图19　静升村文庙

在民国时期和建国初期被用作静升村小学校，正因如此，文庙才可以在风雨飘摇的岁月中保存下来。

经过短暂休息之后，调查小队开始了下午的调查活动。

首先前往静升村东南部的和义堡。该堡位于静升村东南部小水河边，创建于乾隆十八年。堡门位于西侧，尚有"和义"二字匾额，堡门上供奉着药王爷。堡内明清传统民居保留较少，大多已是现代民居。堡门西南角是祁氏祠堂，祠堂大部分已经坍塌，院内有一皂角树，只保留着一通题铭为《扩建祠堂碑记》的石碑，年代不详。

此时忽然天降大雨，小队成员冒雨赶到村东的三官庙。近几年，三官庙经过不同程度的修缮，现由戏台、厢房、正殿以及几间禅房组成。正殿面阔五间，进深一椽，供奉三官大帝。同时又供奉玉皇大帝、太上老君、关羽、赵公明等神灵。庙中有11通碑刻，除传统重修、补修碑记、施银碑外，还出现了村民在光绪年间卖水井的相关碑刻记录，从中可窥探古时静升村普通民众的日常生活。三官庙庙门外还有一株300多年的古槐，无声见证着三官庙与静升村的兴衰。三官庙可以说是静升村最东部的一座庙宇。

图20 三官庙倒座戏台

随后，小队穿过东王氏发家之地敬阳巷，据张老师说此处原来尚有养正书塾、魁星楼等建筑。出敬阳巷便能看见东王氏祠堂和兵宪祠堂。小队进入杨树沟时，在一户民居院中发现道光十一年刊立的《补修庙碑记》石碑。

从杨树沟向北走，便是朝阳堡北门和厚重的夯土堡墙。明代中后期，由于地方上土匪猖獗和农民军起义，静升村修起了朝阳堡防御敌人。由于朝阳堡位于土丘之上，上下不便，堡内大多数人家已经搬走。朝阳堡正门保留相对完好，尚有青石板铺砌的道路。朝阳堡南边便是孕秀巷。

出朝阳堡之后小队成员去了拱秀巷、道左沟、三元宫。这三处位于孝义祠北侧，我们在拱秀巷中发现了大量明清时期的当铺，通过张老师讲解，知道当时王家大院正门位于拱秀巷，现在的正门是当时的车马道。而道左沟则位于恒贞、视履二堡之间，沟内水井房内现有出售水井碑一通。三元宫位于道左沟，现为民居。

八

7月15日上午8点30分，灵石调查小队继续参加静升传统文化研修班，听取省级非遗传承人、十八罗汉头像修复者、泥塑佛像大师郭成保先生对塑像和古壁画知识的讲解。

图21 拱极堡

上午10点30分，小队来到了静升村拱极堡（又称"下南堡"）。拱极堡与和义堡均由西王氏修建于清乾隆十八年，位于村南。现拱极堡尚存一座比较完整的堡门，堡内故居、新居皆有。在拱极堡水井的南北两侧，我们发现了2通壁碑，刊立时间分别为道光二十九年和乾隆十八年。其中乾隆十八年的《创建拱极堡碑记》对该堡的修建过程进行了描述。尽管拱极堡濒临静升河，然而堡内依旧修有水井。

稍后，调查小队抵达崇宁堡。该堡规模宏大，建筑意象被誉为"虎卧西岗"，由西王氏创建于清雍正二年（1724）。崇宁堡现已修建为崇宁堡温泉酒店，其内部建筑沿坡而上，依旧保留了清代建筑风格。在崇宁堡我们发现了3通石碑，均刊立于清代，其中2通立碑漫漶不清，保存状况较差。

经过中午的休整后，调查小队于下午3点30分召开了专题调研咨询报告会，讨论商议了专题研究咨询报告主题"易地扶贫搬迁中的传统村落保护研究——以静升村为中心的考察"的主要框架，进行了具体内容的明确和补充，并就静升村27户搬迁户与"九沟八堡十八巷"之间的关联与影响做了分析。会议还为接下来几天的考察工作与小组成员分工做了安排。

九

7月16日上午8点30分，灵石调查小队继续参加了静升传统文化研修班，听取了王儒杰老师关于王氏家族与王家大院的相关讲述。

下午小队按照昨天讨论会所定计划，开始对静升村易地扶贫搬迁户旧屋进行散点定位，探访其与周围环境和民居的关系。当天我们走访了静升村2—5队（瓦窑沟、杨树沟、十字瓮门沟、孙家沟），这些都位于静升村东部，共15家易地搬迁户。

在逐户走访中小队了解到，贫困户的房子大多是建于20世纪二三十年代的土窑洞，六七十年代修护时只对土窑洞口进行了砖砌，内部依然是土建。因为经济原因，贫困户并

图22　易地扶贫搬迁户旧房

未对房屋进行有效修葺，房屋面临倒塌风险，有一户房屋已经倒塌。在考察中，小队发现有一家的情况与其他贫困户不同。该户所处位置特殊，旧屋位于街道旁，房屋前已进行绿化，从地区环境治理与旅游开发等角度考虑，该房屋没有采取封堵，而是选择拆毁，拆毁后房屋所在地规划为池塘和停车场。对于搬迁户房屋的处理方式可以有许多种，但每一种方式都需要适合每一户自身情况，具体问题具体分析：

房屋年久失修，濒临倒塌，又与其他房屋相连，采取封堵就好；房屋邻近主街，处于旅游开发范围，选择出资修葺最为合适；房屋在村主要街道外围，便可以考虑拆毁、绿化，以美化环境。

这些天来，小队对于静升村传统建筑，诸如庙宇、民居、祠堂等基本考察完毕。在考察过程中，我们发现了大量碑刻、家谱等民间文献，这对于研究历史时期静升村乃至北方乡村聚落都提供了很好的素材。另外，小队通过走访发现，易地扶贫搬迁远非想象中那么简单，涉及多方利益的交织，今后在走访中应更加注意。

十

7月17日上午8点30分，灵石调查小队一行人抵达镇政府，继续对静升村易地扶贫搬迁户旧屋进行散点定位，查看其与周围环境和民居的关系。

随后，队员们跟随各小队队长走访静升村14队（中举沟）、13队（福幸庄）、6队（肥家沟）、11队（锁瑞巷）共11家贫困户。当天逐户走访的贫困户旧房中，有不少是清代就已经建成的土窑洞，其中部分在后来的修护中对土窑洞口进行了砖砌，内部仍然是土质结构，这些房屋外表看来仍可居住，但里面已经较为破败；而一些因为经济原因后期并未修缮的土窑洞，内部甚至需要依靠支撑柱来保证窑洞不塌，危险系数很高，已经不适宜居住。

通过两天的实地调查与走访，大家切实感受到扶贫搬迁工作的艰巨性。这些贫困户的旧居大多在比较偏僻难行和远离居民中心之处，住户多为需要政府帮扶的贫困户，其中又以老年人或残疾人居多，他们大多已经丧失劳动能力，收入较低，如果没有异地扶贫搬迁政策和亲友的援助照料，很难获得适宜的生活条件，这也正是扶贫搬迁工作的重要性所在。

图 23　采访贫困户

下午，调查小队首先抵达集广村。沿村庄主街前行，很快就能看到龙天庙的戏台。灵石县的村落中龙天庙的分布比较广泛，关于龙天庙的创建年代，史学界大多认为是十六国时期。现在的集广村村委会就建在龙天庙原址上。经过与该村村委书记联系，小队由他带领，对村中祠堂、庙宇进行实地考察。

集广村有三座张氏祠堂，一座何氏祠堂。

位于村东的张氏祠堂，清朝修建，正在修缮中。祠堂正殿坐北朝南，面阔三间，进深三椽，有脊枋题字"时大清乾隆十四年岁次己巳孟夏八日吉时创建"。位于村中的张氏祠堂为明代末年修建，已倒塌，现张氏后人自发重修，正殿二层、坐北朝南，供奉祖先张始祖，正殿东侧有一壁碑。位于村西的张氏祠堂，清朝修建，正殿坐北朝南，现已倒塌，有遗迹留存。

何氏祠堂位于集广村东部，有两进院落，规模较大，早些年曾翻修过。调查小队共拍摄、测量、记录了 18 通碑刻，其中旧碑 9 通，均于清代刊立，3 通为残碑。

图 24　何氏祠堂

　　经过与张氏族人的沟通，调查小队了解到其族谱及神单的保存状况，并来到其住房中拍摄搜集了保留的清代神单，神单破损比较严重，不过仍能辨出前人的笔法。

　　随后，小队来到了集广村关帝庙。关帝庙位于村西，坐西朝东，保存情况较差，房屋院落内荒草丛生，但庙内仍有较为完好的大量壁画和清代脊枋题字。我们发现，在静升周边村落的庙宇中，脊枋题字是比较常见的。

　　从集广村离开后，调查小队来到了旌介村。据当地负责人介绍，旌介主要的庙宇，分别为龙天庙、敬圣祠、关帝庙和朝阳庵。龙天庙、敬圣祠现已坍塌；关帝庙位于村北，坐北朝南，上为庙宇，下为阁道。正殿存有大量壁画，正殿对面墙壁上保留了少量近代戏班的题字。朝阳庵的戏台已经坍塌，内部现为民居，正殿廊前东壁发现一通清道光年间的壁碑，院中有一块书有"梵宫门"字样的匾额。

　　旌介村村委会前的魁星楼保存状况良好，不过未有碑刻留存。楼底四面匾额分别题有"集翠""毓秀""漾波""壮观"字样。

图 25　旌介村魁星楼

最后，小队在旌介村东堡子进行了实地考察。东堡子建于旌介村东部土丘之上，很有可能也是明末防御盗贼修建。现存巷门和部分堡墙，据说巷门上以前有碑刻，后来被盗取，巷门旁边是一处水井。东堡子旁边就是著名的旌介墓地遗址。

今天除了对静升村的易地扶贫搬迁户进行调查外，也对静升村东边的集广村、旌介村进行了初步的考察。本次考察在集广村发现了大量的脊枋题字和一些碑刻、家族神单，对于了解一个村落乃至村落中家族的发展历史具有重要价值。

十一

7月18日上午，灵石调查小队考察了位于孙家沟和杨树沟的易地扶贫搬迁贫困户旧居，之后返回驻地。

下午2点30分，小队前往苏溪村进行调研。首先考察的是苏溪村中部的文昌阁。文昌阁现为三层建筑，顶部为黄色琉璃瓦。在此处发现了3通碑刻，题铭分别是嘉庆十八年的《重修文昌阁暨新建窑房碑记》、道光十三年的《文昌阁碑记》、民国十三年重修碑。而在《文昌阁碑记》中涉及大量商号：

六顺号、义顺号、三顺号、公顺号、德茂号、阜和号、茹浚、义和社、德元当、中成号、中元当、复泰当、西晋国、天兴号、集义当、集深当、会通当、德成当、集成当、万隆裕、中正裕、耀州盐店、义和堂、聚金良、德泰号、开泰和、中成号、永生号、广聚当、太原号、复盛永、广成当、夔隆当、源裕当、永泰号、吉成号、永祥当、通泰号、永远号、永丰号、永裕号、恒兴号、恒茂号、原玉成、张元顺、万丰号、同盛和、义聚号、万成当、裕丰店、泰兴店、兴盛堂、天和号、洪泰店、裕丰店、丰泰盐店、隆顺当、永盛当、万顺店、德义当、德庆当、德成当、集义当、云集玉、永成号、晋元楼、通顺当、大兴当、德源当、德泰号、广顺号、德晋号、松龄堂、德恒号、德□号、如恒号、福恒号、乾泰号、丰裕酒店、德成号、和恒号、源和号、广和号、广茂号、益恒当、源茂当、阜顺当、永顺当、北义裕、南义裕、万昌当、恒源当、德源当、通源当、万裕当、聚盛当、宪章当、协成号、永成号、德顺号、德太号、闫增盛、郭福芝、悦来当、义德堂、智裕当、太和当、公德当、聚丰当、人和当、泰兴当、集义当、正和元、同盛义、逢源号、六昌号、中祥号、泰兴号、万丰号、恒盛当、万丰公、义和当、恒源当、恒源号、裕顺当、永安当、崇德堂、育宁堂、永元楼、□茂号、兴生灰店、全德当、隆盛当、德毓号、永盛当、永兴当、增盛当、广聚号、同盛和、峰局、三合花店、云兴德、云庆隆、合兴隆、云益公、云集玉、源聚集、源来集、云兴集、云恒集、庆隆集、晋裕店、兴隆局……

在文昌阁东侧的碑亭内发现了"苏溪夜月"等3通石碑。据领队魏春羊介绍，小水河原来从此处经过，离此不远处便是安济桥，是当时灵石县的著名景观，"苏溪夜月"正是当时的"灵石八景"之一。可如今小水河已经断流，碑亭由于受到周边运煤车的影响，表面早已是乌黑斑驳。

图 26　文昌阁　　　　　　　　图 27　"苏溪夜月"碑

接下来考查的是全国重点文物保护单位——资寿寺。据碑文记载，资寿寺创建于唐代咸通十一年，宋元时多次重修，现存建筑多为明代遗构，是静升镇乃至灵石县重要的信仰中心，也是小队考察以来看到的保存最为完好、规模最为庞大的庙宇群。

资寿寺现有三进院落，占地 3000 余平方米，有天王殿、大雄雷音宝殿、三大士殿、地藏王殿等建筑，寺内保存着大量栩栩如生的彩塑和壁画，包括著名的十六罗汉的彩塑以及各式匾额和碑刻。在资寿寺侧院和寺内共发现完整古碑 24 通，经幢 1 座，刻有铭文的古钟 2 口。尤其是资寿寺停车场堆放着大量碑刻，很多石碑摞在一处，很难对其进行拍照识别。此外，还放有大量形态各异的石兽，很多雕刻比较精美，然而这些碑刻和石兽并没有任何防护措施。其中堆放在资寿寺西侧院内的石碑多记载清代民国时期灵石县城修筑河堤的经过，据历代《灵石县志》记载，灵石县城位于小水河与汾河交汇处，极易受到水患的影响，历代官员非常重视对护城河堤的修护，比如道光十二年的《重修护城堤碑记》、嘉庆十三年的《修石堤碑记》、嘉庆十四年的《邑侯陶公修护城河堤碑记》、嘉庆二十三年的《重补修石堤碑记》、同治十三年的《重修柳堤碑记》等。而在资寿寺内保存的碑刻多为明清两代对资寿寺的重修经过及周边村庄捐资的名单，这无疑对于研究明清时期资寿寺的发展历程和资寿寺周边村庄的发展以及村庄与村庄之间的关系有重要意义。

图 28　资寿寺

十二

　　7 月 19 日上午 8 点 30 分，灵石调查小队继续参加了静升传统文化研修班，听取了晋绣非物质文化遗产传承人赵程辉老师关于晋绣的专题报告。

　　报告结束后，队员们探访了享誉海内外的王家大院。王家大院现开放区域为视履堡和恒贞堡，又名高家崖和红门堡。由视履堡东门"寅宾"进入视履堡（据张百仟老师说此处原是王家车马行走的地方，正门位于视履堡南部）。该堡为王汝聪、王汝成兄弟修建于嘉庆元年至嘉庆十六年，主要建筑为敦厚院与凝瑞居。正房为二层，一层为居室，二层供祖先。左右为绣楼，亦是二层。凝瑞居正堂基本上是一座小型博物馆，此处陈列有视履堡、恒贞堡的木刻模型，嘉庆年间的圣旨、大清万年一统天下图、诰命夫人衣箱、《王氏族谱》、清代达官显贵为王氏家族题的匾额、对联。

图 29　王家大院

恒贞堡位于视履堡西侧，面积超过视履堡，现在只有北部地区开放，有司马院、绿门院、花园等建筑，堡内现有中华王氏博物馆、力群博物馆等。站在恒贞堡北部城墙上，东望视履堡，西望崇宁堡，整个静升村一览无余。恒贞堡建筑群的总体布局隐约呈现一个"王"字，各院有的富丽堂皇，有的小巧玲珑，各不相同。王家大院以砖、木、石三雕著称，其中"五福捧寿"更是砖雕艺术中的精品，精巧的工艺让人叹为观止。

中午简单休息后，小队来到南浦村进行考察。南浦村位于灵石县城东北方向，有 1000 余人，耕地 1400 亩。现存有岳飞庙、天齐庙、观音庙和武氏祠堂三座古建筑。

岳飞庙位于村口，于 2018 年新修。庙内正中为岳飞塑像，左右为张宪和岳云塑像，左右两侧墙壁上还绘有关于岳飞故事的壁画，庙门口是秦桧夫妇反缚下跪的雕像。按理说岳飞除了在平定当过几年军官，与山西并无太多交集，为何会在此出现祭祀他的庙宇，这是值得玩味的。

天齐庙位于村北土丘上，为元代遗构，于 2006 年进行了修缮。

天齐庙现存正殿、东西耳殿、东西配殿、倒座戏台等建筑，其中正殿面阔三间，进深四椽，戏台面阔三间，进深四椽，戏台建造极为精巧。正殿脊枋有"大元至治三年七月初二日重建"题字，瓷脊兽猫头滴水是元代典型的盆唇滴水构件。值得注意的是，在静升镇一带，人们重视生死，建了许多后土庙，而在静升镇南浦村却出现了天齐庙，为什么在一个地区出现两种功能相似却截然不同的神灵信仰，这种现象引起了考察队员的思考。

天齐庙的南面是菩萨庙。该庙坐南朝北，保存程度较差，只有献殿和正殿，且损毁严重。在献殿东侧发现清乾隆十年的《金妆碑记》1通。菩萨庙之下原来有河流经过，上面还曾架桥，只是随着时代变迁，河流早已干涸，而桥也不见踪迹。

接下来，小队成员前往位于村委会后面的武氏祠堂。据碑刻记载，武氏祠堂建于乾隆初期，新中国成立后一度被作为学校，2017年重修，现为一进院落。庙内现有旧碑4通，新碑1通。之后小队拜访了编修《南浦村武氏族谱》的武学立先生。因为武氏神单和原族谱的缺失，武先生从现有墓碑中找寻武氏源流谱系，完成族谱编修工作（这也是在灵石县发现的比较普遍的现象，灵石县对于墓碑的修建十分重视，故而保留了大量的明清以来的墓碑，而在晋东南地区则甚为罕见）。临别时，武先生慷慨赠送给我们每人一本族谱，大家感动不已。

图30　天齐庙

图31　菩萨庙正殿斗拱

本次暑期的田野考察已经接近尾声，通过这几天的走访调查，小队成员对乡土社会的发展历史有了新的认识，这种田野调查的形式使得大家各方面的素质和能力得到了锻炼。在接下来的时间里，我们将对为期半个月的田野调查进行总结。

十三

7月20日上午8点30分，灵石调查小队继续参加了静升传统文化研修班。今天的课程由蔺俊鹏老师主讲，主要分享他十几年来拓碑的收获和心得。蔺老师现在是灵石县王家大院文展科工作人员，同时也是灵石县文史研究会、灵石县作家协会会员，曾经参与《三晋石刻大全·灵石卷》《灵石历代书法赏介》等书籍的碑刻传拓工作。他向大家展示了自己十几年来的碑刻拓片，从只有巴掌大的碑刻拓片到高达两三米的碑刻拓片，无不凝结着蔺老师的心血。同时他也强调自己拓碑其实也是在发现历史、抢救文物，一方面碑刻中反映了大量历史信息，另一方面很多人并不清楚碑刻的文物价值，导致如今乡村中的碑刻损毁十分严重。小队在调查过程中也发现了静升村的很多碑刻或横躺在路边的荒草中断裂漫漶，或被当作石板砌成路基。

下午4点，小队成员就为期半个月的暑期田野调查进行了总结，并安排了接下来的资料整理任务和调查报告的具体撰写内容。

通过半个月来在灵石县冷泉村、夏门村、占道洼村、静升村、集广村、旌介村、苏溪村、南浦村这八个村庄的调查，无论是在贫困户易地扶贫搬迁还是传统村落的现实遗存与历史发展等方面，小分队成员的收获都是巨大的。首先，灵石县历史时期的宗族文化比较浓厚，直到现在对当地居民影响依然很大，很多村庄都修有祠堂和家谱。其次，作为灵石县传统的经济文化中心，以静升村为中心的周边村庄保留了大量历史文化遗迹，仅静升村碑刻粗略统计就有200多通；另外还保留了大量明清时期的传统民居、祠堂、庙宇、古堡等，这为之后对此处历史时期的乡村社会展开研究提供了资料的便利。最后，灵石县传统村落的贫困户易地扶贫搬迁并未出现整村搬迁的现象，而是采取了插花式的搬迁形式，这对传统村落易地扶贫搬迁类型化研究提供了新的思路。

祁县田野调查札记

杨佳强　张艳鑫　张 茹

太行山地区历史悠久，尤其在明清时期，这一带既是政治、军事重地，也是经济繁荣之处，村落建设尤具特色和规模。清中后期，位于太行山中部腹地的祁太平地区是票号的主要聚集地，富庶繁华一时，留下许多价值非凡的传统村落。传统村落保护专家冯骥才曾表示，中国最大的物质和非物质文化遗产结合的产物就是传统村落。传统村落是中国长期农耕文明留下的宝贵遗产和千年见证，是中华民族优秀传统文化的重要载体与象征。但随着社会发展，传统村落作为乡村历史、文化、自然遗产的"活化石"和"博物馆"，地位受到巨大冲击，传统村落的衰落和消亡正在不断加剧。为了保护这个精神家园和物质家园，围绕传统村落的调查、研究已刻不容缓。

祁县田野调查队以历史文化学院周亚老师为领队，成员有 2017 级硕士研究生张艳鑫、2018 级硕士研究生张茹、2019 级硕士研究生邵雅丽和 2017 级本科生彭云飞、杨佳强。本小队旨在通过对祁县境内传统村落的考察，了解传统村落的多样性和复杂性，对其面临的复杂困境有所揭示；同时也试图通过实践与理论的结合，作综合分析，以对当前的传统村落保护与研究有所启发。此次调查从 7 月 9 日开始，到 7 月 16 日结束，历时 8 天。这期间，我们除了在县城了解情况、整理资料，还到达祁县七个乡镇，选取了多个具有代表性的村落进行实地考察。

一

7月9日是本次田野调查的第一天，早上8点，我们在周亚老师的带领下于太原南站集合后乘车前往祁县。半个多小时后，我们的五人小队到达了本次调查活动地点——晋中市祁县。

进入县城稍做休整后，上午10点10分，小队前往县人大拜访闫朝晖主任，了解祁县传统文化村落的相关情况。周老师阐述了我们此行的目的，并希望闫主任能就此次调查给出相关建议，并为我们介绍祁县传统村落的现实状况。闫主任表示非常欢迎小队的田野调查，一定会大力支持。

关于扶贫搬迁情况，由于祁县并非传统贫困县，且贫困户比较分散，因此没有大规模的整村扶贫搬迁。近些年的村庄搬迁主要是由于政府市政规划，少数则是村民大量流失造成的。关于搬迁村落保护的问题，闫主任介绍了相关的国土政策，在保证耕地与建筑用地平衡的过程中便宜行事。一是部分村庄新迁重建时集中布局，尽量保存旧村的寺庙、水库等建筑，但拆除了原来的民居。二是部分村庄住户迅速减少，鼓励搬迁安置，原村全部拆除改为耕地。这一过程中很难顾及村落保护，一些独具特色的建筑文化转眼消失殆尽，殊为可惜。在探讨祁县传统村落分布状况时，他指着地图给队员们讲解和梳理，按乡镇分布，迅速列举了数十个村落，并一一指出了他们的位置和特色，让大家对祁县传统村落的分布有了初步了解，感受到了祁县传统村落文化的丰富性和多样性。此外，我们还表达了对传统村落非物质文化遗产和传统村落旅游开发方面的关注，就祁太秧歌、晋剧发源与祁县、元宵节社火民俗、民间故事等祁县特色的传统节俗活动进行了畅谈。闫主任提到了贾令、古恋等村的旅游开发和成果，分析了当下旅游开发方面的重重困难，希望我们的调查能有所反馈，提供些建设性意见。

下午3点，由于闫主任的提议，小队改变了原定的调查计划，再次前往县人大。他说明了打断调查计划的原因：为了方便派人协助我们进行田野调查，决定借这次机会一并完成县人大方面相关的调研任务，各方配合，方便合作，可以先继续商讨细节；第二天上午由县人大牵头召开相关部门的商讨会，协调各方工作。最后决定，这次合作由地方文化组织、县人大共同派出代表与调查小队一起行动，以小队的课题为主，其他人员尽力配合。县人大主管科教文卫工作的程主任帮忙收集了地图、县志等资料，并安排档案馆、住建局、各乡镇代表等参加明天的会议。临近下午 5 点，祁县晋商文化研究所的畅显明研究员也来到人大办公室，与大家一起探讨了传统村落方面的调查工作安排，并表示愿意参与陪同。

下午 6 点，小队返回了驻地。首日虽未开展实地调查，但我们收集到大量相关资料，获得了祁县各方组织的支持，为后续的田野调查工作的展开寻得了极大便利。

二

7 月 10 日上午 8 点 30 分，我们在周老师的带领下前往县人大参加传统村落联合调研启动会。

上午 9 点会议开始，参会的有县人大闫主任、教科文卫委程主任，以及住建部、县志办、晋商文化研究所和各乡镇的代表。程主任介绍了会议的背景和讨论内容，强调了传统文化村落的调研与保护。随后，闫主任从时势谈起，落实到县人大的调研活动，说明了与山西大学的课题调查项目联合开展活动的计划，希望各方协同一致，做好工作。周老师在会上介绍了我们这支小队的调查目的和内容，谈到了祁县的历史和传统文化特色，希望各方给予支持帮助、积极建立联系。会议最后，闫主任强调了各方协动的具体要求，介绍了五条考察路线，对调查活动作了大致安排。

上午 11 点，调查小队一行人来到县城的昭馀古镇。沿着古镇的主街道，我们行进了数百米，一路上看到了渠家大院、渠东翘故居、茶马古道博物馆等建筑和大量沿街的清末民初民居。不少临街民居已被改成商铺，商业化程度较高。

下午2点30分，小队乘车前往古县镇的荣仁堡村，祁县晋商文化研究所的冯静武、畅显明两位老师和一位县人大的人员也驾车全程陪同。

图1　荣仁堡墙

下午3点左右，考察小队到达荣仁堡村。该村位于古县镇西约10公里处，地势平坦，现有人口约500人。有过多次实地调查经历的冯老师说，荣仁堡原名任家庄，村中任姓人数最多，后来其他姓氏人口逐渐增多，村名渐渐变成今名。村中现保存有独具特色的堡墙，堡墙原是北方村庄常见的防御设施，但随着社会发展，堡墙大多被拆除，现今尚存并保存完整的堡墙已经非常少见，而荣仁堡正是其中之一。该村在发展过程中除了修建必要的交通出口，没有拆除堡墙，村庄扩建也是直接跨过堡墙，使得堡墙得以存留。堡墙是夯土版筑，整体呈长方形，南北约450米，东西约420米。堡墙仿祁县城墙而建，在南东西方向有三个堡门，分别为平麓门、旭昇门、致艾门，北面无门，原建有玉皇阁，现已不存。

进村后，小队沿着西大街而行。据村民介绍，大街入口处原有坐西朝东的关帝庙，相对的东大街入口处有坐东朝西的戏台，二者相向而望，现今皆已不存。在合盛源票号遗址，我们从临街牌楼进入，内部院落面积很大，但建筑多已不存。在堡墙南门处，大家近距离调研了堡墙的横截面，可以明显看到夯土版筑的痕迹。随后，小队出南门沿堡墙东行，从堡墙外侧观看堡墙，又从东门豁口处进村，前往一村民家观看其收藏的堡墙碑。经过辨认，两通碑刻属于庙宇捐资碑，字迹模糊，磨损严重。随后，我们离开了荣仁堡。

图 2　荣仁堡的一通庙宇捐资碑

下午 4 点 40 分左右，小队顺路前往祁奚陵园。史载，春秋时，晋国大夫祁奚食邑于祁，遂为祁氏，对祁县有着特殊意义。这处祁奚及其子祁午的墓葬，位于阎名村北约 150 米处，两墓东西排列，相距 30 米左右。祁奚墓为圆形，封土高 4.5 米，直径 16 米。祁午墓方形，封土高 3.2 米，东西 16 米，南北 14.5 米。两墓保存完好，是第一批省级文物保护单位。2007 年时新修了陵园，建有山门、牌坊、廊亭等建筑。

下午 5 点刚过，小队到达城赵镇修善村。我们首先到村委会了解村里的基本情况，随后前往紧挨着村委会的三贤善馆。在村委会大院里，宣传栏上的《修善村歌》令人眼前一亮。三贤善馆为一进式四合院，面积较小，建筑紧凑，2013年曾整修。院内正殿供奉释迦佛，南北厢房分别供奉司徒王允、校尉温序。在和村干部的交谈中得知，村里正在努力打造"善"文化，试图使之成为修善村的文化符号，该建筑现在正是作为一种记忆载体和教育基地而发挥作用。之后小队进入王允文化园，其主体是王允墓，呈圆形，保存较好。墓前有1996年新立"汉司徒王允之墓"碑。2015年时，文化园进行了修整，新修了院墙和牌坊，还新立了石马等石像，成为修善村标志性景点之一。

图3　王允墓

下午6点左右，我们见到了一村民家里收藏的两通石碑，一通是《真武庙重修碑记》，勒石于光绪十三年，一通是《重修元天上帝庙碑记》，刻于乾隆五十九年，两碑均已断裂，部分字迹难以辨识。经过与村干部的沟通，我们在杨姓村民家中见到了家谱一册，在一户王氏人家见到了六册《王氏族谱》和一册账本。六册《王氏族谱》保存在一木制盒中，上有"王宅光裕堂族谱盒"等字。收集到这些民间文献让小队成员很是振奋。在村口，趁着天色尚未全暗，我们又调研了村里的农耕文化苑，还在村西的九龙口稍做停留，冯老师兴致勃勃地介绍了该处的地理位置、交通情况以及相关故事传说。此时天色已暗，又逢天降微雨，考察队离开了修善，结束了一天的田野考察工作。

三

7月11日上午7点30分，调查小队协同县人大的一位代表和冯老师出发前往古县镇。今天的调查目标是王贤、梁村、子洪和孙家河四村。

途中，我们与古县镇政府的接待人员会合，并于8点20分到达王贤村。

王贤村位于古县镇东南方向，距镇政府很近。该村原名为王斜，后改称今名，有王氏先人发源地之意，村中现有王维衣冠冢，试图营造"王维出生地"品牌。村委成员向我们介绍了村庄的基本情况，同时带领我们察看村中有代表性的历史民居、建筑，并安排村里的闫金礼老人陪同讲解。

我们先到了村东的闫宅，庭院坐南朝北的门楼上嵌有刻着"拱川"二字的石砖，落款为嘉庆十八年。入门是一片空地，约30米后出现坐东朝西的一进式四合院，倒座房右侧墙壁上有土地神龛，左侧有门神壁龛，墙壁上还留有建国后的毛主席画像和宣传标语，院内右侧厢房已拆除，正房左侧有重楼，左侧厢房墙壁上依稀可见壁画。该院落现已无人居住，所存建筑看起来比较破旧，据该院落的所有者回忆，四合院曾有牌匾，上书"艺苑分香"四字，落款是"大清嘉庆十八年贡生闫青选立"；该老人讲，其祖上是做生意发家，老宅在嘉庆十八年之前已建成。

图4　万圣寺的壁画

图5　废弃的民居

出了闫宅，小队东行到了一处坐南朝北的民居。该民居门楼尚存，院内正房面阔五间，基本保持着原貌，木雕窗、门、檐很完整。我们注意到，房子的两边砌有马头墙（又称风火墙、防火墙，是赣派建筑、徽派建筑的重要特色），有南方特点，周老师猜测这栋老房子的建造者可能在南方待过。但现主人告诉我们，这栋房子是其祖宅，其祖上在祁县做酒坊生意，不由使人疑惑。继续前行，我们在闫一森旧宅驻足观望，这处坐北朝南的二进式四合院现已无人居住，保存状况较好。临街有门楼，进倒座房有隔墙，连接前后院的垂花门相当精美，结构完整，上书"荣业"二字，内院正房入门口有砖雕门楼，台基高厢房三步台阶，面阔五间，厢房为三进房，整栋房的木雕窗、门虽有腐蚀，但仍完整，如此完整的老宅是比较少见的。

随后，在闫金礼老人引导下，小队到了万圣宫。只见山门上写着"万圣宫"三字，应为道教殿宇。入门后，左侧是一座保存较好的戏台，戏楼上有匾"昭格楼"，与之相对的是一座二进式殿宇，但殿门上却悬着"万圣寺"匾，小队不禁感到疑惑。经过采访我们得知，这里本是道教场所，但因维修费用和管理等问题，佛教最终拿到了经营许可，故有了万圣寺之说。殿内供奉都变成了佛教人物，前殿供弥勒佛，正殿供释迦佛，左右分别为文殊、普贤，东西耳房分别供观音和地藏，厢房均为佛圣阁。院内找到四通碑刻，一通布施碑字迹已不清，两通民国时期的壁碑，还有一通 1999 年刊立的重修碑。

上午 10 点 30 分左右，小队在村民赵光明老人的引导下前往梁村的标志性建筑——洪福寺。该寺地处村南，坐北朝南，2003 年被公布为市级文物保护单位。据康熙版《祁县志》载，其始建于元大德三年。寺内建筑除东院正殿为元代遗构，其余皆为清代建筑，共占地 4000 多平方米，由东西并列的两座院落组成。东院为二进院落布局，中轴线上建有山门、倒座殿和正殿，两侧为东西配殿。西院中轴线仅存过殿，两侧仅建有西配殿。寺内东院倒座殿后墙嵌一砖碣，上载"洪福寺大唐开元六年鼎建，明天启五年重修，民国二十六年补修"。东院正殿坐北朝南，平面呈"凸"字形，前部面宽三间，进深五椽，单檐悬山顶，门窗式样已有变动。寺内现存清道光十七年重修碑一通。由于寺庙所处位置高于村落，且四面较陡，并建有土墙，所以易守难攻，曾是村民避难的重要场所。

图 6　洪福寺大雄宝殿

随后，小队到了村中称为"旗杆院"的民居。该民居门楼后有照壁，将整个大院分成多个独立院落，可见当初是大户人家的府邸。据称，该院原主为高平县令赵元士，所以称为"旗杆院"，据说是当初门前立有旗杆（非举人以上功名不可立旗杆），可见其社会地位。之后，我们察看了王宗禹老宅等民居。

上午 12 点稍过，我们驱车前往村西的梁村遗址，它是仰韶文化晚期的遗址，范围约 2 平方公里，是第一批省级文物保护单位，2013年 5 月被国务院公布为第七批全国重点文物保护单位。遗址西北高崖断面上，还露出明显的烧灰层和灰坑，遗址现已改成果林，一些细碎的类似陶制物散落田间，我们在此逗留了半个小时，感受沧桑岁月的痕迹。

下午 2 点，在前往子洪村村委会时，小队途经了曾经享有盛名的子洪饭店，随行的冯静武老师说，子洪饭店曾经登上过人民日报，被称作"工农贴心店"。子洪曾经是祁县境内的两大古驿站之一，设子洪镇，是茶马古道分支的必经之路。后来，旧208国道亦经过子洪，是太原到长治的必经之路；现在208国道已改道，区位优势不再。

到达子洪村村委会后，村里的高维旭老人便带领我们走访起来。在东大街，老人给小队指出了曾经登山庙、马王庙的大概位置，在村东头见到了嘉庆年间修建的迎祥门（东门）。在南堰街上，我们见到了遗存的古渠，它曾引昌源河水灌溉当地的农田。南大街是曾经的商业街，因茶马古道而喧嚣一时。沿南大街而出，即为古官道。出南门约百米，老人指给我们看了曾经的烽火台的石基。

下午3点，我们到达了释迦佛舍利古塔，该处为金代圣觉寺遗址，其他建筑已不存，仅剩舍利塔屹立于此。之后小队考察了子洪石窟群。在入口处路旁石台上，见到了两座碑亭，内有光绪十七年《重修石佛岩禅道碑记》和光绪元年《子洪镇新修路堰碑记》两通石碑。石窟群共有13孔，多有破损，但仍壮观。返回村中后，我们先走访了南大街7号高禹故宅、育才巷11号王家老宅等民居。随后前往保存尚完整的汤王寺，该庙宇建筑、布局基本保持原样。寺内发现了4通碑，但字迹磨损严重，残缺不全，可辨识其中一通为道光十四年所立的布施碑。

图7　石窟造像一孔

下午 5 点 30 分，小队来到了孙家河村，在村委会稍做了解后便考察了村西的戏台。此台规模较大，保存较好。戏台有重匾，前匾书"积善余庆"，后匾书"雅俗改兴"，横梁等处的壁画模糊可见。和村里人交谈后得知，由于缺少资金，戏台已有几年不曾请戏班开戏了。在村西的关帝庙，废弃的院子一片杂乱，仅存主殿与两侧耳房。院内发现的两通碑，一通为道光二十七年所立的《祁县孙家河创建文昌阁碑记》，一通为年代不详的布施碑。令人惊喜的是，左侧耳房中的壁画保存比较完整，并可见彩绘，实在难得。在沿着纯朴街、南街行走时，我们见到了不少具有特色的老宅；还在南街 11 号宅中收集到《孙氏宗谱》和一册账本。

四

7 月 12 日上午 8 点，调查小队前往贾令镇的贾令村和古恋村进行考察。冯老师在路上告诉我们，贾令村是千年古镇，过去为交通要道，是祁县两个古驿站之一，现今是"国家传统村落""省级历史文化名村"。我们在 8 点 30 分到了镇政府，了解到该镇有三个国家传统村落，文物遗存相当丰富；该镇在努力发展旅游，但总体效果一般。

上午 9 点 15 分左右，在镇政府和贾令村村委人员的陪同下，我们首先到了老爷庙街 16 号清代民居宅院。该民居为二进式四合院，连接内外院的垂花门保存完好，建筑完整。在贾令村村委会，我们注意到院中央有 1981 年建的戏台，样式为工农兵戏台演化而来，戏台正面上方有"艺坛"二字，感到很新奇。上午 9 点 30 分时，在村委会附近的狐神庙，呈现在眼前的建筑相当完整，庙中奉祀春秋时期晋国的狐偃。除了完整的主殿、庑殿、厢房，还在主殿房梁上发现了比较清晰的题记，实属难得，可惜的是并未发现任何碑刻。

图 8 修复后的狐神庙塑像

上午 10 点左右，考察小组一行人到达贾令村的标志性建筑、省级文物保护单位——镇河楼。镇河楼南临昌源河，北望乌马河，当地传闻该楼是明时为镇煞昌源河"河灾"而建。该楼整体为两层四檐歇山顶阁楼式建筑，通高 15 米，基座南北约 14 米，东西约 16 米，楼内原有木雕、泥塑神像，"文化大革命"时被破坏。

图 9 施工修复中的镇河楼

镇河楼也是贾令古驿的交通要道，它连贯南北，南面有匾"川陕通衢""永续昌源"，北面匾上则写着"昭馀胜景"，明嘉靖癸卯进士阎绳芳曾作《镇河楼记》，名扬天下。我们在楼底发现三通碑刻：一通是勒石于道光七年丁亥的《铺路残伤等村重立碑》，字迹比较模糊，一通是 1988 年所立的《重修镇河楼碑》，还有一通是 2002 年新立的《镇河楼再修碑》。

此后，在本村一位阎姓老人引导下，小队考察了袁永年宅院、武术巷 1 号院的清代民居、已倒塌的岳家祠堂故址和以 7 棵大槐树为中心的岳家老建筑群遗址（村民称作"槐树院"）。这些宅院基本都还保存有精美的清代木雕门楼，但院内老四合院多已改建或坍塌，只留概貌。在东大街 61 号段家老宅，我们见到了两本珍贵的《段氏善继堂本支谱》，丰富了传统村落研究的文献资料。

上午 11 点 30 分左右，小队一行人前往紧邻贾令的东阳羽村张家老宅。据载，庚子年慈禧西逃时曾在此院内歇脚。张家宅院拱形大门下留有深达数寸的车辙痕，间隔 164 厘米，可见曾经的富庶繁荣。小队走进宅院，当年的老宅如今只剩下内院，仍然住着张氏后人，我们有幸得到主人家允许进屋观看。在据说慈禧太后歇息过的正房里，内部建制精致大气，给人一种富贵之感，屋外的门楼也相当精美，各种砖雕图案栩栩如生。和主人家谈起房屋维护等问题时，他们多有抱怨，政府支持古建筑保护的专项补贴实行不久后就没了下文，房子的维修还是自家出资。最后，主人家让我们翻阅、拍摄了他们家族内部流通的《张氏家谱》。

下午 2 点 20 分，考察小队到达谷恋村。谷恋村是"中国历史文化名村""中国传统村落"。

在村委会我们了解到基本情况，随后认真聆听该村 82 岁的高保谐老人讲述村庄的发展史。他从明初建村始祖高仲远讲起，分"水利兴村""文化兴村"和"商业兴村"三个阶段概括了谷恋历史社会变迁。从老人口中我们得知，该村原名为"圐圙"（kū lüè），后经历音译、意译的过程，变为寓意固本恋土的"谷恋"二字。村庄的长期繁荣留下了丰富的建筑遗存，但由于种种原因，破坏比较严重。比如，村子原有东、西、南三个门，现在仅存西门；而原有的八座庙，如今也只剩其一。最后，我们还参观了村委会存放的大量旱船，村委书记介绍说，谷恋村现在仍会在节庆日举办秧歌、社火等民俗活动，并表示会努力支持这些村庄记忆的传承。

从下午3点30分开始，高老师就带着我们参观村里的古建筑。在河神庙街6号的谷恋广智学堂校门口，小队看到了大门两旁精致的拴马石，石头上部还刻着石猴，寓意"马上封侯"；菩萨庙街11号民居，二进式的四合院基本完整，门楼和垂花门上有着"养天机""修齐志"的字匾；在菩萨庙街8号三进式四合院民居里，门楼上有着"鸢飞鱼跃"的字匾；东大街的王凤翔、高康年两家老宅都保存较好，据高保谐老人讲，两户人家中，前者行商贩茶，后者乃是清末举人，门前曾立旗杆；东门里巷的几户高姓老宅清末民初或经商、或谋官，也是富庶之家。

下午4点30分左右，考察小队到达了古恋金刚寺，据庙外广场上歇息的老人讲，该庙原是关帝庙，后来改成寺院，具体原因可能和王贤村万圣宫改成万圣寺类似，寺内奉祀神像也已变为佛像。寺内找到5通碑刻，其中两通与修建水渠有关，一通为墓碑，另两通碑已无字迹。

图10　金刚寺（原真武庙）

此后，调查小队沿北大街考察了 14、15 号等清代宅院，近距离观看了精美的门楼、垂花门、高墙浮雕以及各种砖雕、木雕；看到了不少字匾，如"养天机""履中蹈和""法古居"等等，寓意美好，内容丰富。拐进呈祥巷后，一连见到数座老宅，这些宅院分布整齐，院墙高耸，足有七八米高；在 5 号宅门上挂着"宪六行"的匾，高保谐老人解释了"孝、友、睦、姻、任、恤"六行及内涵，颇长见识。在北大街乐合西巷、南大街兴成巷，我们又参观了十数座老宅，高保谐老人都不厌其烦地给我们一一讲解它们的历史。这期间，他向我们介绍了村子的八卦形布局，让我们对村子的布局有了整体的把握。

最后，小队参观了西门里巷晋剧鼓师泰斗高锡禹故居，写有"挹霞"二字的谷恋西门楼，到了西大街 3 号的高老师家，他的宅院也是一座二进式老宅，院内枣树葱葱，菜园青翠，非常幽静。在老师家里，我们见到了《晋商故里祁县银谷恋探析》《谷恋民俗杂记》《谷恋村志》等珍贵资料，他为这些资料的成册付出了很多，甚至参与了相关书籍的撰写，在翻看资料和交谈中我们深切感受到一位 82 岁高龄老人浓浓的家乡情怀。

晚上 7 点 20 分左右，考察小队结束了一天的活动，动身返回县城。通过考察，我们亲身体会到贾令和谷恋两村丰富的物质、精神文化，以及深厚的历史底蕴。两村现存的传统民居、庙宇等传统建筑体量较大，是宝贵的社会资源；另外，由于经济状况较好、文化氛围浓厚，两村的古建保护投入较多，但还无法全部兼顾，传统村落保护工作任重而道远。

五

7 月 15 日，小队计划前往峪口乡开展调查活动。早上 8 点稍过，我们等来了庞祥新老师，由其陪同讲解。去往峪口乡的路上，庞老师介绍了峪口乡的基本情况：该乡大部分地区为山地，绿植覆盖率高，生态相对较好。农业方面除了种植玉米等粮食作物，就是面积不小的苹果园。由于地形影响，交通不便，峪口乡虽然面积很大，但人口仅1万多人，外迁现象普遍。

上午8点50分左右，我们一行到达峪口乡政府，了解了峪口乡的传统村落现状，着重询问了目的地上庄村和杜家庄村的情况，商量了一天的考察计划。随后，连同乡政府的几位成员，我们开始驱车向上庄村进发。庞老师在路上向我们介绍，峪口乡人曾经称上庄为"小北京"，民国时候一度很是繁荣。上庄村现在是国家传统村落，它的顺利上榜与庞老师的坚持和努力是分不开的，这是老人的一件得意之事。按他所说，这是个"山高石头多，出门就爬坡"的小山村，但他也告诉我们"山西商人在祁县，祁县商人在上庄，上庄商人在刘家"，虽是老人一家之言，却有一定道理。

图11　上庄俯视图

上午9点30分，我们到达上庄村。庞老师带小队来到村口公路一侧，指给大家看当年村子里佛店、老爷庙、龙王庙的位置。现今，佛店只剩下两面断墙，老爷庙还剩下一面砖砌墙，龙王庙则只剩下高高的台基，三栋建筑位置集聚，在老爷庙和佛店后方还有社火房，也已荒废。随后，庞老师带着我们到了公路另一侧的山沟，顺着小道下到沟底，指给我们看拔地而起，近十米高的路基。这段路基建成年代已久，但仍未变形坍塌，除了用料、工艺讲究，特意建成的假门和涵洞以拱形结构减轻压力也出了力，从而能使高耸的路基长期不变形。继续靠近村子，在庞老师的引导下，我们找到了卧在路边的3通残碑，它们可能与法云寺的修建相关，第一通是《重修碑记》，立于乾隆二十二年，第二通是一块残碑，第三通是《法云寺碑》。

上午10点30分左右，庞老带着小队进了门匾上写有"石文化村"字样的院子，在那里见到了4块墓室牌坊碑，上面有："祖德难忘""基业远"等字样，4块碑应是完整的墓室构建，但石碑来源并不清楚。我们继续前行了数十米，转过路口看见一座戏台，戏台已经荒废，瓦木、门窗都已破败，戏台上也堆着各色杂物，但整体还算完整，还有修复的可能。走在村里的小巷子中，看见不少房屋是石砌的，路面也多用石块铺成，别有风格。在一些旧民居的门口两侧多设有灯台，据说是为了方便夜行时摆放灯具。村里的传统民居数量不少，但大多现状不佳，破败严重，亟须修复，而且不少院落已无人居住，也无专人管理。期间，我们重点看了挂有康克清宅旧址的院落，该院落尚有人居住，但房屋比较破旧。村中现存的庙宇只有一座五道爷庙，高不过1.5米，小巧玲珑，除了琉璃顶有残缺，倒大体完好。

图12　三种材料混合的巷道

上午 11 点左右，小队在村庄外围的玉米地里看到了一副石棺，只是棺盖不知所踪，路边还见到几个石鼓，也残缺不全。为了清楚上庄村的整体面貌，队员们带着相机，顺着村后的梯田，循小道攀到了村后的小山，拍下了村落的全貌。之后，我们又参观了一些位置比较偏僻的旧居，同样比较破败。最后，我们到了村口的一道水渠，突出地面的一段是用马槽拼接起来的，两端却还是一般的水渠模样，应该是特意给牲口饮水的地方。至此，我们结束了在上庄村的考察。

考察中小队听说距村子不远处有座比较出名的龙王庙，我们临时决定前往考察。上午 12 点 30 分我们出发前往龙王庙，在坑洼不平的狭窄土路上，车子颠簸摇晃着艰难前行，20 多分钟后大家看见了小山包上的建筑。攀上小山包，一间单殿庙宇映入眼帘，卷棚式屋顶毁坏严重，殿门上还挂着锁。庞老师告诉我们，这里已是砖八洞村范围了，该自然村现仅剩数人。随后，庞老师拿出随身携带的喇叭朝不远处的几栋房子吆喝起来，不多时，果然见两位大叔迎着走来打开了庙门。殿内面积不大，所供神像已经不见，但留有祭祀的痕迹；墙壁上依稀可见壁画，但无法确知内容。按名字看，庙里应供奉龙王，但门上却有佛教的"卍"字。和两位村民的交流中，小队了解到，庙宇原叫"龙天庙"，修建年代不详，也未听说过修缮。周老师告诉我们，龙天庙的叫法比较少见，该庙的修建时间应该是比较早的。

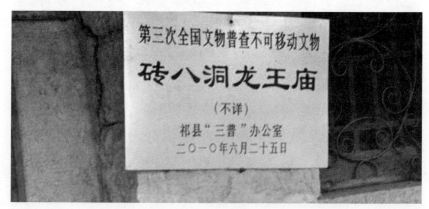

图 13　砖八洞龙王庙文物牌

下午 3 点 30 分，歇息足够之后，小队考查了杜家庄戏台。这个戏台修建于民国，现在已经废弃，村里也没有维修，屋顶已经部分坍塌。在戏台前面的空地上，我们找到了一通碑刻，据村里人说，这是民国时修娘娘庙立的，但碑身漫漶严重，已无法辨识内容。

图 14　杜家庄戏台

下午返回县城的时候，小队决定顺路去看看白圭村远近闻名的敬孝牌坊。这座清代牌坊已经用铁栏圈定，石料接口处还有铁架支撑着。近处观看，整座石牌坊用料讲究，做工精细，雕有大象，比较少见，它的全部立柱与横梁都是整块石料雕成的，三门三檐，很是壮观。据说，此牌坊是咸丰年间为一梁姓妇女所立，当地关于她的故事广为流传，而这座牌坊也成了白圭村的标志。

六

7 月 14 日是小队在祁县开展调查活动的第六天。

上午 8 点 20 分，我们朝着来远镇出发。路上，庞新祥老师介绍了该镇的一些基本情况：来远镇是祁县面积最大、人口最少的乡镇，区内多山地，条件比较艰苦。祁县最大的河流昌源河自南往北穿过小镇西部，东部有一些夏季涨水的小河沟。

　　小队在上午9点到达了盘陀村。盘陀村是第五批中国传统村落，为茶马古道必经之处，曾经相当繁华。村口有一块新修的村名牌坊，沿牌坊进村右转，南向行进不远，我们在村委会临街围墙外侧内嵌的照壁上看见一处供奉财神的壁龛。在村民原瑞生老人的带领下，我们进入了村委会，见到与街道相对的一面有一古戏台，但已荒废多时，卷棚式屋顶杂草丛生，残破严重；与其相对的吕祖庙早已坍塌不见。

图15　颜料粉刷过的墙壁

　　上午9点40分左右，小队一行人继续南行，到了门匾上书"聚气"的南门。接着，我们向东转，到了老村区域。队员们在那里见到了一些四合院式、窑洞式民居，大多已经无人居住，十分破落。沿着小巷穿行，我们找到一栋尚有人居住的民居，与其交流后得知旧村现今仅剩下四户共五口人。在原中华街11号、10号，我们见到了一些比较完整的民居，有了些不一样的景观。回到新街，我们发现村文化活动室是古建筑改造而来，但面貌已完全不同。

　　上午11点30分，小队前往村干部刘保全家中，查阅传统村落基本情况等文字资料。与他们交谈后得知，他们在旧村也有自己的老房子，但因为不住，也没有经济效益，就不愿去修整，至于是否愿意卖给其他人，他们则显得很是犹豫，更倾向于政府的资金支持以及旅游业发展带来收益。

上午 12 点左右，我们一行人到达来远镇政府，受到了办公室主任的接待。我们了解到，来远镇有 3400 多人，常住的仅 1000 多人，人口分散，不少自然村的常住人口只能按位数计算。问及扶贫搬迁问题时，他告诉我们，祁县没有扶贫搬迁项目，条件最艰苦的来远镇也只是有个别贫困户，居民的搬迁多是个人行为，部分则是政府引导的搬迁。在镇政府办公室主任的带领下，我们到了镇政府对面的万里茶路祁县茶马古道文化园，但因故未能进入。

随后，在来远村委会院内大槐树下小队发现一座小庙，可惜并不清楚庙名、修建年代。

图 16　来远村委会院中的小庙

返回的路上，周老师发现所谓的"歇马庙"保存很完整，正殿、侧殿都在，但因门锁着而无法进入察看。我们还去看了政府旁边翻修的三官庙，附近昌源河上的旧桥墩。

下午 1 点 30 分，小队驱车前往下坪村。沿着国道行进了半个小时后就转入了村级公路，之后又变成了乡村土路，弯大路窄坡陡，而且路面凹凸不平，约一小时后我们终于到达了下坪村。

　　按照之前了解，该村因为泥石流等自然灾害搬迁了，现在已是荒村，但还有一些传统遗迹。村庄所处位置确实荒僻，大家手机都早已没有信号，周围的石山披着葱葱郁郁的绿氲。村庄处在半山腰的一块台地上，面积不大，放眼望去立着的建筑已不多，一些土墙掩映在杂草之中。紧邻着村子有一些苹果树林，看样子并没有荒废。

　　进村后发现村中尚有三户人家居住。我们绕着村庄走访了一圈，看到村里建筑绝大多数已经荒废，只剩断壁残垣。在与村中一位住户交流后得知，他们一家早些年已领取了危房改造金，在象征性地拆了几间房子，并被收走房产证后仍住在村子中，他还新建了几间房子，并整修别人家的房子，以此实现继续居住。住户认为 10 万元钱的改造金解决不了所有问题，很难另寻他处生存。提起外界流传的泥石流灾害导致村庄搬迁的说法，他告诉我们，泥石流只是 20 世纪 60 年代时发生过，更像是滑坡，当时毁坏了一些房子，搬走了一些人，但现在的空村面貌是慢慢形成的，并非整体搬迁。危房改造则是三四年前开始的，之后村中就只剩下三户了。

图 17　废弃的庙宇

小队在交流中得知，村庄中原本刘姓很多，留有家谱，还存有一座庙，这引起了我们的兴趣。庙就在村口，杂草掩映中微露一角。殿宇早已荒废，门楼只剩下木壁，厢房几乎完全坍塌，正殿门锁着，破损严重。正殿门前两边各立有一通碑刻，基本完整，但两通碑的下半部分均漫漶严重，字迹难辨。正殿内的壁画难以看清，物件不存，唯正殿旁摆放着一具上钉的棺木，不禁有些惊悚。

接着小队返回之前交谈过的住户家中，他们已经找出了两份家谱，其中纸质的那本年代较早，从康熙十六年始记；布制的一份为一整块布，长宽超两米。上面还绘有人物、祠堂等彩图，空白处有密密麻麻的姓名。他们还拿出了一些清末、民国时期的契约、账簿等资料，也非常有价值。

图 18　布制家谱

下午 4 点 30 分，小队离开下坪村返回县城，周亚老师因故暂时离队，改由 2017 级硕士研究生张茹学姐带领大家继续开展调查活动。

七

7 月 15 日，调查小队前往东观镇调查，县人大科教文卫委员会程主任陪同调查。路上，程主任谈起涧村的文峰斜塔，得知该塔倾斜却不倒，我们也感到很新奇，便决定先去该村看看。

上午9点，小队到了东观镇政府，程主任联系了该镇的一位副镇长一起走访。又经过近二十分钟的车程，我们到达了涧村村委会，村支书王中锋接待了小队。大家了解到，村中现今有1100人，其中王姓较多，且有《王氏家谱》存世。王支书说他很关注村里的古建筑、文物等东西，为此做过很多努力。

他带着我们看了村西的歇马店，这是一栋卷棚顶的单殿建筑，现今毁损已很严重，墙体倾圮欲坠。歇马店正前方原本有戏台，破四旧时遭毁。在王支书家休息时，他向我们展示了其收集的碑刻。一通碑刻放在其院子中，碎成了数十块，所幸字迹还比较清晰，是嘉庆六年刊立的新建文昌阁、财神庙碑。另一通碑是道光十六年刊立的重修观音堂兼诸神庙碑。

看完了碑，王支书带着小队去王家老宅参观，到了排楼街3号的王家老宅，因无人在家而未能进入，随后我们前往村西的登山庙。据说该庙已经有300多年历史，目前这栋坐西朝东的单殿庙宇现状也很堪忧，和之前的歇马店一样破败。

继续前行，我们去了西北街16号的另一户王家老宅，在这户人家的打麦场上，主人给我们展示了独特的木锁，整个锁的开关均在门外完成，除了钥匙外整个锁没有用铁，全靠钥匙与木锁内置的机关咬合完成开关，精巧非常。

最后，小队来到了远近闻名的文峰塔。该塔曾因"塔坚强"之名在网上引发关注，近几年成为县级文物保护单位后，地方政府在塔基处用青砖砌成金字塔结构以保护古塔。据称，文峰塔应该是明时所建的一座墓塔，原本土筑塔基8米，塔高5米，后来土基遭耕挖、冲刷，渐渐呈悬空模样。小队成员们小心翼翼地爬上了新修塔基，看见塔身上有"钟英毓瑞"四字，塔一层东南、西南、东北面各砌有1座拱形门洞，内有神像，但已遗失，塔呈圆形攒尖顶，站在新修塔基上，涧村面貌尽收眼底。

图19　修复后的文峰塔

　　中午快 12 点时，我们告别了王中锋村支书，王支书表示日后会将《王氏家谱》的照片发给我们，对此我们非常感谢。

　　中午在东观镇政府吃过午饭后，小队于下午 2 点到了加乐村。我们在加乐门楼处下车，只见门匾上写着"聚理庄，嘉庆三年立"几个字，老村主任曹尔全向我们介绍道：加乐村是加乐村与聚理庄两个自然村合并而来，现今的加乐村处在白（圭）晋（城）官道上，是万里茶道的途经地，当初地理位置很重要；虽然不是驿站所在地，但由于相隔驿站较远，这里来往商旅停歇也很繁荣，而村西提供歇脚、茶水的关帝庙也因此被称为"茶壶庙"。

　　小队走进门楼，其门洞顶部非常圆，很符合力学规律。进入门楼，从村内看门楼顶部，还耸立着一座坐北朝南相对完整的单殿三官庙。绕过门楼，原茶壶庙，现关帝庙出现在大家视线中。这座单殿庙宇2014 年刚整修过，据村里人讲，曾有碑记载清康熙时重修过，因此推测是明时初建而成。在关帝庙背后找到两通碑，但均磨损严重，难以辨认。在曹村主任的带领下，我们还参观了附近的走马老爷庙，这是一栋四合院式建筑，主殿坐北朝南，殿中可见壁画痕迹，梁木上发现了部分题字，但部分墙体、屋顶已坍塌。问及村里的传统民居时，曹村主任带着我们到了有着高大围墙的朝阳街8号民居，可惜无人在家。

下午3点30分以后，在告别加乐村曹村主任后，小队来到了东观村，直奔村北的兴梵寺而去。县文联成员贺宝华告诉大家，该寺于宋时始建在西观，乾隆年间迁往东观，规模宏大，有前殿、中殿、后殿和配套厢房、耳房，当地人称"大寺"，是祁县西部首屈一指的大庙，香火兴旺。据贺老师讲，当初东观有30多座庙宇，兴梵寺最大。兴梵寺现在是全国文物保护单位，现存建筑只剩原后殿，内部物件都已丢失。

图20　兴梵寺一角

下午4点左右，小队来到了乔家大院，由于时间短促，我们没有购票进入内部，稍做停留后返回了驻地。

八

7月16日，我们在祁县的调查活动已接近尾声，考虑到种种因素，调查小队没有继续下乡走访，计划在县城了解相关情况，并收集、整理相关资料。

上午9点，县人大科教文卫委员会程主任带着小队前往县住建局，乡村股武玉超股长接待了我们。清楚小队的来意后，武股长向我们介绍了祁县的中国传统村落、省级历史文化名村等情况，并拿出相关资料给我们翻阅，如祁县的中国传统村落简介、中国传统村落申请材料等。

通过交流我们得知，祁县目前有9个中国传统村落，还有许多村庄的建筑、文化也很有特色与价值。他强调，在村落保护、申报等过程中还存在许多棘手的问题，如：部分环节涉及的单位过多，职能交叉，责任不明；部分村民保护意识不强，只关注眼前利益；前期资金的投入，各种材料的制作，后期资金的有效、合理使用等。关于扶贫搬迁等问题，武股长告诉我们，祁县不是贫困县，不存在整村搬迁；扶贫是以建档立卡的形式落实，给予一定的资金支持，并将扶贫任务与政府在职人员对接，帮扶脱贫。

图21　祁县图书馆

上午10点时，小队到了祁县图书馆。该图书馆是国家一级图书馆，全国古籍重点保护单位，我们希望在这里可以得到祁县古村落方面的更多资料。杨馆长带着我们找到了地方志史专架，在那里，大家看到了不少村落的村志，如《东观村志》《谷恋村志》《贾令村志》《昭馀春秋》等，此外，还有地方风俗、传统建筑辑集，最近新修的《祁县志》等资料。我们翻阅、拍摄了《贾令村志》部分资料。

下午4点左右，我们再次拜访了杨馆长，得知我们想查看更早的县志后，杨馆长拿出了康熙乙巳年修的县志，并提供给我们相关的电子图片资料。

之后，我们就村落保护问题进行了一个多小时的交流。杨馆长说道："村落不光要有建筑，还要有人去传承传统文化才能撑起村落的架子，有人、有建筑、有文化，村落才能有血、有肉、有活力。"对于当前存在的重物质、轻文化现象他很是担忧。此外，他还提到，"类似县级图书馆这样的基层机构，在地方资料方面有许多优势，但限于平台、软硬件条件、人员素质等问题，难以将资料理论化为学术成果，希望可以与高校相互合作；另外，县图书馆这样的文化机构在资金、课题研究方面的支持很有限，难以展开相关的资料汇编、文创发展、纪录片拍摄等自主活动。"期间，杨馆长还向我们展示了图书馆拍摄的祁县非遗保护纪录片，里面讲述了捏制泥人、彩绘等传统手工艺，曾获得过两次国家级奖项。

下午5点30分左右，我们乘车返回了学校，顺利结束了此次祁县田野调查活动。

在为期一个多星期的田野调查活动中，小队实地考察了祁县七个乡镇中的数十个村落，有目的地进行了调查活动，让大家对祁县境内的传统村落状况有了比较深入的认识，加深了我们对乡土社会的直观印象，也增加了我们对乡村变迁的亲身体验。在这一过程中，我们收集到了大量资料，除了丰富的图片资料，还搜集到数量颇丰的碑刻、家谱、账簿等民间文献，以及部分政府文件、图书资料，为以后的研究提供了有价值的参考。同时，在与县人大、住建局、图书馆、祁县晋商文化研究所、各乡镇政府、各村委等人员的交谈中，我们对村落现状、搬迁与保护等问题有了不同视角的了解，对我们理解传统村落价值体系很有帮助。调查活动结束了，但对调查成果的整理与研究才刚刚开始。

后 记

　　山西大学民间文献整理与研究中心（以下简称中心）自成立伊始，便始终贯彻"走向田野与社会"的学术理念，多年来致力于围绕太行山地区开展田野调查，今年已经是第七个年头。这七年来，中心师生不避寒暑，奔走于环太行山各省市的数千个村落，开展抢救性的民间历史文化遗存普查工作。这一过程不仅搜集到了大量的民间文献，还深化了我们对乡村社会的认识，丰富了中心的研究方向。中心师生利用搜集到的民间文献开展学术训练、论文写作和课题申请，近年来取得了一定的成果，走上了良性循环的道路。可以说，田野调查之于中心不仅具有学术研究的方法论意义，更具备教学育人的学科建设意义。通过田野调查，一方面推动了山西大学历史学科的学术发展，另一方面也促进了学生综合素质的提高和学术能力的培养，这是中心教研相长的一个典型特色。

　　应指出，中心的田野调查是一个认识不断深化的过程。中心早期的田野工作主要围绕乡村社会产生的碑刻、家谱、契约、书信、账簿、规程等民间文献的挖掘和利用展开，"进村找庙、进庙找碑、出庙问人"。其逻辑思路是将具体材料置于特定的环境中，在走向历史现场的过程中获得同情之理解，立足于现实去思考历史时期的乡村社会，以求还原真实的历史，较少涉及历史文化遗产的现代转换问题。近年来，随着党中央、国务院"乡村振兴战略"的提出，中心的田野工作也逐步兼顾现实，试图从历史文化遗产的传承和创新角度思考当前乡村振兴的可行路径。从 2017 年中心获批的教育部哲学社会科学研究重大课题攻关项目来看，我们不仅要对学理上的"传统村落价值体系"进行探讨，还要对现实中的"传统村落保护"状况进行研究。这一方面要求我们去拓展田野调查的范围，将关注的视野从文献资料扩展为乡村中任何能反映村落价值体系的物质及非物质文化遗产，关注它们的历史、现在和未来，另一方面又要求我们对当前乡村面临的一系列问题进行专题化思考，撰写资政报告和可行性建议。这反映了近年来中心学术与现实兼顾的学术倾向。

在田野实践中，中心逐步形成了一套固定的田野工作路径和田野作业模式。基本的工作路径是根据差异化特征选定具有代表性的区域，然后以具体的县域为范围，以村落为基本单位，除对各村落的历史文化和社会经济状况做"地毯式"普查外，还要对异地扶贫搬迁的村落进行专题调研。田野作业的基本模式是：田野调查之前，要组织学生进行专门培训，并对调查应准备的物品和相关注意事项进行安排；其次，要对调查区域的基本情况进行充分了解，包括气候、水文、地形地貌、人口、历史、社会经济状况等，并收集有关的文献资料进行知识储备、设计调查问卷和调查表格等。田野调查过程中，由拍照人员、记录人员和访谈人员相互配合，应对村庄的如下内容进行重点关注：一是相对动态的村民群体及其生产、生活方式的变迁，二是相对静态的村庄结构及其物质和非物质文化遗产的留存情况，三是以口述访谈和民间文献资料收集为主，尤其重点关注村庄中遗留的文字和实物资料。每日田野工作结束后，要及时进行田野日志和田野报告的撰写与跟进，并对收集到的照片和资料进行归档和命名整理。待田野调查结束后，要对收集到的民间文献、口述访谈等资料进行进一步整理和研究，并开展调查报告和专题论文的撰写。可以看出，中心在太行山地区进行的田野调查注重方法、内容和资料的统一，可以为后续的田野工作提供一定的经验和借鉴。

本书是近年来中心致力于太行山地区田野作业的阶段性小结之一。选录的文章、调查报告和调查札记集中反映了中心学生2017—2019年多次田野实践的历程，从内容来看也具有明确的指向性，可分为"传统村落价值体系研究"和"传统村落保护研究"两部分，前者偏重于对村落历史文化的归纳和概括，后者则立足于现实，对当前传统村落面临的问题和解决路径进行了思考。可以说，对太行山地区传统村落进行的田野调查既延续了山西大学历史学科"走向田野与社会"的治学传统，又体现了历史学科关心现实、服务现实的"经世致用"思想，是今后需长期坚持开展的工作。

在调查和书写的过程中，我们得到了各地市县、各乡镇领导、各村书记和村主任及相关单位同志的支持和认可。没有他们的切实帮助与指导，我们不可能在短时间内对调查区域有较为全面和深入的了解，更不用说在收集文献的基础上进行"在地化"的研究。在此，由衷感谢他们给予的支持和帮助！

在调查和书写的过程中，我们得到了各村民众的热情招待，我们的田野工作对他们来讲，是一个"他者"进入"本我"世界的过程。这一过程经常给宁静的村庄带来喧嚣，一定程度上扰乱了村民的正常生活。所幸村庄的各位村民不厌其烦地为我们介绍村貌，带我们参观庙宇、发掘文献，才使得一次次的调查能有所收获。没有他们的理解和帮助，我们的调查就不可能顺利完成。他们是文化的载体和历史的创造者，也是最应该被铭记的群体！

......

田野调查本身蕴含着学术研究和现实思考的双重关怀，需要我们在这一过程中不断总结和反思。接下来，中心将继续对太行山地区的更多区域进行更为细致的探索，这是一个漫长的历程，但只要我们持之以恒，坚持下去，就一定能够有所收获。